项目为教育部人文社会科学重点研究基地重大项目"学习认知过程与学科素养培养研究"（22JJD190006）、广东省教育考试院"九大学科高考内容改革研究"、"新师范"建设丛书成果

中国高考改革的理论与实践研究

主编 / 莫雷　欧阳谦　李向明

生物学
高考评价体系与命题方案

黄少旭　编著

SPM 南方传媒
全国优秀出版社
全国百佳图书出版单位　广东教育出版社
· 广州 ·

图书在版编目（CIP）数据

生物学高考评价体系与命题方案 / 黄少旭编著.
广州：广东教育出版社，2025.3. --（中国高考改革的理论与实践研究 / 莫雷，欧阳谦，李向明主编）.
ISBN 978-7-5548-6335-0

Ⅰ. G633.912

中国国家版本馆CIP数据核字第20243D9A05号

生物学高考评价体系与命题方案
SHENGWUXUE GAOKAO PINGJIA TIXI YU MINGTI FANG'AN

出 版 人：朱文清
责任编辑：阮嘉胜
责任技编：谢 莹
装帧设计：何 维
责任校对：陈妙仪
出版发行：广东教育出版社
（广州市环市东路472号12-15楼 邮政编码：510075）
销售热线：020-87615809
网　　址：http://www.gjs.cn
邮　　箱：gjs-quality@nfcb.com.cn
经　　销：广东新华发行集团股份有限公司
印　　刷：广州小明数码印刷有限公司
（广州市天河区高普路83号B栋C5号）
规　　格：787 mm×1092 mm　1/16
印　　张：21
字　　数：380千
版　　次：2025年3月第1版
　　　　　2025年3月第1次印刷
定　　价：78.00元

如发现因印装质量问题影响阅读，请与本社联系调换（电话：020-87613102）

丛书编委会

主　任：莫　雷　　欧阳谦　　李向明
编　委：许顺兴　　高　雷　　余若峡　　陈方丁　　游伟林
　　　　张　卫　　陈　俊　　陈友芳　　王笑君　　冯伟贞
　　　　黄丽燕　　陈启山　　郑海燕

本书编委会

主　编：黄少旭
编　委：王瑞珍　　卢镇岳　　李　杰　　李子然　　李钰琪
　　　　李雪峰　　肖安庆　　吴继衡　　何晓彤　　余景耀
　　　　陈艳萍　　贺　建　　高倩倩　　高益洵　　蒋　文
　　　　谢宏妮

引言：高考改革的整体思路与方案研究

高考是国家选拔人才、实现社会纵向流动的重要途径，涉及广大群众切实利益。高考不仅具有选拔和评价的功能，也是实现立德树人的有效途径和重要的育人方式。充分发挥高考的引导作用，实现高考的育人功能，推动教育高质量发展，形成选拔、评价、教育引导、教学反拨的一体化新格局，是当前高考评价体系改革的核心目标。

2014年3月，教育部出台《关于全面深化课程改革落实立德树人根本任务的意见》，要求研究制订学生发展核心素养体系，并依据学生发展核心素养体系，进一步明确各学段、各学科具体的育人目标和任务，完善中小学课程教学有关标准；与此同时，还提出各级考试命题机构要严格以国家课程标准和国家人才选拔要求为依据组织中高考命题，评估命题质量，保证考试的导向性、科学性和规范性。2014年9月，国务院颁布《关于深化考试招生制度改革的实施意见》，对加强高考内容改革顶层设计提出要求，明确指出要依据高校人才选拔要求和国家课程标准，科学设计命题内容。2020年10月，中共中央、国务院印发《深化新时代教育评价改革总体方案》，进一步强调深化考试招生制度改革，明确指出要稳步推进中高考改革，构建引导学生德智体美劳全面发展的考试内容体系，改变相对固化的试题形式，增强试题开放性，减少死记硬背和"机械刷题"现象。

为贯彻新时代党的教育方针与国家教育改革相关政策文件精神，落实立德树人根本任务，教育部教育考试院（1998年至2021年为教育部考试中心）立足素质教育全面发展的育人目标，提出了用于指导高考内容改革和命题工作的中国高考评价体系，明确了高考的核心功能、考查内容和考查要求等，即"一核""四层""四翼"（如图1所示）。"一核"明确了高考的目的——"立德树人、服务选才、引导教学"，解答了"为什么考"的问题；"四层"明确了考查的内容是"核心价值、学科素养、关键能力、必备知识"，回答了"考什么"的问题；"四翼"提出了要考查"基础性、综合性、应用性、创新性"，明确了考查的要求。该体系通过解决"为什么考、考什么、怎么考"的问题，从高考层面对"培养什么人、怎样培养人、为谁培养人"这一教育根本问题给出了回答，集中反映了党和国家人才培养的总体要求和高校人才选拔的具体需求，是连接宏观人才培养总体要求和高考人才选拔的桥梁与纽带，是助力培养社会主义建设者和接班人的重要支持与保障。中国高考评价体系的科学构建，是从根本上解决教育评价指挥棒问题的重大举措之一，也是健全立德树人落实机制、实现德智体美劳全面发展育人目标的必经之路。

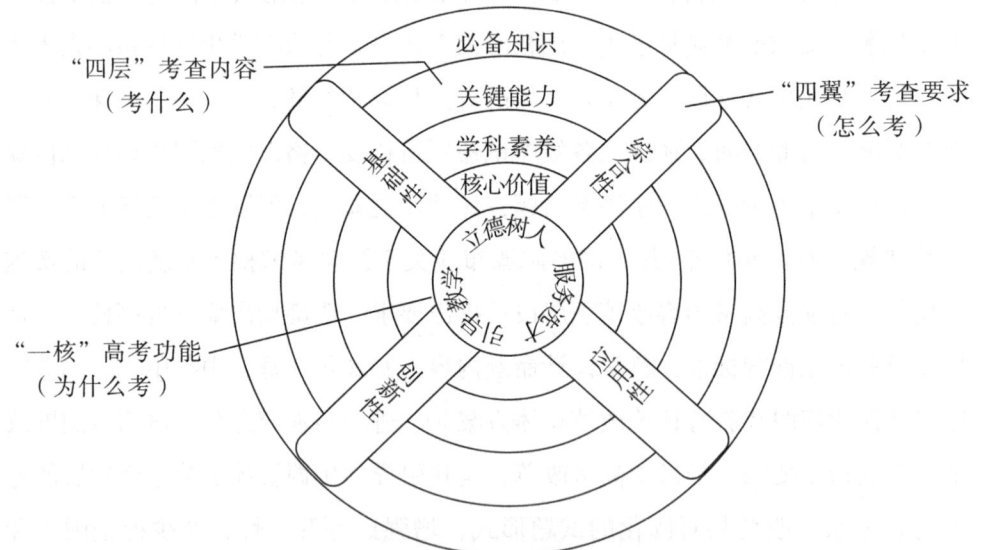

图1　中国高考评价体系示意图

然而，这一评价体系如何指导高考命题，仍有待进一步深入思考与探究。具体而言，需进一步思考与探究三大重要问题：

第一，宏观上，中国高考评价体系的"一核""四层""四翼"体现了高考内容改革的什么理念？

第二，中观上，如何将中国高考评价体系理念具体化为考试命题整体框架，形成与应用层面衔接的操作体系？

第三，微观上，如何依据中国高考评价体系理念构建考试命题整体框架，指导各学科考试方案的设计与命题？

围绕这三大研究问题，华南师范大学于2017年承担了教育部考试中心重大委托项目"高考评价体系整体框架研究"，在全国率先开启了高考评价体系改革的研究，通过上游、中游、下游三阶段的系统性研究，取得了创新性的研究成果。在宏观层面上，提出了以学科素养为导向的新高考内容改革理念，并构建了中国高考评价体系学科素养指标体系，创新了教育学与学科教学论关于素养界定问题的理念；在中观层面上，建构了学科素养的测评框架，提出了"二层双向细目表"的新设计，创新了测量学和考试学关于潜变量素养测量的理念与方法；在微观层面上，确定了各学科的高考命题方案，搭建了试卷题目编码与分析智能系统，创新了考试命题质量评价方法。

高考评价体系是深化新时代高考内容改革的基础工程、理论支撑和实践指南，对发展素质教育、推进教育公平、实现教育现代化、建设教育强国、办好人民满意的教育具有重要意义，对实现学生健康成长、国家科学选才有机统一，以及协调推进教育领域综合改革，都将发挥重要作用。

一、上游研究：基于立德树人，形成学科素养导向的高考改革理念

（一）研究过程

高考作为高利害性的教育评价手段，对教育系统起着"定标导航"的作用。因此，要落实立德树人的根本任务，高考的导向功能必须回归到"育人为本"的轨道上，因为高考的目标导向决定了教师和学生的努力方向：高考要测评什么品格和能力，基础教育各阶段就会重视培养什么品格和能力；高考能够

测评出什么品格和能力，基础教育各阶段就会强化什么品格和能力的锻炼。新一轮高考评价体系改革致力于彰显高考的教育功能，最终发挥高考的育人价值。因此，围绕这一改革的初心，高考评价体系改革研究的上游阶段首先需要确立高考评价体系改革的核心理念。

高考评价体系改革的研究是在教育部关于中国学生发展核心素养的研究和国家课程标准关于学科核心素养的研究指导下进行的，旨在探讨高考评价体系整体框架与考试命题方案。

《关于全面深化课程改革落实立德树人根本任务的意见》和《关于深化考试招生制度改革的实施意见》这两个重要文件明确要求进行三个系列的研究：

第一系列：依据中国学生发展核心素养的研究，制订中国学生发展核心素养体系。

第二系列：依据中国学生发展核心素养体系，进行国家课程标准关于学科核心素养的研究，确定国家课程标准的学科核心素养体系。

第三系列：依据中国学生发展核心素养与国家课程标准的学科核心素养，进行中国高考学科核心素养的研究，根据国家课程标准和国家人才选拔要求确定高考的学科素养（学科核心素养）体系。

第一系列是教育部关于中国学生发展核心素养的研究。中国学生发展核心素养，是学生经过一定学段教育后所形成的关键能力与品格的综合表现，是党和国家教育培养目标的具体化。中国学生发展核心素养体系于2016年正式公布，确立了包含3个方面、6个核心指标和18个基本要点的内涵（如表1所示）。该体系首次明晰了新时代的社会主义接班人是具备"人文底蕴""科学精神""学会学习""健康生活""责任担当"和"实践创新"六大核心素养的人，对"中国教育要培养什么人"这一根本问题作出了具有中国特色的、科学的具体回答。中国学生发展核心素养根据党的教育方针提出的具体的教育培养目标，需要通过学科教学、课外活动、少先队与共青团工作活动等多种教育途径共同实现。

表1　中国学生发展核心素养体系

方面	文化基础		自主发展		社会参与	
核心指标	人文底蕴	科学精神	学会学习	健康生活	责任担当	实践创新
基本要点	人文积淀 人文情怀 审美情趣	理性思维 批判质疑 勇于探究	乐学善学 勤于反思 信息意识	珍爱生命 健全人格 自我管理	社会责任 国家认同 国际理解	劳动意识 问题解决 技术运用

第二系列是国家课程标准关于学科核心素养的研究。国家课程标准提出的学科核心素养体系，是根据中国学生发展核心素养提出的学科教学培养目标的体系，是通过学科教学途径实现的中国学生发展核心素养，是中国学生发展核心素养在学科教学方面的具体化，是学生通过学科学习之后所形成的、具有学科特点的关键能力与成就，是学科育人价值的集中体现，是学生通过学科学习而逐步形成的正确价值观念、必备品格和关键能力。普通高中九大学科的核心素养指标如表2所示。

表2　普通高中九大学科的核心素养指标

学科	核心素养指标
语文	语言建构与运用、思维发展与提升、审美鉴赏与创造、文化传承与理解
数学	数学抽象、逻辑推理、数学建模、直观想象、数学运算、数据分析
英语	语言能力、文化意识、思维品质、学习能力
思想政治	政治认同、科学精神、法治意识、公共参与
历史	唯物史观、时空观念、史料实证、历史解释、家国情怀
地理	人地协调观、综合思维、区域认知、地理实践力
物理	物理观念、科学思维、科学探究、科学态度与责任
化学	宏观辨识与微观探析、变化观念与平衡思想、证据推理与模型认知、科学探究与创新意识、科学态度与社会责任
生物学	生命观念、科学思维、科学探究、社会责任

国家课程标准（2017年版2020年修订）提出的学科核心素养体系对过去国家课程标准中的知识与技能、过程与方法、情感态度与价值观"三维目标"进

行了整合与提升，实现了从关注内容向关注学习结果的转变，从关注教材和标准向关注"培养什么人、怎样培养人、为谁培养人"的转变，有力地回应了"一门学科是如何贯彻党的教育方针、落实立德树人根本任务"的重大问题。

可以明确的是，国家课程标准的学科核心素养体系，是学科教学的指导性文件，也是学科考试的指导思想与基本依据。但是，国家课程标准对学科核心素养的分析，是为了更深入地理解学科教学培养目标，属于可知性分析。而高考或其他考试则是要考核学科教学培养目标，需对考核对象进行可测性分析，以符合测量学的要求。确保各个维度或指标之间没有交叠，否则无法直接按照这些指标构建考试命题方案，即双向细目表。因此，国家课程标准对学科核心素养体系的分析，并非对学科教学培养目标的可测性分析，其指标之间也存在许多交叠之处，并非所有指标都可以直接在高考这一特定情境中进行评价、考核。为了满足学科高考评价的要求，应该根据可测性分析的要求，以国家课程标准为指导，将课程标准的学科核心素养进行可测性分析的转换。

第三系列是中国高考学科核心素养的研究。根据中国学生发展核心素养体系与国家课程标准提出的学科核心素养体系，整合国家课程标准对学科的要求与高校选拔人才的需求，形成对即将进入高校学习的学生的学科综合素质进行可测性分析的高考评价的学科素养体系。这一体系通过学科教学途径实施，能够在高考特定情境下评估学生所展现出来的国家课程标准的学科核心素养，体现党的教育方针与中国学生发展核心素养提出的考试评价目标。

第三系列研究的启动以华南师范大学协同北京师范大学、华东师范大学、陕西师范大学、华中师范大学共同进行教育部考试中心重大委托项目——"高考评价体系整体框架研究"为标志。该研究旨在构建能反映党和国家的意志，反映新时代中国特色社会主义的特点与要求，反映各种相关利益群体的愿望与需求，反映新高考改革观点与措施的科学性、时代性与前瞻性的学科素养指标体系。

项目组采用了文献分析与实证调查两大系列研究方法（如图2所示）。在文献分析研究系列中，深入开展了国家高考政策分析研究等，对传统质性的文献分析方法进行了创新，将实证研究与质性研究有机地结合起来，将关键信息编码的方法用于文献分析过程，使文献分析的结果克服了单纯的质性研究的主观性局限，更具有客观性、一致性和科学性。在实证调查研究系列中，由华南师范大学（南）协同北京师范大学（北）、华东师范大学（东）、陕西师范大学（西）以及华中师范大学（中）共5所高校，在东、南、西、北、中五个片区共同进行了基础教育和高等教育相关利益群体的座谈调研。受访者包括基础教育教师、基础教育管理人员与中学生，高校教师、高教管理人员与大学生，以及社会教育相关行业管理人员和家长，座谈主题是"你们认为接受了基础教育各个学科教学的高中学生，为将来参加工作或是进入高等学校深造做准备，应该做什么事情？"。整个座谈调研过程对受访者进行现场录音、录像，对座谈内容进行文本转录和校对，形成约144万字的文本材料，得出每名受访者的座谈意见文本。通过分析软件NVivo 11对座谈文本进行编码分析与质性分析，最终整合形成调研结果。通过两个系列研究的有机结合，综合各项研究结果，统整所有备择指标，并召开数十场由教育主管部门、教育理论与评价学者、考试测评与统计分析专家、各行业精英、中学各科名师参加的深度研讨会。经过汇聚凝练，最终形成《中国高考评价体系研究报告》。根据这项重大研究成果，教育部考试中心于2019年12月发布《中国高考评价体系》和《中国高考评价体系说明》。之后，华南师范大学广东省高考综合改革研究院进一步开展深入研究，对中国高考评价体系的相关指标进行了再次完善，研究成果体现在本系列丛书中，并据此研制了各学科的核心素养指标体系。

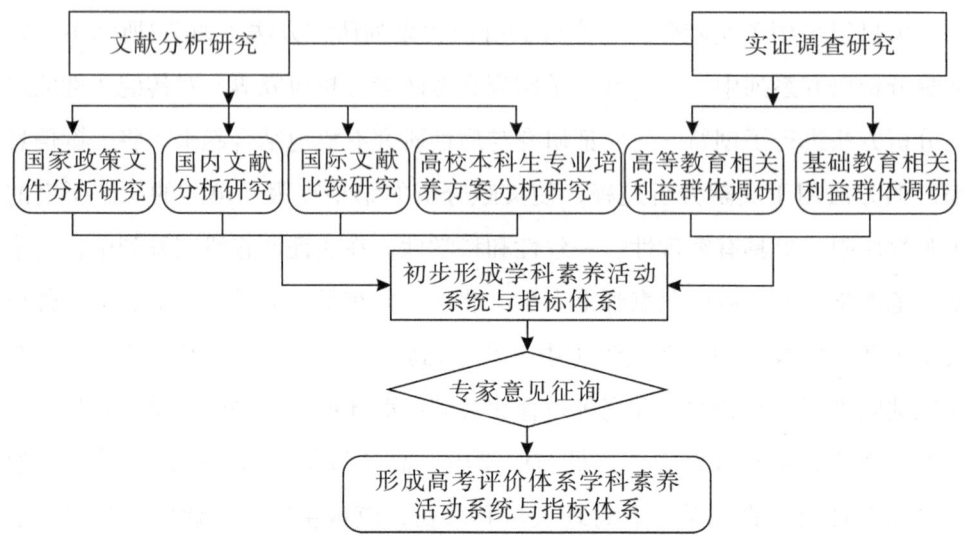

图2 学科素养活动系统与指标体系研究路线

项目组通过文献分析与实证调查两大系列研究，对高校人才选拔需求和基础教育培养目标进行分析与调研，全面收集关于高考评价体系学科素养内涵与指标体系的条目，构成"备择条目池"；按照一定规则从备择条目池中确定入选条目，对入选条目进行整理，建构高考评价体系学科素养内涵与指标体系。主要分以下四步：

第一步：文献分析研究。

文献分析研究包括四个方面：①高考改革的国家政策文件分析研究；②高考改革的国内文献分析研究；③高考改革的国际文献比较研究；④高等院校本科生专业培养方案分析研究。

文献分析研究1：高考改革的国家政策文件分析研究，即系统梳理新中国成立以来不同发展阶段党和政府关于高考的政策、法规文本，从中分析并厘清高考内容和形式改革的基本脉络，总结国家政策文件中提出的我国人才培养的核心要求和具体指标。

文献分析研究2：高考改革的国内文献分析研究，即对当前国内高考评价体系研究相关的文献，包括高考考试目标、考试内容以及考试方式进行系统梳理和分析，为后续的学科素养指标体系建构提供借鉴与参考。

文献分析研究3：高考改革的国际文献比较研究，即立足于全球化的视野，以美国、新加坡、新西兰、日本等国家或地区为研究对象，比较分析各发达国家或地区在普通高中或大学入学考试方面的改革动态和相关政策。同时，对考试目标中涉及的学科素养指标及具体内容、相应的测评技术进行对比梳理。

文献分析研究4：高等院校本科生专业培养方案分析研究，即以典型大学的典型专业培养方案为研究内容，采用内容分析法对培养方案中的培养目标所反映的本科生学科素养指标情况进行统计分析，倒推高校对准入本科生学科素养的要求，为最终形成高考学科素养指标体系提供重要依据。

第二步：实证调查研究。

实证调查，即座谈调研在全国五个片区统一进行，华南师范大学、北京师范大学、华东师范大学、陕西师范大学、华中师范大学分别在各自片区进行调研，按照研究方案整理调研结果。

第三步：整合两个系列研究结果（从备择指标条目中选出入选条目）。

对从文献分析系列与实证调查系列收集的条目数据进行整理，按照一定规则从备择条目池中确定入选条目，构成"入选条目群"。

第四步：建构学科素养指标体系（整理入选条目，形成体系）。

对入选条目群进行整理，完成学科素养指标体系的构建，以及对高考评价体系的必备知识与关键能力的界定。

通过整合文献分析与实证调查两个系列研究的结果，进行论证分析，最后形成高考评价体系学科素养的内涵、载体与指标体系整体框架。

（二）高考评价体系学科素养内涵的界定

高考评价体系研究提出了学科素养内涵："学科素养是指即将进入高等学校的学习者在面对生活实践或学习探索问题情境时，能够在正确的思想价值观念指导下，合理运用科学的思维方法，有效整合学科相关知识，运用学科相关能力，高质量地认识问题、分析问题、解决问题的综合品质。"

需要阐明高考评价体系的核心概念——学科素养与中国学生发展核心素养以及国家普通高中课程标准提出的学科核心素养之间的联系与区别。中国学生发展核心素养具有总体性，是对全体学生提出的总的培养任务，是通过各种教育途径来全方位地实现的；学科核心素养是对普通高中全体学生提出的在学科学习方面的培养任务，它主要是通过学科教学途径最大化实现的中国学生发展核心素养；高考评价体系的学科素养则是对即将进入高等学校的学生提出的在学科学习方面的培养任务，它也是通过学科教学途径实现的，并且可以在高考这个特定情境中表现出来。因此，要确定高考评价体系的学科素养，需要对高校人才的选拔需求与国家普通高中课程标准的培养目标进行整合，这也是学科素养指标体系研究的基本思路。

根据学科素养的内涵，以学科素养为导向的高考的考查目标是学生应对生活实践问题情境以及学习探索问题情境时的综合素质。

考查学生应对生活实践问题情境的综合素质，就是要求学生能够应用学科知识探究或解决生活实践中的真实问题。它要求学生能够将所掌握的学科知识贯通到现实领域，学以致用，让知识回归生活实践的本源，打通学科知识体系与本源知识体系。学科专家普遍认同，在目前的学校教育中，学生在学校学习中所获得的学科知识或技能，之所以无法迁移到现实生活中去，就在于学校学习活动所依存的情境被过于人为简化和抽象，缺少和现实生活的连接。因此，要培养和评价学生的学科素养，必须依托复杂的、开放性的真实生活情境。

考查学生应对学习探索情境问题的知识与能力，就是要求学生能够以高级学习或终身学习的需求为导向而进行学科学习与探究活动。它要求学生掌握与运用知识的思维方式、所形成的知识结构，以及知识学习的角度、广度与深度，都与学科高级知识学习相协调。高考是选拔出能胜任高等学校专业学习与科学探究活动的高中毕业生的考试，这就要求高考在设计学科学习的问题时走出"难题""偏题"与"怪题"的误区，真正根据学科高级知识学习与探索，根据对知识与能力的要求设计考查学科知识的掌握与运用的各种问题。

然而，仍需进一步思考和回答的关键问题是：为什么应对生活实践问题情境与学习探索问题情境的综合素质如此重要？为什么高考改革要强调考查学生应对生活实践问题情境和学习探索问题情境的综合素质？

1. 从学校教育的起源与本质来看，高考评价体系学科素养的界定符合教育的初心与使命

要回答这些关键问题，必须从人类知识生产过程、个体知识再生产过程的本质与学校教育的本质的理论高度进行分析论证。

人类知识生产过程是指在实践中获得解决实际问题的经验的过程；个体的知识再生产过程，即知识学习过程，也就是学会人类已获得的改造世界实践活动的"种的经验"的过程。

为了让每一代个体在尽可能短的时间内掌握"种的经验"，学校教育这个特殊的形式便产生了，同时形成了按照知识体系分门别类的各种学科，从而将个体的知识再生产过程转为学生学科知识学习过程。

从学校教育产生的本质或初心来看，这种知识再生产的课堂学习情境活动应该与人类生产知识的实践情境活动有内在本质的一致性，才能保证学生通过课堂学习情境活动获得的知识经验，就是人类改造世界所需要的实践经验与认识经验。

人类改造世界的实践经验与认识经验这两类经验的获得体现在学科教学上，就是要求学生形成应对生活实践问题情境与学习探索问题情境的综合素质。我们将这个综合素质称为学科素养，它是人类改造世界的实践经验与认识经验在学校学科教学上的映射。

考试是教学的重要环节，是检验教学效果的主要手段。它应该考查学生掌握人类改造世界的实践经验与认识经验的质量，即考查学生学科素养的水平。只有这样，考试才能对教学发挥正确的导向或指挥棒作用，真正符合学校教育的初心与本质。

学科素养作为个体的内在特质，在相关的生活实践活动与学习探索活动中才能表现出来，进而被观察、被评价。考试就是要将这种作为学科素养载体的生活实践活动与学习探索活动移植到高考情境的特定时空，以特定方式进行，用以考查学生的学科素养水平。从这个意义来说，考试就是生活实践问题情境与学习探索问题情境的"仿真"。

据此，学科素养导向的考试考查学生应对生活实践问题情境与学习探索问题情境的综合素质，就是考查学生掌握人类改造世界的实践经验与认识经验的质量。因此，必须以学科素养为导向进行考试设计。这也是高考评价体系提出的要以考查学生解决生活实践与学习探索情境中的问题的学科素养为导向进行高考改革的基本依据。

2. 从人类能力的发展与性质来看，高考评价体系学科素养的界定符合时代对基础教育学科能力的培养与考查的要求

什么是能力？能力是能胜任某项工作或事务的主观条件。能力是在相应的活动中形成的，也在相应的活动中表现出来并直接决定相应活动的完成质量。不同的能力在进行不同活动的过程中形成，也在进行不同活动的过程中表现出来。长期以来，教育界认为，学科教学就是要培养学生的能力，只要是培养学生的能力的教育，就是素质教育。这种看法是不正确的。

当前我们面临"知识爆炸"的时代（实际上也是"能力爆炸"的时代），教育界迫切需要解决的重大问题，不是如何让学生掌握知识和培养能力，而是以什么为参照来确定学生应该掌握什么知识、培养什么能力。即使是同一个学科，进行不同的掌握与运用知识的活动，也会形成不同的学科能力。也就是说，在单一学科内部，可以形成的知识、能力也是多种多样的。那么，哪些知识为必备知识，哪些能力为关键能力呢？高考评价体系关于学科素养的内涵给出了答案，即基础教育应该培养学生能用于应对生活实践情境活动与学习探索情境活动的知识与能力。根据高考评价体系的学科素养的内涵，可以明确，学科素养就是顺利完成生活实践情境与学习探索情境的活动的综合能力，这就是在教学过程中需要培养的"目标综合能力"。这个界定，在当下"能力爆炸"的时代，进一步消除了教育界对学科能力培养的不正确观点，起到了正本清源的作用，对基础教育的学科教学与评价具有重要的指导意义。

3. 从学科水平测评的发展来看，高考评价体系学科素养的界定符合当前国际学科水平测评的改革趋势

当前，各种国际组织或发达国家的考试与学科测评，都越来越注重考查学生解决各种实际问题的能力水平。

PISA（国际学生评估项目）由经济合作与发展组织开发，是目前世界上最具影响力、涉及范围最广的国际学生学习评估项目之一。PISA主要针对15岁学生进行评估，旨在测试他们是否具有现实生活和终身学习所必需的学科基本素养。PISA评价的核心是学科素养，在测评框架中将"素养"定义为"学生应用所学知识和技能，分析、推理和进行有效沟通，解决和解释各种不同情境中问题的能力"。这一概念指导了PISA测评内容的选定。表3是PISA以素养为测评目标的测评框架，其中"情境"栏目明确界定了所要考查的学生解决生活实践情境各种问题的能力。

表3　PISA以素养为测评目标的测评框架

项目	阅读	数学	科学
情境	文本的使用场合： 个人的（如私人信件） 公共的（如官方文件） 工作和职务的（如报告） 教育的（如与学校相关的阅读）	数学应用的领域，关注在个人、社会和全球情境中的应用： 个人的 教育的或职业的 公共的 科学的	科学应用的领域，关注在个人、社会和全球情境中的应用： 健康 自然资源 环境 危机 科学和技术前沿

（续表）

项目	阅读	数学	科学
知识领域	阅读材料的形式： 连续文本（如记叙文、说明文、议论文） 非连续文本（如图表、表格和清单）	数学领域和概念群： 数量 空间和形状 变化和联系 不确定性	科学知识： 物质系统 生命系统 地球和宇宙系统 技术系统 关于科学的知识： 科学探究 科学解释
认知过程	阅读任务和过程的类型： 检索信息 解释文本 反思和评价文本	数学能力群： 运用数学方法明确表达情境 利用数学概念、事实、程序和推论来解决数学问题 解释、应用和评价数学结果	科学任务和过程的类型： 识别科学议题 科学地解释现象 运用科学证据

美国、英国、法国、日本、新加坡等发达国家进行了一系列考试改革，都明确提出对学生学科能力考查的目标与要求，其中不是一般性地提学科能力，而是明确界定各学科需要培养学生掌握与运用知识的目标综合能力，包括对学科知识原理的掌握运用能力以及应用学科知识原理解决实际问题的能力。总的来看，"高考评价体系整体框架研究"项目提出的学科素养的内涵，符合当前国际学科水平测评的改革趋势。

（三）高考评价体系的学科素养指标体系的分析

学科素养是指应对学习探索问题情境的综合能力与应对与学科相关的生活实践问题情境的综合能力，是基础教育阶段的学科教学需要培养的学科目标综合能力。

从测量的角度来看，智力、能力、素养等是人的内在心理特质，是无法直接观察的，被称为"潜变量"。这些潜变量通过所依托的外部活动形成，调控着外部活动的进行，并在外部活动中表现出来。这些潜变量的内涵，是研究者通过对其所依托的外部活动进行分析（如因素分析）而提炼出来的，是一个

"内化"分析的过程。如果需要对这些潜变量进行测评,就要对这些潜变量进行可测性分析。一个重要的方法论就是把潜变量进行"外化"分析,也就是分析形成这些潜变量的外部活动指标体系,这是测量潜变量的关键一步。学科素养是一种反映学生学科学习质量的潜变量,要构建一个具有可测性、可考性的学科素养指标体系,需要对作为潜变量的学科素养的外部活动的方向进行可测性分析。因此,在确定高考评价体系的学科素养内涵后,项目组进一步对学科素养进行可测性分析的系统研究,构建以外部活动为指标的体系。

项目组在进行学科素养内涵分析的同时,依据图2中所示的方法与程序,完成了学科素养的指标体系分析。基于文献分析与实证调查两大系列的研究结果,以学科素养两个情境的内涵为基础,对学科素养进行可测性分析,最终构建了高考评价体系的学科素养指标体系。该指标体系包括三个一级指标和九个二级指标。"学习掌握""实践应用"与"探索创新"为三个一级指标,每个一级指标下再分为三个二级指标(如表4所示)。

表4 高考评价体系的学科素养指标体系

一级指标	二级指标	主要表现
学习掌握	知识领悟	能深度理解概念与原理的内涵外延 能按照学科知识基本结构系统地理解知识原理 能系统地形成知识原理的产生式系统
	融汇构建	能根据理解新问题的需要整合知识模块 能建构多个学科间知识的关联性 能根据学科的思维方式从已知推出新知
	迁移运用	能准确地把握问题的本质与解决问题的条件要求 能综合运用学科知识原理解决复杂的问题 能整合运用多学科知识原理解决不良情境的问题

（续表）

一级指标	二级指标	主要表现
实践应用	原理通达	能辨识与生活实践问题相对应的原理 能应用原理解决生活实践中的各种实际问题 能通晓原理间的关联并灵活运用
	技术优化	能有效地将课堂学习的技术应用到生活实践领域 能根据实践情境的变化调整改造技术系统 能组合多种技术解决复杂的实践问题
	统整解决	能系统地观察和分析问题情境的各种信息与条件 能组合学科各种原理解决复杂的实践情境的问题 能综合运用多学科知识解决结构不良领域的问题
探索创新	研究探索	能运用科学的研究方法进行研究构思 能运用科学的研究方法构思研究方案 能合理地对研究结果进行总结与分析
	批判质疑	能对前人研究中存在的问题提出疑问 能有理有据地对不同见解或观点进行分析论辩 能对不同的观点或原理提出整合性的意见
	发散创新	能从不同角度、不同维度理解把握事物 能创新性地组合不同的原理或技术解决复杂问题 能提出并验证创新性的观点及解决问题的思路

一级指标中的"学习掌握"是指学生在进行学科学习活动时，能够进行有效理解、建构、运用知识的综合品质。它是个体在当今"知识爆炸"时代面对不断涌现的新知识、新方法、新技术所必须发展和具备的终身学习、认识世界的能力，具体包括"知识领悟""融汇构建""迁移运用"三个二级指标。

一级指标中的"实践应用"是指学生在面对生活实践问题情境时，能够组织、整合相应的学科知识、技能和方法，进行各种认知操作活动以解决问题的综合品质。它是个体在当今社会上生存、立足所必备的改造世界的能力，要求学生能打通学科学习领域的层级式知识体系与生活实践领域的网络状知识体系之间的联系以实现学以致用，具体包含"原理通达""技术优化""统整解决"三个二级指标。

一级指标中的"探索创新"是指学生能够对学习探索情境或生活实践情境的相关问题进行研究探索，能独立思考、批判创新的综合品质。它响应了新时代发展素质教育、培养创新型人才的国家战略需求，具体包含"研究探索""批判质疑""发散创新"三个二级指标。

总的来看，上游研究阶段是在宏观层面对高考改革的基本理念与整体框架进行深入系统的研究。通过系统的文献分析与全国范围的大规模调研，项目组创新性地提出了高考学科素养的内涵，进而提出了以学科素养为导向的新高考内容改革理念，构建了学科素养指标体系的整体框架，从人类知识生产和个体知识再生产的理论高度创新性地回答了考查目标与整体体系的理解及界定问题。

本项目上游的研究提出的学科素养内涵与指标体系整体框架见图3。

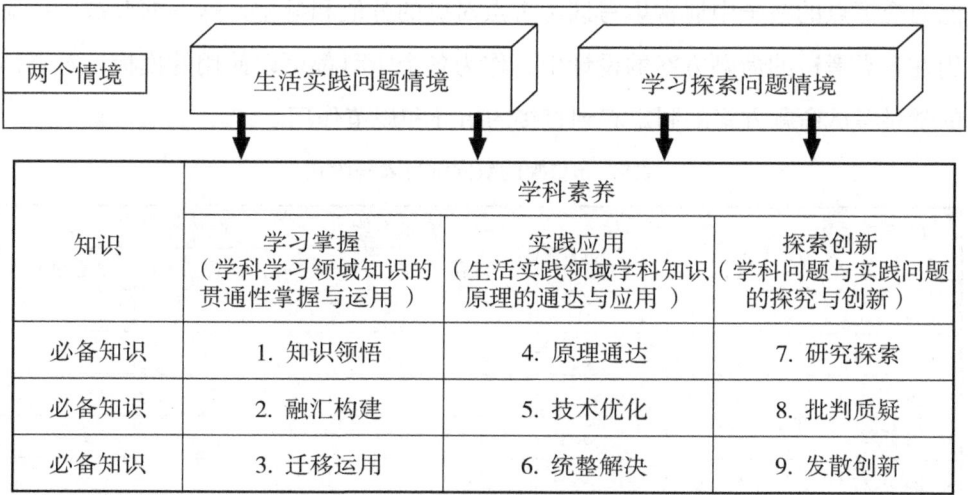

图3 学科素养内涵与指标体系整体框架

二、中游研究：基于学科素养，建构二层双向细目表命题框架

中游阶段的研究，就是探讨如何根据学科素养指标体系构建高考的基本命题框架（学科考试命题框架，整体的双向细目表），建立高考评价体系的学科素养指标体系通往各个学科高考命题方案的桥梁，为各学科高考改革命题方案的制定奠定基础。

学科考试命题框架的形式为双向细目表。双向细目表由美国教育心理学家布鲁姆创立，是由"考查内容"与"考查目标"两个维度构成的表格。考查内容通常指的是考查的知识点或知识模块，是指要求学生掌握什么学科知识；考查目标则是针对该知识点的认知操作，是指将内容掌握到哪种程度，可以理解为"能力"。因此，考查内容与考查目标的关联体系被称为"知识—能力双向细目表"。

不同的学科有不同的考查内容，也有不同的考查目标。布鲁姆在自己提出的双向细目表一般式（如表5所示）中，把考查目标（能力）由低到高分为六个层次，逐层递进，包括识记、理解、应用、分析、评价、创新；在考查内容（知识）维度，不同的学科有不同的指标。在双向细目表一般式中，在知识与能力交汇点的格子中通常填写该考查点对应的分值和题型，这一框架被广泛应用在各类考试的命题方案的设计中，作为各个学科都可以使用的模板，对具体的学科考试命题方案的制定起到直接的指导和规范作用。

表5 布鲁姆的双向细目表一般式

考查内容（知识）	考查目标（能力）					
	识记	理解	应用	分析	评价	创新
知识点1						
知识点2						
知识点3						
知识点4						
知识点5						
知识点6						
……						

布鲁姆提出的作为学科测评或考试命题方案的双向细目表一般式，为学术界广泛接受并沿用作为各个学科测评或考试命题方案的基础。然而，人们在实际制订不同学科、不同内容的双向细目表时，为了更精准地体现学科的特点与要求，对布鲁姆提出的双向细目表一般式中的考查目标维度不断进行了调整与修改。

目前，我国教育工作者比较普遍地采用如表6所示的双向细目表一般式：

表6　我国教育工作者普遍采用的双向细目表一般式

考查内容 （知识内容）	考查目标（认知操作）						
	识记	理解	运用	分析	综合理解	组合运用	质疑评价
必备知识1							
必备知识2							
必备知识3							
……							

根据我国历年高考双向细目表的命题分布，可以看出当时考查的重点和考试命题的导向。

从1977年恢复高考，一直到2015年，我国的高考经历了"知识导向"与"能力导向"两个阶段。

从1977年到1995年，主要是知识导向阶段，重点考查学生是否掌握扎实的"双基"（基本知识与基本技能），以及是否能系统地运用知识。因此，考试命题重点在双向细目表的认知操作维度的前端指标，重点关注的是前端的识记、理解、运用与分析等基本认知操作，而不是认知操作维度后端的综合理解、组合运用与质疑评价等综合认知操作。由于考查基本认知操作的题目主要是分值较低的单项选择题，所以，考查知识点的题目就会大量增加，形成了知识导向的考试命题方案。知识导向的考试命题双向细目表见表7，其中标"★"的为考试重点。

表7　知识导向的考试命题双向细目表

知识内容	认知操作						
	识记★	理解★	运用★	分析★	综合理解	组合运用	质疑评价
必备知识1							
必备知识2							
必备知识3							
……							

随着我国基础教育的发展，人们逐步意识到培养学生能力的重要性。从1996年到2015年，高考从知识导向阶段进入能力导向阶段。在这个阶段中，考试重点在于考查学生是否具备掌握与运用知识的综合能力。因此，考试命题双向细目表的重点放在认知操作维度后端的综合理解、组合运用与质疑评价等综合认知操作，主要强调考查理解与应用知识的综合认知操作过程与能力，形成了能力导向的考试命题方案。能力导向的考试命题双向细目表见表8，其中标"★"的为考试重点。

表8　能力导向的考试命题双向细目表

知识内容	认知操作						
	识记	理解	运用	分析	综合理解★	组合运用★	质疑评价★
必备知识1							
必备知识2							
必备知识3							
……							

随着我国素质教育的深入推进，同时也受到国际高考改革与学科质量评价趋势的影响，我国教育界人士意识到，不能笼统地提倡学校教育要培养与发展学生的能力，而是要根据社会发展与个人发展的需要培养学生的目标综合能力。在学科教学中，这种目标综合能力就是学科素养。因此，经历了1996年到2015年的能力导向阶段后，我国高考改革开始进入素养导向的阶段。

在上游的研究中，本项目已完成高考评价体系的学科素养内涵与指标体系的研究。根据学科素养指标体系，如何构建学科高考的命题方案，需要我们进一步思考。

传统的双向细目表的认知操作维度的后端是考查理解与应用知识的综合认知操作，包括综合理解、组合运用与质疑评价三个指标。根据这些考查目标进行命题，无法将目标综合能力与非目标综合能力区分开来，因此，无法有效地考查作为目标综合能力的学科素养。为了精准地对学科素养进行考查，应该将考查目标综合能力的认知过程指标体系的学习掌握、实践应用与探索创新作为综合认知操作的指标，取代传统双向细目表的综合理解、组合运用与质疑评价，这样才能体现出命题的学科素养导向。传统的双向细目表所考查的学科基本能力的识记、理解、运用、分析等，仅仅是界定认知操作综合程度的指标。将学习掌握、实践应用与探索创新作为综合认知操作指标，不仅界定了认知操作的综合程度，而且界定了认知操作的内容范畴。因此，两者不宜构成同一系列的认知操作，应该将以学习掌握、实践应用与探索创新作为认知操作考查学科素养的命题方案，与以识记、理解、运用、分析等作为认知操作考查学科基本能力的命题方案分离开来，组成两个层次的命题方案，即组成两个双向细目表，也就是二层双向细目表。二层双向细目表的设计程序如下：

第一步，基于学科素养指标体系构建考查学科素养的高阶双向细目表，如表9所示。

表9　考查学科素养的高阶双向细目表

知识内容	认知操作		
	学习掌握	实践应用	探索创新
知识模块1			
知识模块2			
知识模块3			
……			

注：知识内容不需要分解到具体的知识点，而是采用知识模块的形式。

第二步，基于基本认知操作构建考查学科基本能力的低阶双向细目表，如表10所示。

表10　考查学科基本能力的低阶双向细目表

知识内容	认知操作			
	识记	理解	运用	分析
必备知识1				
必备知识2				
必备知识3				
……				

注：知识内容需要分解到较小的知识模块或具体的知识点。

第三步，整合高阶、低阶双向细目表，形成学科素养导向的二层双向细目表，如表11所示。

表11　学科素养导向的二层双向细目表

知识内容	识记	知识内容	认知操作		
			学习掌握	实践应用	探索创新
		知识模块			
必备知识		知识模块			
必备知识		知识模块			
必备知识		知识模块			
必备知识					

二层双向细目表的提出是本项目研究的重要突破，它变革了考试学关于考试命题框架的传统设计，首次提出以知识组块和学科素养为向度的，适用于综合题命制的高阶双向细目表，为以学科素养为导向的高考内容改革的落地提供了有力的抓手。

三、下游研究：基于二层双向细目表，确定各学科高考命题方案

上游和中游研究已经从学理和方法论层面确定了学科素养导向的高考命题理念和基于学科素养的一般命题方案（二层双向细目表），为高考内容改革的落地奠定了坚实基础。下游研究的目标则是构建高考九大学科的具体命题方案，包括三个方面：第一个方面是确定各学科的生活实践情境与学习探索情境的考查要求，第二个方面是构建各个学科基于学科素养的命题方案二层双向细目表，第三个方面是确定各学科考卷各类试题的分布与题型。

（一）确定各学科的生活实践情境与学习探索情境的考查要求

前面提到，以学科素养为导向的新高考内容改革的核心，是考查学生经过高中阶段的教育之后，是否具备应对生活实践问题情境与学习探索问题情境的综合素质。因此，下游研究的第一步是确定各学科的教学需要帮助学生形成解决哪些问题的能力，见表12。

表12　确定各学科生活实践问题情境与学习探索问题情境的考查重点

学科	学科素养		
	学习掌握	实践应用	探索创新
语文	在本学科学习领域考查学生什么？（要求学生会什么？能够解决什么问题？）	在本学科相关的生活实践领域考查学生什么？（要求学生会什么？能够解决什么问题？）	在本学科相关的探究和创新方面考查学生什么？
数学			
英语			
物理			
化学			
生物学			
历史			
思想政治			
地理			

需要说明的是，学科素养的三个一级指标实际上考查的是两个情境的问题，第三个一级指标"探索创新"考查的问题实际上是从学习探索问题情境与

生活实践问题情境的问题中分离出来的。

PISA是多个国家和地区参加的统一测试,而各个国家和地区的学科教学内容与构成各不相同,因此PISA中"阅读""数学"与"科学"的测试主要聚焦于生活实践问题情境的问题。

以PISA阅读测试为例,15岁中学生的阅读素养需要满足个人应用情境活动、公共应用情境活动、职业情境活动、教育情境活动的实际需求,测试情境均取自真实的素材,经转化、改造后,形成具有定向考查目标、适合学生在考试中回答的问题,见图4。

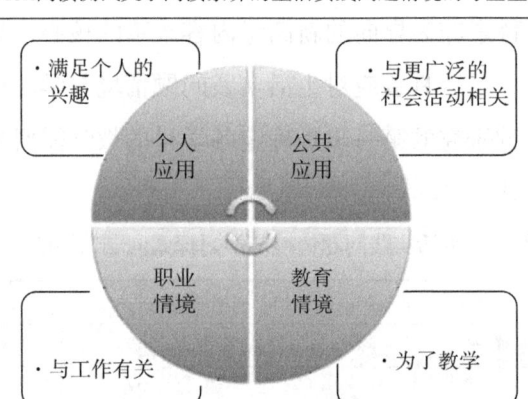

图4　PISA阅读测试关于阅读素养的生活实践问题情境

项目组根据上游研究提出的高考评价体系的学科素养内涵与指标体系，通过文献分析与实证调查，形成各个学科的生活实践问题情境与学习探索问题情境的考查要求。

图5和图6是项目组对语文学科、数学学科的生活实践问题情境与学习探索问题情境的考查要求的初步分析。

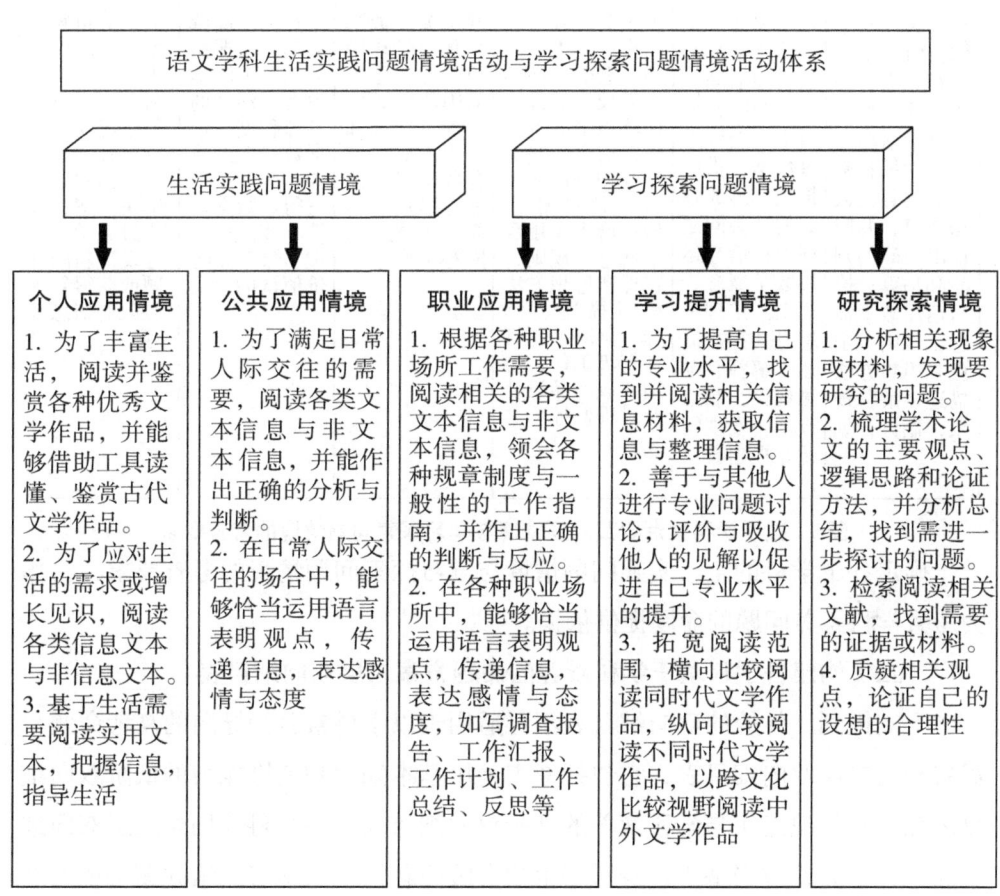

图5 语文学科生活实践问题情境与学习探索问题情境的考查要求

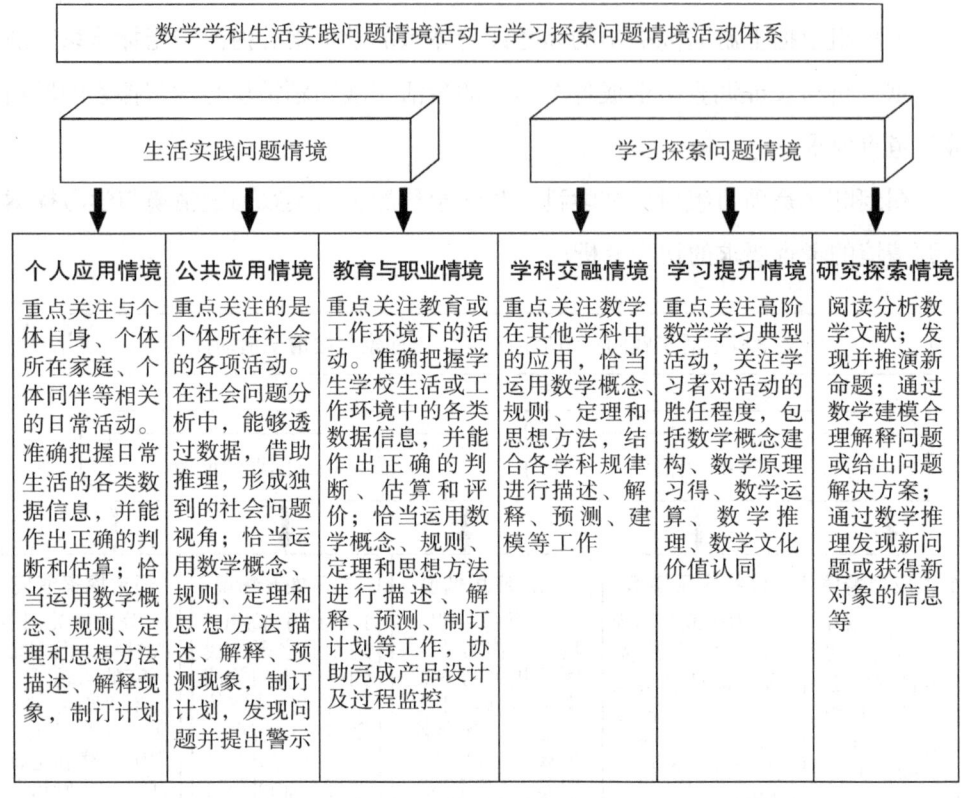

图6 数学学科生活实践问题情境与学习探索问题情境的考查要求

确定各个学科的生活实践问题情境与学习探索问题情境的考查要求，将作为考查学科素养问题的命题提供依据。

（二）构建各学科基于学科素养的命题方案二层双向细目表

上文提到，传统的双向细目表不再适用于以学科素养为导向的高考命题，需要构建二层双向细目表，它包括考查运用基本知识和关键能力的低阶双向细目表和考查知识组块与学科素养的高阶双向细目表。各学科在构建二层双向细目表时，首先，应当基于自身对于生活实践问题情境与学习探索问题情境的考查要求，确立高阶的面向知识组块与学科素养考查的双向细目表，即要确定完成本学科相关的生活实践问题情境活动或者学习探索问题情境活动需要掌握哪些知识组块（如大概念），以及需要在什么价值观念（如世界观与方法论）的指引下，对这些知识组块进行哪些复杂的思维活动（如学习掌握、实践应用、探究创新等）；其次，根据高阶双向细目表形成低阶双向细目表；最后将高阶与低阶双向细目表整合，形成二层双向细目表。

以物理学科的二层双向细目表为例。先构建高阶双向细目表，然后根据高阶双向细目表构建低阶双向细目表，见图7。

物理学科素养层面双向细目表（高阶）

考查内容	学科素养						
	学科领域科学原理的掌握与运用		生活实践领域科学原理的贯通与应用		科学问题的探究与创新		
	概念原理的理解与构建	科学概念原理的掌握与综合运用	生活实践科学问题情境的识别与解释	科学原理在生活实践中的体现与运用	科学研究的问题提出与目的确定	科学研究的构思设计与操作实施	科学研究的结果分析与总结提升
机械运动与物理模型							
相互作用与运动定律							
机械能及其守恒定律							
曲线运动与万有引力定律							
静电场与电磁场							
电路及其应用							

↓ ↓ ↓ ↓

物理学科基本能力层面双向细目表（低阶）

考查内容	认知操作			
	识记	理解	运用	分析
质点				
位移、速度、加速度				
匀变速直线运动及其公式、图像				
重力、弹力、摩擦力				
胡克定律				
标量、矢量				
……				

图7　物理学科高阶和低阶双向细目表

最后，整合两个双向细目表形成物理学科命题方案的二层双向细目表，见表13。

表13 物理学科命题的二层双向细目表

考查内容	学科素养					
	学科领域科学原理的掌握与运用		生活实践领域科学原理的贯通与应用		科学问题的探究与创新		
	概念原理的理解与构建	科学概念原理的掌握与综合运用	生活实践科学问题情境的识别与解释	科学原理在生活实践中的体现与运用	科学研究的问题提出与目的确定	科学研究的构思设计与操作实施	科学研究的结果分析与总结提升
机械运动与物理模型							
相互作用与运动定律							
机械能及其守恒定律							
曲线运动与万有引力定律							
静电场与电磁场							
电路及其应用							

需要注意的是，有的学科因其特殊性，最终构建出来的二层双向细目表可能有所不同。例如，语文学科根据阅读活动与写作活动构建出两个高阶双向细目表，再根据这两个高阶双向细目表形成一个低阶双向细目表，如图8所示。

语文学科阅读高阶双向细目表

考查内容	学科素养		
	学科领域语言的整合理解与意义建构	生活实践领域语言的整合理解与意义建构	语言文学问题的探究与创新
信息类文本	1-1 能理解文本直接传递的与隐含的信息	2-1 结合现实情境获取文本直接传递的信息	
叙事与文学类文本	1-2 能理解、领悟文本各种表现手法与技巧	2-2 根据现实情境对文本进行推论，获得隐含的信息	
文言文文本	1-3 能把握文本主题、布局谋篇与整体联系	2-3 根据现实情境把握文本主题、观点及整体联系	
非连续性文本	1-4 能鉴赏或评价文本的观点与写作技巧	2-4 根据现实情境评价文本的观点与表达方式	
综合文本			

语文学科写作高阶双向细目表

考查内容	学科素养		
	学科领域语言的整合理解与意义建构	生活实践领域语言的整合理解与意义建构	语言文学问题的探究与创新
信息类文本	1-1 基本围绕主题，布局完整，材料大致符合，表达基本意思	2-1 根据现实情境形成主题，材料符合，布局完整，表达基本意思	
叙事与文学类文本	1-2 主题明确，布局得当，材料合适，表达通顺	2-2 根据现实情境形成明确的主题，材料合适，布局得当，表达通顺	
文言文文本	1-3 主题鲜明，材料典型，布局严密，表达流畅	2-3 根据现实情境形成鲜明主题，材料典型，布局严密，表达流畅	
非连续性文本	1-4 主题立意新颖，选材巧妙，布局新颖，表达独特	2-4 根据现实情境形成立意新颖的主题，选材巧妙，布局新颖，表达独特	
综合文本			

语文学科低阶双向细目表

知识内容	认知操作			
	识记	理解	运用	分析
字词				
句子				
文言文				
语文常识				

图8 语文学科命题的二层双向细目表

然后构成语文学科二层双向细目表的命题方案，见图9。

考查内容	学科素养			考查内容	学科素养		
	学科领域语言的整合理解与意义建构	生活实践领域语言的整合理解与意义建构	语言文学问题的探究与创新		学科领域语言的整合理解与意义建构	生活实践领域语言的整合理解与意义建构	语言文学问题的探究与创新
信息类文本	1-1 能理解文本直接传递的与隐含的信息	2-1 结合现实情境获取文本直接传递的信息		信息类文本	1-1 基本围绕主题，布局完整，材料大致合适，表达基本意思	2-1 根据现实情境形成主题，材料合适，布局完整，表达基本意思	
叙事与文学类文本	1-2 能理解、领悟文本各种表现手法与技巧	2-2 根据现实情境对文本进行推论，获得隐含的信息		叙事与文学类文本	1-2 主题明确，布局得当，材料合适，表达通顺	2-2 根据现实情境形成明确的主题，材料合适，布局得当，表达通顺	
文言文文本	1-3 能把握文本主题、布局谋篇与整体联系	2-3 根据现实情境把握文本主题、观点及整体联系		文言文文本	1-3 主题鲜明，材料典型，布局严密，表达流畅	2-3 根据现实情境形成鲜明的主题，材料典型，布局严密，表达流畅	
非连续性文本	1-4 能鉴赏或评价文本的观点与写作技巧	2-4 根据现实情境评价文本的观点与表达方式		非连续性文本	1-4 主题立意新颖，选材巧妙，布局新颖，表达独特	2-4 根据现实情境形成立意新颖的主题，选材巧妙，布局新颖，表达独特	
综合文本				综合文本			
语文常识							

图9 语文学科二层双向细目表命题方案

（三）确定各学科考卷各类试题的分布与题型

在二层双向细目表研制完成以后，构建考试命题方案的最后一步便是确定各类试题的分布与题型，并且进行题目编码，具体共分为五步：

第一步，确定考卷必须有的四类题目。根据教育部提出的"一核""四层""四翼"高考改革整体思路中"四翼"的考查要求，确定试题的类型与分布。"四翼"提出的考查要求是基础性、综合性、应用性、创新性。根据"四翼"考查要求，考卷要有四类题目：一是必须有考查必备知识与关键能力的题目。这类题目主要考查构成学科素养的基础知识能力，是考查必备知识与关键能力的基础性题目。二是必须有考查在学习探索问题情境中运用知识能力解决问题的综合性题目。这类题目是考查学科素养的综合性题目。三是必须有考查在生活实践问题情境中运用知识能力解决实际问题的综合性题目，考查学生应对实践问题的素质。这类题目是考查学科素养的应用性题目。四是必须有考查在生活实践问题情境或学习探索问题情境中创新地运用知识技能解决开放性问题的题目。这类题目是考查学科素养的创新性题目。

第二步，确定四类题目的比例。首先，确定二层双向细目表中学科素养层面题目与知识能力层面题目的比例；其次，确定高阶双向细目表中学科素养三个指标与不同知识模块的题目比例；最后，确定低阶双向细目表中认知过程（基本能力）各种指标与各个知识点的题目比例。

第三步，根据考题的类型及性质，确定其所适用的题型，包括各类客观题（单项选择题、多项或不定项选择题、判断题等）和主观题（简答题、闭合式论述题、开放式论述题等）。

第四步，确定每道试题的难度及不同难度的题目在整张试卷中的分布。通常根据正态分布原则，较低难度题目的分值和较高难度题目的分值应各占整张试卷总分的20%左右，中等难度题目的分值应占整张试卷总分的60%左右。

第五步，根据考卷分析与数据分析的要求建立试题的考查层面、情境活动、知识内容、认知操作、考查要求、核心价值、学科素养、关键能力、题型、权重、难度、区分度等属性的编码规则，并对每一道试题进行编码，由此实现对试题、试卷的各种分析，从而能够实现对试卷质量的整体把握和管理。

以上基于高考改革理念的下游研究，完成了各学科具体的命题方案的构建。根据各学科的命题方案，可以直接进行考试命题及考试后的各种分析。

总的来看，本项目关于高考改革的整体思路与方案研究，从上游高考改革理念的探讨，到中游高考改革整体命题框架的构建，再到下游各个学科命题方案的设计，实现了高考改革研究的闭环。

目前，华南师范大学组建了语文、数学、英语、物理、化学、生物学、历史、思想政治、地理九个学科的研究团队，系统地开展对各个学科高考改革问题以及高考改革导向下的学科教学改革的研究。目前已完成"中国高考改革的理论与实践研究"丛书共九部专著的撰写，并交付出版社出版。然而，这九部专著的出版只是高考改革研究的起步，还有许多问题需要进一步深入研究，中国高考改革的研究还在路上。

目录

第一章　问题与展望 …………………………………………………… 1

第二章　"一核"：生物学高考的核心功能 …………………………… 5

　第一节　立德树人 ……………………………………………………… 5
　　一、背景与内涵 ……………………………………………………… 5
　　二、维度与例析 ……………………………………………………… 6

　第二节　服务选才 ……………………………………………………… 14
　　一、定义与内涵 ……………………………………………………… 14
　　二、维度与例析 ……………………………………………………… 15

　第三节　引导教学 ……………………………………………………… 21
　　一、定义与内涵 ……………………………………………………… 21
　　二、维度与例析 ……………………………………………………… 22

第三章　"四层"：生物学高考内容的改革研究 ……………………… 29

　第一节　生物学高考对核心价值的研究与考查 ……………………… 29
　　一、立德树人——生物学高考的根本任务 ………………………… 29
　　二、服务选才——生物学高考的基本功能 ………………………… 31
　　三、引导教学——生物学高考的现实要求 ………………………… 32
　　四、三大功能之间的关系 …………………………………………… 34
　　五、核心价值在生物学高考中的引领作用 ………………………… 36

　第二节　生物学高考对学科素养的研究与考查 ……………………… 41
　　一、生物学学科素养的定义 ………………………………………… 41

二、生物学高考评价中学科素养的考查 …………………………… 48
　　三、研究结果及高考命题建议 …………………………………… 53
　　四、试题例析 ……………………………………………………… 55
第三节　生物学高考对关键能力的研究与考查 ……………………… 62
　　一、中国高考评价体系中"关键能力"的由来和定义 ………… 62
　　二、教育部考试中心对生物学学科关键能力的定义 …………… 65
　　三、课程标准对生物学学科关键能力的定义 …………………… 67
　　四、试题例析 ……………………………………………………… 68
　　五、对生物学学科关键能力的评价细化框架和评价建议 ……… 73
第四节　生物学高考对必备知识的研究与考查 ……………………… 87
　　一、必备知识的定义 ……………………………………………… 87
　　二、必备知识的组成 ……………………………………………… 88
　　三、必备知识的特征 ……………………………………………… 94
　　四、必备知识的内容 ……………………………………………… 96
　　五、高考对必备知识的考查 ……………………………………… 100

第四章　"四翼"：生物学高考改革的考查要求研究 ………… 105

第一节　基础性——生物学高考强调基础扎实 ……………………… 105
　　一、基础性的基本含义 …………………………………………… 105
　　二、基础性的命题要求 …………………………………………… 107
　　三、基础性试题例析 ……………………………………………… 109
第二节　综合性——生物学高考强调融会贯通 ……………………… 113
　　一、综合性的基本含义 …………………………………………… 113
　　二、综合性的命题要求 …………………………………………… 115
　　三、综合性试题例析 ……………………………………………… 116
第三节　应用性——生物学高考强调学以致用 ……………………… 120
　　一、应用性的基本含义 …………………………………………… 120
　　二、应用性的命题要求 …………………………………………… 122

三、应用性试题例析 …………………………………………… 123
第四节　创新性——生物学高考强调创新意识和创新思维 ……… 128
　　一、创新性的基本含义 ………………………………………… 128
　　二、创新性命题的要求 ………………………………………… 130
　　三、创新性试题举例 …………………………………………… 130
第五节　"四翼"要求与"四层"内容的关系 …………………… 137
　　一、"四翼"是连接"四层"高考考查内容与高考命题实践的
　　　　纽带 ………………………………………………………… 137
　　二、"四层"考查内容和"四翼"考查要求通过情境与情境活
　　　　动来实现 …………………………………………………… 138
　　三、"四层"和"四翼"关系在试题中的呈现 …………… 140

第五章　基于情境体系的命题分析 ……………………………… 148
第一节　生物学学科的情境体系操作化的构建 …………………… 148
第二节　生物学高考基于"生活实践情境"的命题分析 ………… 153
第三节　生物学高考基于"学习探索情境"的命题分析 ………… 166

第六章　框架：生物学高考改革命题方案"二层双向细目表"的构建
　………………………………………………………………………… 179
第一节　考试命题方案概述 ………………………………………… 179
　　一、高考命题方案 ……………………………………………… 179
　　二、高考命题方案的演变 ……………………………………… 180
第二节　生物学高考命题方案改革的基本思路 …………………… 181
　　一、受重视时期（1952—1965年） …………………………… 182
　　二、取消时期（1966—1980年） ……………………………… 183
　　三、恢复与发展时期（1981—1992年） ……………………… 184
　　四、二次取消时期（1993—1998年） ………………………… 188
　　五、再次恢复与改革时期（1999—2013年） ………………… 188

六、深化改革时期（2014年至今）……………………………190
　　七、总结 …………………………………………………………192
第三节　生物学学科理论知识的二层双向细目表……………193
　　一、二层双向细目表的二层划分………………………………193
　　二、高考生物学学科理论知识考查要求………………………195
　　三、生物学学科理论知识二层双向细目表 …………………204
第四节　生物学学科实验内容的二层双向细目表……………206
　　一、实验考查的二层划分………………………………………206
　　二、实验考查中的认知操作 …………………………………207
　　三、实验二层划分中的认知操作 ……………………………208
　　四、实验内容二层双向细目表的建构 ………………………225
第五节　生物学高考命题的二层双向细目表的构建…………226
　　一、生物学学科二层双向细目表构建的意义和原则…………226
　　二、生物学学科二层双向细目表的框架构建 ………………228

第七章　基于"二层双向细目表"的命题编码与试卷分析………231

第一节　生物学高考试题编码系统建构方式…………………231
　　一、二层双向细目表命题框架的构建…………………………231
　　二、编制试题的基本要求 ……………………………………232
　　三、试题编码系统的构建 ……………………………………234
第二节　应用编码系统对生物学高考题目的分析……………242
　　一、试题内容属性编码系统 …………………………………242
　　二、试题测量属性编码系统 …………………………………249
第三节　生物学高考试卷质量指标及评价……………………252
　　一、质量指标分析 ……………………………………………252
　　二、试卷评价 …………………………………………………271

第八章 生物学高考改革对教学的启示 …………………………… 273

第一节 基于核心素养的考试改革对生物学教学的指导意义 …… 273

一、准确把握生物学学科核心素养的内涵和特征 ………… 273

二、基于核心素养立意的高中生物学命题 ………………… 275

三、促进学科核心素养与真实情境有机结合 ……………… 275

四、设计基于核心素养表现的评价任务 …………………… 278

五、制定基于学科核心素养表现水平的评分标准 ………… 281

第二节 情境性命题对生物学教学与学习的指导意义 …………… 284

参考文献 ……………………………………………………………… 290

第一章
问题与展望

2014年9月，国务院发布了《关于深化考试招生制度改革的实施意见》，要求着重考查学生独立思考和运用所学知识分析问题、解决问题的能力，这标志着新一轮考试招生制度改革全面启动。2019年6月，国务院办公厅印发了《关于新时代推进普通高中育人方式改革的指导意见》，提出："学业水平选择性考试与高等学校招生全国统一考试命题要以普通高中课程标准和高校人才选拔要求为依据，实施普通高中新课程的省份不再制定考试大纲。"

停止制定考试大纲并以各学科课程标准作为选拔依据，这既是机遇也是挑战。机遇在于促使教学评一体化，命题者在脱离教材与考纲的束缚后，仍可以利用具有真实性与时效性的问题去考查学生核心素养，更能突显命题者的创造性和灵活性，考查更加多元化。挑战来自课标中涵盖的内容极为丰富，而且侧重的是课堂中的教学，想要依据课标进行备考，无疑会存在较大的难度，将课标代替考纲作为备考依据，一线教师和考生可能会不能及时适应并转变思维，出现一定程度的"磨合期"：一方面，一线教师在以往备考时高度依赖考纲，突然撤掉考纲之后一线教师顿时失去了方向，不知道考什么也不知道怎么考；另一方面，命题的"考试范围"突然变大，稍有不慎"偏、难、怪"的题被当作素养进行考查，会给一线教学带来一定的压力和困惑。

因此，要在高考命题中落实新的课程理念和评价要求，迫切需要构建新的命题框架。于是教育部考试中心组织研发了中国高考评价体系，并于2019年发布了《中国高考评价体系》和《中国高考评价体系说明》，这两本书是对中国高考评价体系核心内容的精练呈现。中国高考评价体系是评价考生素质的理论体系，是高考命题、评价与改革的理论基础和实践指南。中国高考评价体系指出高考的核心功能在于"立德树人、服务选才、引导教学"，明确了高考内容改革坚持的正确方向，有助于充分发挥高考育人功能和积极的导向作用，对于全面贯彻党的教育方针、健全立德树人落实机制、发展素质教育、推进教育公平、办好人民满意的教育，具有重大而深远的意义。

教育部考试中心为全面展示高考评价体系的研究成果，特在《中国考试》杂志设专题，由高考评价体系的研制者全面解读该体系的主要内容、研制过程、实践功能，以求为一线教师和教研员在考试评价和教学改革实践方面提供一些启发和参考，其中九大学科的研究员对各自学科的功能定位、考查内容、考查要求和考查载体等方面进行了详细的解读。2019年中国高考评价体系自问世以来，关于中国高考评价体系的论文数量逐年攀升（图1.1）。《中国高考评价体系》由"一核""四层""四翼"三部分内容组成，回答了"为什么考、考什么、怎么考"的问题，为各学科的命题和评价指明了大方向。

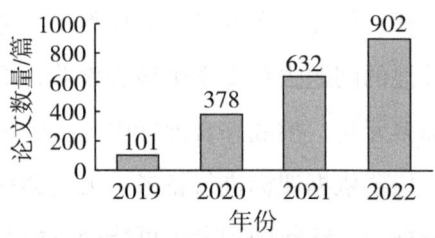

图1.1　与高考评价体系相关的论文数量

从近些年的试题质量来看，高考试题较好地实现了"立德树人、服务选才、引导教学"的核心功能，各省自主命题积累了丰富的素材，探索了有效路径，当然也不可能杜绝考查概念的死记硬背、考查知识内容的细枝末节、试题情境复杂或试题情境"穿衣戴帽"等现象的存在。中国高考评价体系虽然在宏观层面为考试命题提供了顶层设计，但无法具体深入各个学科，无法囊括所有学科的考试题型、试卷结构、考点分布等，各个学科的命题依旧无法科学精准地把握其中的度在哪里，其中的边界在哪里，因此有些试题难以逃脱

"偏""怪""繁"的嫌疑，这也导致了教师教学时会过度关注一些无关紧要的细枝末节或过度拓展学科内容而忽略了主干内容，教学效果欠理想，这对我国人才的培养是极其不利的。基于此，本书依托中国高考评价体系构建了"生物学学科二层双向细目表命题框架"和"生物学学科高考试题编码系统"，创造性地将中国高考评价体系中的"一核""四层""四翼"与生物学学科知识、能力、素养要求相融合，结合普通高中生物学学科课程标准对生物学核心素养的概括，以及专家学者对关键能力学科化的研究成果，并根据生物学学科内容系统进行分类并制订低阶至高阶的认知操作进阶考查目标。

生物学学科二层双向细目表命题框架是生物学学科命题的蓝图，在试题、试卷命制中发挥着导向、监控、检验与评估的作用，在落实高考核心功能、实践评价理念、示范评价模式方面，将发挥积极且有益的探索作用。其包括"生物学学科理论知识的二层双向细目表"和"生物学学科实验内容的二层双向细目表"，实现了将课标作为命题依据，中国高考评价体系作为命题指引，较好地落实了国务院《关于新时代推进普通高中育人方式改革的指导意见》中的要求，有助于推动"教""考""招"形成育人合力，促进学生全面而有个性地发展。

高考作为高利害的人才选拔手段和测量工具，每年考后对测量工具的监测和评价是改进考试评价、提升考试质量的重要环节。因此，必须对评价结果进行再评价。以往对试题试卷质量的评价集中在对试卷信度、对试题难度和区分度的量化评价，缺乏对试题试卷进行全面的质性评价。本书的生物学学科高考试题编码系统的构建为评价试题试卷提供了更多的评价指标和标准，通过对高考试题进行编码，将"内容属性"与"测量属性"作为评价量尺，可以检测试题是否全面涵盖了考试目标，检测考试目标实现的程度，检测考试要求达到的幅度。

生物学学科二层双向细目表命题框架和生物学学科高考试题编码系统的构建，努力朝着突出方向性、反映时代性、具有前瞻性、坚持科学性、体现普适性、彰显学科性的目标去努力，是对中国高考评价体系进一步的解析与完善，期待能让一线教师更好地理解立德树人是高考试题的核心功能，学科素养是高考试题的重要指向，关键能力是高考试题的考查重点，充分发挥考试对教学的引导作用，使课堂教学更加高效。当然，我们也应理性地认识到，这种转变并不是一朝一夕之功，做不到效如桴鼓，一线教师的备考习惯还需一段时间去适应，一方面，教师可主动利用业余时间积极学习相关内容，另一方面，各地教研部门可灵活利用各种线上和线下平台进行专题培训或讲座，加快这一转变进程。

过去，唯分数论现象较严重，教师过分注重知识传授和应试操练，对学生理想信念、品德修养、劳动审美、健康体魄的培养相对不足，有时对学生思维能力的培养停留在死记硬背的低阶水平上，这样培养出来的学生不能很好地适应复杂多变的社会环境。若要扭转此现象，将学生从机械刷题的泥潭中拉起来，首先要改变的是评价方式，明白我们需要什么样的高考试题。二层双向细目表命题框架的高阶认知操作侧重考查学生高阶能力，关注与创新相关度高的能力和素养，如独立思考能力、发散思维、逆向思维等。希望一线教师在平时教学中结合情境进行科学设问，培养和考查学生进行新颖推测和设计周密实验方案的能力，培养和考查学生探索新方法、积极主动解决问题的能力，鼓励学生勇于创新。

本书尝试构建的命题框架和编码系统是为更好地命题、评价、教学做出的一些尝试，虽然力求完善，但金无足赤，可能在考试命题研究中仍然无法覆盖到生物学各个方面。每次高考改革都是随着国家育人目标的改变而发生，任何一项改革都需要经过实践的检验，并在实践中发展和完善。生物学学科二层双向细目表命题框架和生物学学科高考试题编码系统也需要在实践中检验其科学性，不断丰富其内涵，探索其指导生物学学科的命题实践，我们真诚希望收到一线教师和研究专家的实践反馈，一同将"价值引领、素养导向、能力为重、知识为基"的评价理念落实到生物学学科教学中。

（黄少旭）

第二章
"一核"：生物学高考的核心功能

第一节 立德树人

一、背景与内涵

新时代背景下，高考作为教育改革的重要领域、选拔培养创新型人才的关键制度，必须坚持以习近平新时代中国特色社会主义思想为指导，全面贯彻党的教育方针。习近平总书记在全国教育大会上的重要讲话中多次提到"立德树人"，并强调要把立德树人融入思想道德教育、文化知识教育、社会实践教育各环节。《中国高考评价体系》着重强调落实立德树人是新时代高考性质定位的决定要素，突出立德树人是新时代高考甄选功能的核心标准，坚持立德树人是新时代高考导向作用的集中体现（教育部考试中心，2019）。因此，高考应结合新时代新要求，遵循教育规律和人才成长规律，引导学生在坚定理想信念、厚植爱国主义情怀、加强品德修养、增长知识见识、培养奋斗精神、增强综合素质等方面下功夫，积极培育和践行社会主义核心价值观，弘扬中华优秀传统文化、革命文化和社会主义先进文化，树立正确的历史观、民族观、国家观、文化观，切实增强中国特色社会主义道路自信、理论自信、制度自信、文化自信，从而全面彰显高考的育人功能。

立德树人是新时代贯彻党的教育方针的要求。厘清立德树人的内涵，方能实现立德树人的任务。立德与树人是一体的，立德树人是"立育人之德"与"树有德之人"的有机统一（冯建军，2019）。育人是本，人无德不立，这是育人的真谛，也是人才培养的辩证法。"立德"强调个人思想品德的养成，是人才培养的基础，是树人的方向；"树人"指向的是人才培养目标，注重个人综合能力的培养，是立德的途径。两者相互补充，相互促进，是对教育根本问题"培养什么人"和"如何培养人"的回答（袁振国，2021）。高考评价体系融入立德树人要求，与基础教育教学形成德育合力，共同提升学生的思想水平、政治觉悟、道德品质、文化素养，并促使学生将其内化为精神追求，外化为自觉行动，从而推动立德树人的根本任务的落实。

二、维度与例析

生物学作为高考中的一个学科，在落实立德树人育人任务时有明显的学科优势与特色。其内容丰富、广泛，涵盖了生命现象、生物进化、生态系统等多个方面，蕴含着丰富的德育资源。从生物学高考试题来看，除渗透美育、劳动教育和体育外，其在切实增强中国特色社会主义道路自信、理论自信、制度自信、文化自信，渗透健康中国、美丽中国理念中也得到生动的体现（黄少旭，2021），因而本节将围绕以上四个维度进行例析。

1. 渗透美育、劳动教育和体育

习近平总书记在全国教育大会上强调，要努力构建德智体美劳全面培养的教育体系，形成更高水平的人才培养体系。作为德智体美劳全面发展的重要一环，美育是审美教育、情操教育、心灵教育，也是丰富想象力和培养创新意识的教育。劳动教育是新时代党对教育的新要求，是中国特色社会主义教育制度的重要内容，使学生树立正确的劳动观点和劳动态度，热爱劳动和劳动人民，养成劳动习惯的教育，是德智体美劳全面发展的主要内容之一。体育在"五育并举"中的筑基作用能够推动实现以体树德、以体增智、以体育美、以体促劳的目标，积极促进青少年全面健康发展。在高考中强化对体育、美育和劳动教育相关素养的考查，建立引导学生德智体美劳全面发展的内容体系，对于全面贯彻党的教育方针、落实立德树人根本任务具有十分重要的意义（汪瑞林，2023）。生物学高考试题可以充分发挥学科的特点与优势，生动渗透美、劳、体育理念。如例2.1、例2.2、例2.3。

【例2.1】（2024年广东高考模拟）

每年6月前后，当夜幕降临时，华南国家植物园的树林中常有成群萤火虫穿梭飞舞，宛若星河落入林间，雨后更显梦幻和浪漫。萤火虫利用发光向异性发出求偶信号，但驱蚊水、闪光灯会干扰萤火虫的繁殖过程。下列叙述正确的是（　　）

A. 萤火虫发光由细胞中的ADP直接提供能量

B. 种群密度是萤火虫种群最基本的数量特征

C. 水分对萤火虫种群来说，是一种密度制约因素

D. 驱蚊水和闪光灯对萤火虫来说是行为信息

【参考答案】B

生物学的美育包含多样性与统一性之美、结构和功能之美、进化与适应之美、稳态与平衡之美等。本题以华南国家植物园萤火虫成群飞舞的自然景象为情境素材，从萤火虫发光这一现象追溯原因及影响因素，考查种群、群落和生态系统等必备知识，引导学生在读题、解题过程中感受与想象极具生物多样性之美和稳态与平衡之美的画面，领悟自然界中蕴含的生物学原理。

【例2.2】（2024年河北卷）

我国拥有悠久的农业文明史。古籍中描述了很多体现劳动人民伟大智慧的农作行为。下列对相关描述所体现的生物与环境关系的分析错误的是（　　）

A. "凡种谷，雨后为佳"描述了要在下雨后种谷，体现了非生物因素对生物的影响

B. "区中草生，茇之"描述了要及时清除田里的杂草，体现了种间竞争对生物的影响

C. "慎勿于大豆地中杂种麻子"描述了大豆和麻子因相互遮光而不能混杂种植，体现了两物种没有共同的生态位

D. "六月雨后种绿豆，八月中，犁掩杀之……十月中种瓜"描述了可用犁将绿豆植株翻埋到土中肥田后种瓜，体现了对资源的循环利用

【参考答案】C

本题围绕历史悠久的中华民族农耕文化，依托蕴含农业生产原理的古诗词创设情境，考查生物与环境关系的必备知识，引导学生在解题过程中，认识到学科知识在劳动生产中的应用价值，培养学生运用生物学原理和技术改进劳动方法的能力，渗透参与劳动、关注劳动、尊重劳动的思想，进而形成正确的劳动观念。

【例2.3】（2023年湖北卷）

2023年4月，武汉马拉松比赛吸引了全球约26 000名运动员参赛。赛程中运动员出现不同程度的出汗、脱水和呼吸加深、加快。下列关于比赛中运动员生理状况的叙述，正确的是（　　）

A. 血浆中二氧化碳浓度持续升高

B. 大量补水后，内环境可恢复稳态

C. 交感神经兴奋增强，胃肠平滑肌蠕动加快

D. 血浆渗透压升高，抗利尿激素分泌增加，尿量生成减少

【参考答案】D

本题以2023年武汉马拉松比赛为背景，围绕长跑过程中运动员"出汗、脱水和呼吸加深、加快"的生理变化，要求学生运用内环境稳态、体液调节、神经调节的知识推理分析相关生理过程，思考其变化的原因，在考查生物学主干知识的同时也培养了学生加强体育锻炼和安全运动的健康意识。

2. 增强道路自信、理论自信、制度自信、文化自信

2016年7月1日，习近平总书记在庆祝中国共产党成立95周年大会上明确提

出的"四个自信"是习近平新时代中国特色社会主义思想的重要内容,包含中国特色社会主义道路自信、理论自信、制度自信、文化自信。通过展示我国科学家的贡献与成就,将理想信念、爱国主义情怀、知识见识、奋斗精神、综合素质等方面的要求有机融入试题中,让学生感受国家发展道路的正确性。在试题背景中介绍我国优秀传统文化的相关知识,激发学生传承与弘扬中华优秀传统文化的热情,引导学生树立正确的历史观、民族观、国家观、文化观(姜钢,2019)。如例2.4、例2.5。

【例2.4】(2024年湖北卷)

糖尿病是危害人类健康的主要疾病之一。恢复功能性胰岛B细胞总量是治疗糖尿病的重要策略。我国学者研究发现,向患有糖尿病的小鼠注射胰高血糖素受体单克隆抗体(mAb),可以促进胰岛A细胞增殖,诱导少数胰岛A细胞向胰岛B细胞转化,促进功能性胰岛B细胞再生。根据上述实验结果,下列叙述错误的是(　　)

A. mAb的制备可能涉及细胞融合技术

B. 注射mAb可降低胰腺分泌胰高血糖素的量

C. mAb和胰高血糖素均能与胰高血糖素受体特异性结合

D. 胰高血糖素主要通过促进肝糖原分解和非糖物质转化为糖,升高血糖水平

【参考答案】B

本题以恢复功能性胰岛B细胞总量是治疗糖尿病的重要策略为情境,通过对我国学者研究成果进行分析,为糖尿病的治疗提供新思路,重点考查学生的分析能力和推理能力,同时帮助学生了解我国在糖尿病研究领域进行的新探索,从而切实增强中国特色社会主义道路自信、理论自信、制度自信、文化自信。

【例2.5】(2024年广东高考模拟)

"稍稍窥其户,清瀨流玉膏"的生蚝有"海洋牛奶"之称,烧烤时配以蒜

蓉（用大蒜鳞茎碾碎制成）更是深受欢迎。关于生蚝和大蒜的叙述，正确的是
（　　）

A. 生蚝中含量最多的有机物是蛋白质

B. 大蒜素储存在大蒜鳞茎细胞的叶绿体中

C. 细胞中的化合物以碳链为基本骨架

D. 生蚝在烧烤时流失的水主要为结合水

【参考答案】A

本题以北宋著名诗人梅尧臣赞美生蚝的诗句设置试题情境，通过生动形象的诗句描绘出生蚝如玉般的润滑，将古诗词与生物学知识结合，考查学生对组成细胞的元素和化合物的知识点的理解程度和分析问题的能力，引导学生在学习生物学知识的同时，运用生物学知识理解古诗词的含义，领会古代文人在文学创作方面的聪明才智，增强学生对古诗词等中华优秀传统文化的认同感，厚植文化自信。

3. 渗透健康中国

习近平总书记在党的二十大报告中提出了健康中国发展目标。中共中央、国务院印发的《"健康中国2030"规划纲要》提出："将健康教育纳入国民教育体系，把健康教育作为所有教育阶段素质教育的重要内容。"形成健康的生活态度、选择健康的生活方式，进行疾病预防和诊断治疗，这些关于身体保健方面科学观念的建立均以生物学课程中人体结构、生理和卫生等知识为基础。健康教育既是全面育人的需要，也是生物学学科教育宗旨中固有的一部分（曹保义，2023）。生物学高考试题可依托动物生命活动调节、细胞癌变、遗传病等与健康有关的知识内容，考查学生的健康意识、健康习惯、健康技能、健康知识。如例2.6。

【例2.6】（2024年湖北卷）

某种由单基因控制的常染色体显性遗传病（S病）患者表现为行走不稳、

眼球震颤，多在成年发病。甲、乙两人均出现这些症状。遗传咨询发现，甲的家系不符合S病遗传系谱图的特征，而乙的家系符合。经检查确诊，甲不是S病患者，而乙是。回答下列问题：

（1）遗传咨询中医生初步判断甲可能不是S病患者，而乙可能是该病患者，主要依据是_____（填序号）。

①血型　　②家族病史　　③B超检测结果

（2）系谱图分析是遗传疾病诊断和优生的重要依据。下列单基因遗传病系谱图中，一定不属于S病的是_____（填序号），判断理由是_____；一定属于常染色体显性遗传病的系谱图是_____（填序号）。

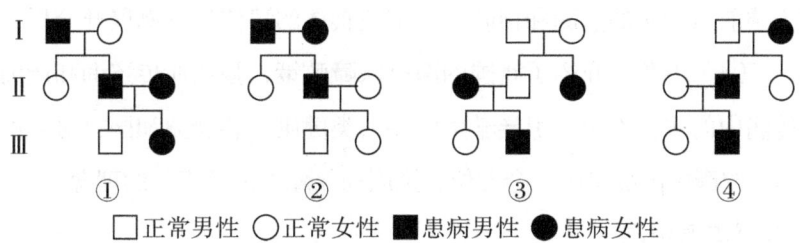

□正常男性　○正常女性　■患病男性　●患病女性

（3）提取患者乙及其亲属的DNA，对该病相关基因进行检测，电泳结果如下图所示（1是乙，2、3、4均为乙的亲属）。根据该电泳图_____（填"能"或"不能"）确定2号和4号个体携带了致病基因，理由是_____。

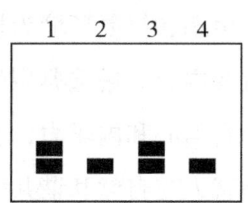

（4）《"健康中国2030"规划纲要》指出，孕前干预是出生缺陷防治体系的重要环节。单基因控制的常染色体显性遗传病患者也有可能产生不含致病基因的健康配子，再通过基因诊断和试管婴儿等技术，生育健康小孩。该类型疾病女性患者有可能产生不含致病基因的卵细胞，请从减数分裂的角度分析，其原因是_____。

【参考答案】（1）②

（2）③　系谱图③中Ⅰ代夫妻不患该病生出患病孩子，说明该病为隐性遗传病，一定不属于S病　①②

（3）不能　乙为常染色体显性遗传病患者，由电泳图可知，乙（1号个体）为杂合子，但无法推断哪条条带携带致病基因，哪条条带携带正常基因

（4）该类型疾病女性患者的致病基因和正常基因是随减数分裂Ⅰ同源染色体的分离而分开

本题考查健康知识（基因型与表型）、健康技能（分析遗传病系谱图）、健康意识（孕前遗传病的监测和预防），围绕具体的遗传病案例展开分析，尤其是第（1）、（4）小题，介绍了我国的医疗保障政策，强调遗传咨询和产前诊断在预防遗传病中的重要作用，引导学生关注人类健康，感受党和国家对人民健康的关怀，体现健康中国战略中"全方位、全周期保障人民健康"的理念。

4. 渗透美丽中国

2005年8月，时任浙江省委书记的习近平同志在浙江湖州安吉考察时就提出"绿水青山就是金山银山"的科学论断。2022年10月16日，习近平总书记在党的二十大报告中指出，要推进美丽中国建设，坚持山水林田湖草沙一体化保护和系统治理。因此，以保护生态和修复环境为核心的生态文明成为考试命题中落实立德树人根本任务的重要内容。遴选典型的生态文明建设案例入题，能够激发学生对建设美丽中国的自信心和内驱力，引领学生在习近平生态文明思想的指引下共筑美丽中国，绘就人与自然和谐共生的美丽画卷（崔鸿和薛松，2022）。如例2.7、例2.8。

【例2.7】（2024年广东卷）

"碳汇渔业"，又称"不投饵渔业"，是指充分发挥生物碳汇功能，通过收获水产品直接或间接减少CO_2的渔业生产活动，是我国实现"双碳"目标、践行"大食物观"的举措之一。下列生产活动属于"碳汇渔业"的是（　　）

A. 开发海洋牧场，发展深海渔业　　B. 建设大坝鱼道，保障鱼类洄游

C. 控制无序捕捞，实施长江禁渔　　D. 增加饵料投放，提高渔业产量

【参考答案】A

我国是世界第一渔业大国，碳汇渔业是经济生态化和生态经济化的最佳结合点，是绿色发展理念在渔业领域的具体体现。本题通过联系"碳汇渔业"的各项生产活动，展示科技赋能美丽中国的建设成果，考查生态修复、生态保护措施等知识点的同时，引导学生关注生态文明建设，渗透绿色发展理念。

【例2.8】（2024年新课标Ⅰ卷）

厦门筼筜湖经生态治理后环境宜人，成为城市会客厅，是我国生态修复的典型案例。回答下列问题。

（1）湖泊水体的氮浓度是评价水质的指标之一，原因是_____。

（2）湖区的红树林可提高固碳效率、净化水体。在湖区生态系统中，红树植物参与碳循环的主要途径有光合作用、呼吸作用，还有_____（答出2点即可）。

（3）湖区水质改善后鸟类的种类和数目增加。鸟类属于消费者，消费者在生态系统中的作用是_____（答出2点即可）。

（4）生态修复后湖区生态系统的生物多样性增加，保护生物多样性的意义是_____。

【参考答案】（1）N元素是植物生长的必需元素，含量过多会使藻类等水生生物的生长过快，导致水体富营养化，从而引发水华等环境问题

（2）通过根系吸收土壤中的碳酸盐，在体内转变成有机碳；通过食物链和食物网的形式，将制造的有机碳传入其他生物

（3）加快生态系统中的能量流动和物质循环；帮助植物传粉和传播种子

（4）生物多样性具有直接价值、间接价值和潜在价值：①直接价值是指对人类有食用、药用和工业原料等实用意义的，以及进行旅游观赏、科学研究

和文艺品鉴的价值；②间接价值是指能调节生态系统的功能，增加生态系统的稳定性等的价值；③潜在价值是指现在未被利用的一些生物，在将来可能会有一些未知作用的价值

厦门是习近平生态文明思想的重要孕育地和先行实践地，厦门筼筜湖综合治理是习近平生态文明思想的重要发端。本题以厦门筼筜湖为主题，考查水质评价中监测氮元素的原因、红树植物碳中和的生理过程、鸟类等消费者对于生态系统的关键作用等，以此引导学生思考保护生物多样性的意义，传达"绿水青山就是金山银山"的价值理念，让学生在思考作答过程中领悟习近平生态文明思想的精神特质，成为自觉践行生态文明的行动者。

（黄少旭、李雪峰）

第二节　服务选才

一、定义与内涵

1. 定义

《中国高考评价体系》提出，高考必须坚持服务选才。立足于服务国家、服务高校选才这一基本点，高考要为国家和高校选拔出符合要求的新生。因此，高考要紧密围绕科学选才、提高质量、促进公平的目标，进一步探索和完善评价人才的方法，使人才选拔标准更全面、方式更科学；要保证较高的信度和效度，保证适宜的考试区分度，促进人才合理分流、配置，更好地适应国家经济社会发展对多样化、高素质人才的需求，为建设人力资源强国提供有力保障。

2. 内涵

服务选才是高考的基本功能。高考的基本功能是为不同类型的高校选拔出符合要求的新生，其选拔水平关系到高等教育质量乃至国家创新人才的培养质量。从这个意义上说，高考不仅是为高校选拔新生，也是为国家选拔人才。因此，服务选才不仅是高考制度建立的目的、存在的依据，也是高考的基本功能和使命。高考不仅推动高等教育人才培养质量的提升与人力资源强国建设的加速，还助力社会公平公正秩序的维护。

二、维度与例析

1. 科学选才

高考改革的基本原则之一是体现科学高效，提高选拔水平（刘海峰，2017）。为普通高校选择合适的生源是高考的基本功能，高考科学与否就要看它能否为高等学校选择合适的生源（李立峰，2019）。高考的科学性，表现为高考的信度、效度及区分度，即人才甄别力（李木洲，2021）。为了准确地测验出考生的真实水平，区分其不同能力和水平，试题的设计应该层层进阶，由浅入深、由易及难、由表及里，利于保证试题的区分度。在高考命题中，为了保证合理的考试信度，就需要舍弃那些表现不稳定的行为目标，例如道德品质的行为特征基于考试背景的不同可能有很大的不稳定性（吴根洲，2016）。而为了保证效度，要避免选择题的正确选项可通过排除法或"猜测"得到，或非选择题中出现"看图说话"或"阅读理解"类试题。如例2.9。

【例2.9】（2024年广东卷）

驹形杆菌可合成细菌纤维素（BC）并将其分泌到胞外组装成膜。作为一种性能优异的生物材料，BC膜应用广泛。研究者设计了酪氨酸酶（可催化酪氨酸形成黑色素）的光控表达载体，将其转入驹形杆菌后构建出一株能合成BC膜并可实现光控染色的工程菌株，为新型纺织原料的绿色制造及印染工艺升级提供了新思路（图一）。

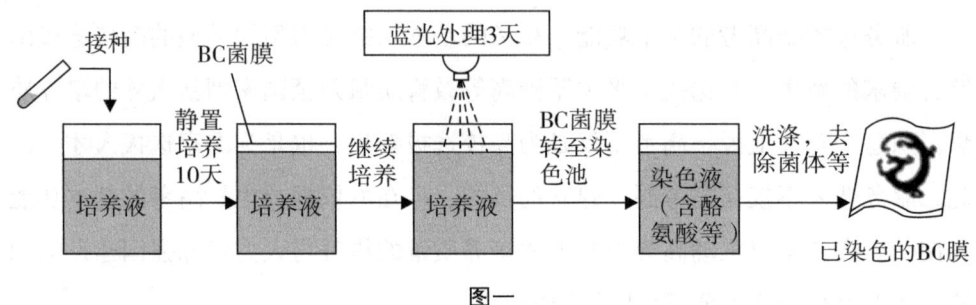

图一

回答下列问题：

（1）研究者优化了培养基的_____（答2点）等营养条件，并控制环境条件，大规模培养工程菌株后可在气液界面处获得BC菌膜（菌体和BC膜的复合物）。

（2）研究者利用T7噬菌体来源的RNA聚合酶（T7RNAP）及蓝光光敏蛋白标签，构建了一种可被蓝光调控的基因表达载体（光控原理见图二a，载体的部分结构见图二b）。构建载体时，选用了通用型启动子PBAD（被工程菌RNA聚合酶识别）和特异型启动子P_{T7}（仅被T7RNAP识别）。为实现蓝光控制染色，启动子①②及③依次为_____。理由是_____。

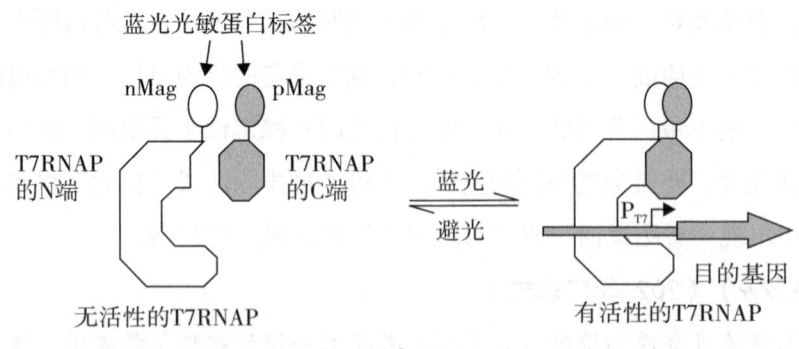

注：基因1编码酪氨酸酶，基因2编码T7RNAP N端-nMag,基因3编码pMag-T7RNAPC端。

b

图二

（3）光控表达载体携带大观霉素（抗生素）抗性基因。长时间培养时在培养液中加入大观霉素，其作用为_____（答2点）。

（4）根据预设的图案用蓝光照射已长出的BC菌膜并继续培养一段时间，随后将其转至染色池处理，发现只有经蓝光照射的区域被染成黑色，其原因是_____。

（5）有企业希望生产其他颜色图案的BC膜。按照上述菌株的构建模式提出一个简单思路：_____。

【参考答案】（1）碳源、氮源

（2）P_{T7}、PBAD和PBAD 基因2和3正常表达无活性产物，被蓝光激活后再启动基因1表达

（3）抑制杂菌生长；去除丢失质粒的菌株

（4）该处细胞中T7RNAP激活，酪氨酸酶表达并合成黑色素

（5）将酪氨酸酶替换成催化其他色素合成的酶（或将酪氨酸酶替换成不同颜色蛋白）

本题以合成生物学助力产业发展为情境，考查培养基、基因表达载体的构建、启动子等基因工程有关知识。试题情境新颖，体现真实生产生活需要，展示科技对绿色生产的促进作用。

本题在问题设置上层层深入。第（1）小题要求学生识别培养基的作用，考查基础知识。第（2）小题要求学生不能死记硬背启动子和RNA聚合酶的作用，而是能够在新情境下运用教材知识，结合结构与功能观，并综合试题的知识背景进行分析和推理。第（4）小题在第（2）小题的基础上，要求学生分析印染图案最终形成的原因，还要求学生清晰完整地表达与书写，展示学生思考问题的结果，进而通过试题评价考生的真实水平。第（5）小题要求学生理解黑色素的形成原因，理清蓝光的作用，进而对已有实验思路进行有效的、创造性的改进以符合生产过程的需求，考查学生创造性思维。如果学生无法理清并

有效整合蓝光、黑色素等关键信息，就会得出"替换蓝光"等错误答案。本题在能力要求水平上逐步提升，保证试题的区分度，合理选才；同时，渗透新兴的合成生物学和绿色生产理论，引导学生认识新质生产力，选拔符合未来行业发展所需人才。

2. 提高质量

高考试题服务于高校人才选拔，也服务于学生全面而有个性的发展，因此要不断提升试题质量，满足多方位需求。从时代新人的素质构成来看，高考命题应突出素养立意，服务于学生学科核心素养的培育（黄俊兴，2024）。在命制考试题目时，需要准确把握学科核心素养的内涵和外延，挖掘特定现实情境用于考查学科核心素养的可能性，确定合理的任务呈现方式，提供恰当的支撑性材料或信息，充分考虑设问指向和设问方式对问题空间大小的影响（郭光明和吴成兵，2024）。高考试题应通过设置真实而新颖的情境，融合多学科知识，增加试题探究性和开放性，创新试题考查形式，考查能力与素养，从而有助于高校选拔高素质的专门人才和拔尖创新人才。同时，作答任务应以促进学生全面发展为导向，提高学生的创造力、探索力。如例2.10。

【例2.10】（2024年广东高考模拟）

健康的生活方式、乐观的心态和定期体检是预防癌症的主要手段。CAR-T细胞疗法是治疗血液恶性肿瘤及淋巴瘤的研究热点，我国首款新型肿瘤治疗方法——CAR-T产品于2021年上市。图甲为CAR-T细胞疗法的原理示意图，该疗法借助基因工程和细胞工程技术，根据CAR蛋白（图乙）是多种肿瘤的嵌合抗原受体的特点而设计。

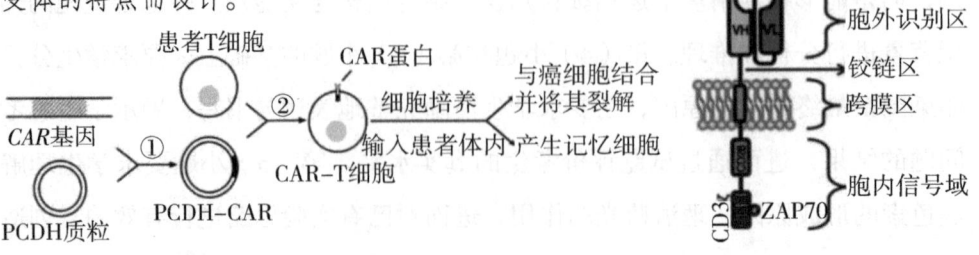

图甲　　　　　　　　　　　图乙

回答下列问题：

（1）机体肿瘤的发生主要与免疫系统的_____功能降低有关。

（2）图甲中过程①称为_____，这是基因工程的核心步骤，需要用到的工具酶有_____。过程②最常用的方法是_____。CAR-T细胞输入患者体内后，其活化需要两个信号的刺激，具体是_____。

（3）据图可知，CAR-T细胞疗法相对传统的药物化疗和放疗而言，具有_____（请写出2点）的突出优点。

（4）CAR-T细胞在治疗肺癌、肝癌、乳腺癌等实体瘤的总体效果上还不尽如人意，请根据图乙并结合特异性免疫的原理，提出一种CAR蛋白改造的简单思路，以提升CAR-T细胞对实体瘤的疗效：_____。

【参考答案】（1）免疫监视

（2）基因表达载体的构建　限制酶和DNA连接酶　显微注射　CAR蛋白与肿瘤细胞表面抗原结合；细胞因子刺激

（3）治疗更精准、免疫排斥反应少、杀瘤效果更持久、杀瘤范围更广

（4）改造胞外识别区，使CAR蛋白能与更多实体瘤的癌细胞结合；改造胞内信号域，更好调控CAR-T细胞的活化与增殖

本题综合免疫调节以及基因工程等相关知识来进行考查，依托真实且新颖的情境，设置开放性问题，在考查核心知识的同时，也考查了学生的信息获取能力和知识应用能力，以及能否创造性地提出解决真实问题的思路与方法。

在第（4）小题中，要求考生理解示意图，获取解决问题的关键信息，并综合运用特异性免疫原理等相关知识，提出创新性的改造CAR蛋白思路，考生可以从胞外识别区入手，促进CAR蛋白与实体瘤的结合；也可从胞内信号域入手，促进CAR-T细胞的活化与增殖……利用开放性试题引导学生从多角度、多途径解决生物学实际问题，有利于拔尖创新人才的选拔。

3. 促进公平

提高公平认同感是高考命题要求的重点。首先，由于考生来自不同的区域，其生活、文化、知识等背景有较大差异，选择高考试题时需考虑知识或问题的共识化与共性化（李木洲，2021），因此，考试题目要避免测验题目的偏倚，如地域偏倚、性别偏倚、条件偏倚等（项伯衡，1994），如不同地区考生的实验条件不同，欠发达地区考生难以接触到传感器、PCR仪等设备，因此在考题中要避免考查该类设备的具体操作，应注重考查实验探究能力及自主设计实验的能力等。对于较陌生的名词、科技前沿、当地特色事物等的考查要做好充分的解析。若试题中涉及不同群体的情景，应平衡各种群体在测试中的出现频次（王后雄，2008）。其次，考试素材需要注意新颖性，防止题海战术造成的隐性不公平（俞如旺和曹淑，2015）。另外，良好的区分度是高考实现服务选才功能的一个重要条件，也是实现高考公平公正的基础。而区分度又与难度密切相关，因此，处理好试卷的区分度与难度问题有利于促进选拔公平。如例2.11。

【例2.11】（2022年全国乙卷）

某研究小组借助空中拍照技术调查草原上地面活动的某种哺乳动物的种群数量，主要操作流程是选取样方、空中拍照、识别照片中该种动物并计数。回答下列问题。

（1）为保证调查的可靠性和准确性，选取样方时应注意的主要事项有_____（答出3点即可）。

（2）已知调查区域总面积为S，样方面积为m，样方内平均个体数为n，则该区域的种群数量为_____。

（3）与标志重捕法相比，上述调查方法的优势有_____（答出2点即可）。

【参考答案】（1）随机取样、样方大小一致、样方数量适宜

（2）$(S×n)/m$

（3）对野生动物的不良影响小、调查周期短，操作简便

本题在保证素材新颖的同时又避免陌生名词的出现，增强了题干的可读性，落实了试题的促进考试公平的要求。

题中的"空中拍照技术"指的是无人机遥感技术，素材紧跟科技进展，但由于欠发达地区的考生难以接触到该先进设备，本题将该先进技术简化成"空中拍照技术"。同样，将动物名称用"某种哺乳动物"代替，降低了题干的阅读难度，避免了题目偏倚，有效地促进了考试公平。

（黄少旭、李雪峰）

第三节　引导教学

一、定义与内涵

1. 定义

《中国高考评价体系》指出，高考必须坚持引导教学。作为大规模的高利害考试，客观上对高中教学起到重要的引导作用。高考结果直接影响学生将获得的教育资源和未来的发展，甚至影响对地方教育发展的成效评价和资源投入。因此，高考对基础教育教学的引导作用具有较强的现实动能和深厚的社会根基。

具体而言，高考对基础教育具有反拨作用，对教学的影响具有"二重性"：使用得当可发挥其正向积极的导向作用，促进学生素质的提高；使用不当则会导致出现学校片面追求升学率、学生文理偏科等结果。考试与教学相互联系又有所区别：二者在立德树人这一根本任务下，相互促进，相辅相成；同

时二者又相对独立，遵循的规律、呈现的方式和实施的路径都存在较大差异。当二者协调发展时，形成"教考和谐"的局面，会推动教育的进步；当二者不相匹配甚至产生矛盾时，就会阻碍教育改革的推进。在考试与教学的矛盾运动中，教学是矛盾的主要方面。但高考作为一种高利害考试，虽然是矛盾的次要方面，却对主要方面发挥着重要的反拨作用：在一定条件下，会促进矛盾的发展；在特定条件下，甚至会成为矛盾的主要方面。

2. 内涵

高考评价体系将"引导教学"纳入核心功能，有利于理顺教考关系、实现"以考促教、以考促学"的目的，促进立德树人根本任务的落实，共同形成更高水平的全面培养体系。

高考评价体系以党的教育方针、国家发展需求、高校选才要求为方向，实现正确引导；充分考虑国家课程标准内容、教学实际情况，实现科学引导；重点关注教考关系，灵活调整引导方法和手段，实现有效引导。

高考深刻把握引导教学这一重要功能，主动紧密结合考试内容与教学实践，保持与高中课程改革的同步前进和协调发展，有效贯彻高中课程标准的核心理念，引导作业质量提升、重视课堂学习的实质内容、强化学校教育地位，服务"双减"政策。

二、维度与例析

1. 引导教学，回归课标

高考作为中国高等教育入学的重要选拔机制，其命题方向和考试内容的设置对教育教学有着深远的影响。2020年开始，国家取消了高考考试大纲和考试说明，转而以高中各学科的课程标准为命题的依据。这一改革更加注重学生综合运用能力、创新思维和解决问题能力的培养，而不仅仅是知识的记忆和重复。

课程标准是考试命题的"标尺"和"底本"，规定了学生在不同学科中应达到的知识水平和能力要求。高考命题严格依据课程标准，确保考查内容限定在课程标准的范围之内，使考查内容及其难度与课程标准相匹配，以保证教育的公平性和有效性。考试内容不超出课程标准规定的范围，有利于使学生在高中阶段所学的知识得到充分的考查，同时可以避免学生在学习过程中过于追求难度和广度，有助于减少不必要的学习压力；考查要求遵循学业质量标准，有利于考试能够准确评估学生的能力，而不仅仅是对知识的机械记忆。高考遵循依标命题，这对中学教学具有指导作用，能够引导教师依据课程标准做到应教尽教。对高中生物学教师来说，依标教学就是依据课程标准的课程内容和目标要求，借助生物学教材，基于学生实际情况，如基础知识、学习习惯、学习需求和兴趣特点等开展的教学。除此之外，教师在依标教学的基础上，还需探索生物学与其他学科，如与化学、物理、地理等学科的交叉，以培养学生的综合素养，以及关注生物学领域的最新研究成果和发展趋势，将这些内容适当地融入教学中，激发学生的探索兴趣。同时也鼓励学校按照国家规定的课程标准开设其他课程，确保学生能够接受全面而均衡的教育，促进学生全面发展。如例2.12。

【例2.12】（2024年新课标卷）

机体感染人类免疫缺陷病（HIV）可导致艾滋病。回答下列问题：

（1）感染病毒的细胞可发生细胞凋亡。细胞凋亡被认为是一种程序性死亡的理由是_____。

（2）HIV会感染辅助性T细胞导致细胞凋亡，使机体抵抗病原体、肿瘤的特异性免疫力下降，特异性免疫力下降的原因是_____。

（3）设计实验验证某血液样品中有HIV，简要写出实验思路和预期结果：_____。

（4）接种疫苗是预防传染病的一种有效措施。接种疫苗在免疫应答方面的优点是_____（答出2点即可）。

【参考答案】（1）细胞凋亡是由基因控制的细胞自动结束生命的过程，

细胞凋亡受到严格的由遗传机制决定的程序性调控

（2）辅助性T细胞能诱导B细胞和细胞毒性T细胞活化，同时产生细胞因子，促进B细胞和细胞毒性T细胞的分裂分化过程，一旦辅助性T细胞受损，会导致体液免疫和细胞免疫减弱

（3）实验思路：利用抗HIV的抗体，与血液样品进行抗原抗体杂交实验。

预期结果：若出现杂交带，则证明血液样品中有HIV存在

（4）①能在不感染疾病的情况下，获取对于该疾病的免疫力；②在接触到病原体时候，能够启动二次免疫，迅速、高效地产生免疫反应

本题主要考查细胞凋亡、特异性免疫和免疫调节等必备知识，主要为新课标中新增的内容，包括病原体的识别、抗原呈递细胞、辅助性T细胞、记忆细胞以及HIV感染与艾滋病的治疗。本题考查内容紧扣课标要求，严格依标命题，引导中学按照高中课程标准进行教学，引导学生注重基本概念的深入理解以及强化学科基础。

本题以机体感染人类免疫缺陷病毒（HIV）可导致艾滋病为主线，创设艾滋病导致细胞凋亡以及人体特异性免疫力下降的问题情境，考查辅助性T细胞在体液免疫和细胞免疫过程中的功能，着重考查生物学专业术语（长句）表达和科学探究能力，运用结构与功能观，分析解释细胞凋亡是程序性死亡的理由以及感染HIV后机体免疫力下降的原因，这种考查方式避免了让学生机械式地填空，着重考查生物学专业术语背后蕴含的机理，培养学生的长句表达能力，体现了基础性要求。第（3）小题要求学生设计实验方案检验血液样品中的HIV，该问题设置具有一定的开放性，可以选取多种方案，为学生提供了广阔的思考空间，引导学生在理解科学知识的广度和深度的基础上，灵活运用所学知识自主思考，基于给定的条件，提出问题的解决方案，即可采用抗原抗体杂交的方法或核酸检测方法。本题通过考查HIV的检测和接种疫苗在免疫应答方面的优点，让学生了解艾滋病是可被检测的，认同接种疫苗的意义，帮助学生

形成科学正确的人生观、价值观和世界观，形成珍爱生命的观念，遵循正确的伦理道德，自觉远离HIV，并能积极主动参与关爱生命的宣传，成为健康中国的促进者和实践者。

2. 引导教学，增质提效

高考作为中国教育体系中的一项选拔人才的重要考试，其命题遵循教育规律，旨在全面考查学生的综合素质和能力。高考命题应注重考查对学科基础知识、基本技能、基本方法的深刻理解，引导学生要知其然，更要知其所以然，学有所思、思有所疑、疑有所问、问有所悟；引导教师把精力放在讲透课程重点内容上，让学生不仅要记住知识，更要理解知识的内在联系和深层含义，不仅要了解事物的表面现象，更要探究其背后的原理和原因。学有所思，即引导学生在学习过程中主动思考，而不是被动接受知识，培养批判性思维和创造性思维；思有所疑，即引导学生在学习时敢于提出疑问，敢于质疑已有的知识和观点，培养质疑精神，这是科学探究和学术研究的重要品质；疑有所问，学会提问是学习过程中的一个重要环节，提出一个问题往往比解决一个问题更为重要，提出新的问题，需要创造性的想象力；问有所悟，即学生通过提问和思考，能够达到一种"悟"的境界，以此对知识有更深层次的理解和领悟，同时学会解决问题。

高考命题不考死记硬背，不出偏题、难题、怪题，强调在深刻理解的基础上能够将不同知识点相互联系起来，形成系统性的认识，能够灵活运用这些知识解决实际问题，引导中学教育从单纯地教授解题技巧转向培养学生的学科核心素养，如批判性思维、创新能力、合作学习能力等。在保持教学内容平稳的同时，教师注重创新，不断引入新的思想和方法，通过改进教学方法和内容，提升课堂教学质量和效果，帮助学生更好地理解和吸收知识。通过优化作业设计，使之更有针对性和实用性，从而有助于学生巩固和应用所学知识，提高作业完成的效率和效果。教育不仅仅要关注知识的传授，更要重视学生能力、情感、态度和价值观的全面发展，以培养出更多具有创新精神和实践能力的人才，更好地适应时代和社会发展的需求。

【例2.13】（2024年新课标卷）

人体消化道内食物的消化和吸收过程受神经和体液调节。下列叙述错误的是（　　）

A. 进食后若副交感神经活动增强可抑制消化液分泌

B. 唾液分泌条件反射的建立需要以非条件反射为基础

C. 胃液中的盐酸能为胃蛋白酶提供适宜的pH环境

D. 小肠上皮细胞通过转运蛋白吸收肠腔中的氨基酸

【参考答案】A

本题以消化和吸收过程中的神经调节和体液调节为情境，主要考查神经调节以及物质运输等必备知识，包括自主神经对消化系统功能的调节、条件反射的形成基础、胃液中消化酶能发挥作用的特定理化条件以及小肠上皮细胞摄取氨基酸等营养物质的过程，着重考查分析与综合、归纳与推理等科学思维。

本题要求学生能在简单的情境下，灵活调动已有的知识，如人处于安静状态时，副交感神经活动占优势，肠胃的蠕动和消化液的分泌会加强，以利于食物的消化和营养物质的吸收；非条件反射是条件反射建立的基础；胃蛋白酶发挥作用需要酸性条件（最适pH为1.5）；小肠上皮细胞吸收氨基酸是主动运输，需要转运蛋白作为载体和能量，多维度关联解决消化吸收各环节的核心问题，夯实学科基础。试题围绕生物学学科核心素养，既重点考查了对基础概念的掌握和应用，也考查了对知识点的综合应用能力，使得对必备知识的考查由识记、理解转变为对知识分析、论证、综合运用等的考查，从而引导学生注重对必备知识的准确理解和应用，调动关键能力和素养以解决实际问题，减少对基本观念的死记硬背和机械刷题，学会从"解题"向"解决问题"转变。

3. 引导教学，服务"双减"

2021年，中共中央办公厅、国务院办公厅印发了《关于进一步减轻义务教育阶段学生作业负担和校外培训负担的意见》（以下简称"'双减'政策"），明确提出"强化学校教育主阵地作用，深化校外培训机构治理，坚决防止侵害群众利益行为，构建教育良好生态，有效缓解家长焦虑情绪，促进学生全面发展、健康成长"，要求减轻学生作业负担、提高学校教育教学质量。学生过重的作业负担与过度依赖应试教育中的"机械刷题"行为紧密相关，且这种现象普遍存在于各类升学考试的准备过程中（郭学恒，2022）。

  在推动"双减"政策深入实施的背景下，亟须创新试题设计，以有效落实政策目标。反对简单的"机械刷题"模式，勇于创新考试试题，重视考查学生的思维品质，减少对知识点的机械记忆。在教学过程中教师应注重学习方法的传授，强调在深刻理解基础知识的基础上，培养学生融会贯通和灵活运用的能力；鼓励学生在学习过程中主动思考、关注现实问题，进而促进学生主动探究和深度学习；相对于单纯追求解题技巧，更注重培养学生的问题分析能力和创新思维，使学生从"解题"走向"解决问题"。改变传统的试题形式，提升试题开放性，采用创新的命题思路和方法，重视考查学生的思维过程。强调逻辑和推理技能的发展，促进教学转向提高作业和练习题的质量，使学生的内在思考过程得以外显，科学合理布置作业，避免单纯的机械训练，从而使刷题失效。另外，确保课程内容得到全面而深入的讲解，以提高课堂教学效果。如例2.14。

【例2.14】（2023年全国乙卷）

  已知某种氨基酸（简称甲）是一种特殊氨基酸，迄今只在某些古菌（古细菌）中发现含有该氨基酸的蛋白质。研究发现这种情况出现的原因是，这些古菌含有特异的能够转运甲的tRNA（表示为tRNA^{甲}）和酶E，酶E催化甲与tRNA^{甲}结合生成携带了甲的tRNA^{甲}（表示为甲-tRNA^{甲}），进而将甲带入核糖体参与肽链合成。已知tRNA^{甲}可以识别大肠杆菌mRNA中特定的密码子，从而在其核糖体上参与肽链的合成。若要在大肠杆菌中合成含有甲的肽链，则下列物质或细胞器中必须转入大肠杆菌细胞内的是（ ）

①ATP　②甲　③RNA聚合酶　④古菌的核糖体　⑤酶E的基因　⑥tRNA甲的基因

A. ②⑤⑥　　　B. ①②⑤　　　C. ③④⑥　　　D. ②④⑤

【参考答案】A

本题主要考查"遗传信息的转录和翻译""基因指导蛋白质的合成"和"基因工程"等必备知识，着重考查学生对基因指导蛋白质合成内容的掌握。

本题通过设定古菌中特殊氨基酸在大肠杆菌中合成的复杂情境，要求学生分析题干信息、综合运用所学知识，判断实现这一过程所需的关键物质，以此考查学生对基因指导蛋白质合成的理解与应用能力。试题通过创设新颖的情境，深入考查学生对生物学学科重要概念和本质特征的理解，引导教学注重对课本知识的回归，体现了基础性的要求。试题情境可能以现实中科学家在产甲烷菌中发现已知的参与蛋白质生物合成的特殊氨基酸——吡咯赖氨酸的合成过程为原型创设而成（马超，2023）。试题的相关素材在进行简化后，仍具有一定的信息量和复杂度，能有效考查学生的理解、信息处理等关键能力。

创新试题情境、设问方式、呈现形式等试题情境是生物学高考试题创新性的一种体现，且《中国高考评价体系》中明确表示"创新性要求创设合理情境，设置新颖的试题呈现方式和设问方式，要求对即将进入高等学校的学习者在新颖或陌生的情境中主动思考，完成开放性或探究性的任务，发现新问题、找到新规律、得出新结论的水平进行测量与评价"。高考试题优化题目的呈现和设问方式，即创新试题设计，重视考查学生对学习方法的内化，可避免学生陷入对知识点的琐碎分析或过分依赖特定题目类型的解题套路，以此规避"机械刷题"现象，服务"双减"。

（黄少旭、李雪峰）

第三章
"四层"：生物学高考内容的改革研究

第一节　生物学高考对核心价值的研究与考查

随着中国特色社会主义进入新时代，党和国家事业的新发展、我国社会主要矛盾的新变化以及人民群众对高质量教育的新需求都对高考提出了新的要求。面对新时代、新要求，生物学高考必须坚持以习近平新时代中国特色社会主义思想为指导，全面贯彻党的教育方针，落实立德树人根本任务，紧紧围绕"培养什么人、怎样培养人、为谁培养人"这一教育根本问题，全方位、系统化地回答"为什么考"的问题，明确"立德树人、服务选才、引导教学"的核心功能，做好顶层设计，整体提升高考为党育人、为国选才的水平。

一、立德树人——生物学高考的根本任务

习近平总书记在全国教育大会上提出，要把立德树人融入思想道德教育、文化知识教育、社会实践教育各环节，贯穿基础教育、职业教育、高等教育各领域。高考作为连接基础教育和高等教育的关键环节，必须以习近平新时代中国特色社会主义思想为指导，全面贯彻党的教育方针和全国教育大会精神，整体上强化理想信念、爱国主义情怀、品德修养、知识见识、奋斗精神、综合素质等方面的考查要求，由此引导学生自觉培育和践行社会主义核心价值观，弘扬中华优秀传统文化、革命文化和社会主义先进文化，并树立正确的历史观、

民族观、国家观、文化观，以及切实增强中国特色社会主义道路自信、理论自信、制度自信、文化自信，从而让高考全面彰显出其承担的育人功能。

作为高考体系的一个重要组成，生物学高考必须旗帜鲜明地将立德树人作为根本任务，始终坚持正确的政治方向和价值取向，不断强化其育人功能和积极导向的作用，以培养和选拔德智体美劳全面发展的社会主义建设者和接班人。

人才培养是育人和育才相统一的过程。其中，育人是根本，体现为立德铸魂。生物学高考要结合新时代的新要求，遵循教育规律和人才成长规律，引导学生在坚定理想信念上下功夫，在厚植爱国主义情怀上下功夫，在加强品德修养上下功夫，在增长知识见识上下功夫，在培养奋斗精神上下功夫，在增强综合素质上下功夫；生物学高考要努力构建德智体美劳全面覆盖的评价体系，培养学生高尚的品德、创新的思维、健康的体魄、良好的审美情趣以及崇尚劳动的品质，促进学生全面发展；生物学高考要充分发掘学科育人资源，发挥学科育人优势，与其他学科共同形成育人合力，全面系统、创新性地将立德树人根本任务落到实处。

生物学高考不仅要满足学科本身对知识和能力的要求，更要满足对情感态度与价值观的要求；不仅要满足智育的要求，更要尽力满足德育、体育、美育、劳动教育的要求。生物学高考还应特别强调德育的重要性，使具备较高政治觉悟、高尚道德情操和优秀意志品质的学生脱颖而出。

生物学高考的指导思想、考试内容、考查要求和形式，都将对素质教育的实施和推进产生重要影响。必须加强对习近平新时代中国特色社会主义思想的考查，加强对社会主义核心价值观、依法治国理念、中华优秀传统文化、革命文化和社会主义先进文化的考查，促使基础教育在生物学的教与学的实践中落实立德树人根本任务，不断提高学生思想水平、政治觉悟、道德品质、文化素养，并促使学生将其内化为精神追求，外化为行动自觉，从而落实立德树人的根本任务。

二、服务选才——生物学高考的基本功能

高考必须坚持服务选才。立足于服务国家、服务高校选才这一基本点，高考要发挥好为国家和高校选拔出符合要求的人才的功能。因此，高考要紧密围绕科学选才、提高质量、促进公平的目标，进一步从各个方面探索和完善评价人才的方法，使人才选拔的标准更全面、方式更科学；高考要保证较高的信度和效度，以及适宜的考试区分度，由此促进人才的合理分流和配置，进而更好地适应国家经济社会发展对多样化、高素质人才的需求，为建设人力资源强国提供坚实有力的招考制度保障。因此，生物学高考要能为不同类型的高校选拔出符合要求的新生，服务选才不仅是生物学高考的目的、依据，也是生物学高考的基本功能和使命。

当前，我国正处在加快世界一流大学和一流学科建设、全面提升高等教育人才培养质量的关键时期，生命科学的发展更是日新月异，未来社会将需要更多具备生物学素养的高水平复合型人才。高考的高利害性与选拔性使其成为国家政策与教育活动之间的传导器，不同的考试取向会带来不同的教育行为与教育结果。生物学高考的内容选取与价值导向将对相当一部分大学新生的知识结构和素质构成产生直接而深远的影响。生物学高考的人才选拔要求必须与新时代高等教育人才培养方向相一致、与培养要求相契合，考试内容的选取也必须与高等教育对于大学新生知识结构的要求相契合。生物学高考必须始终准确把握党和国家事业发展对高等教育人才选拔的要求，充分适应新形势下经济社会发展对具备生物学素养的多样化高素质人才的需求，注重对实践能力、创新精神等综合素养的全面体现，从而助力高等教育创新型、复合型、应用型人才的培养。

当今世界的综合国力竞争，说到底是人才竞争。人才愈加成为推动经济社会发展的战略性资源，教育的基础性、先导性、全局性地位和作用也更加突显。随着全球化、信息化时代与知识社会的来临，世界各国国力竞争逐渐加

剧。在未来发展中，为了提高我国在国际舞台上的核心竞争力，必须培养出大批具备合理知识结构、具有全球视野和国际化理念的生命科学专业人才。面对新形势、新任务、新挑战，生物学高考要服务于经济社会发展对多样化高素质人才的需要，为实现"两个一百年"奋斗目标提供强有力的人才支撑。根据国家总体战略布局，生物学高考必须紧紧围绕提高生物学教育质量这一主题，确保选拔出高质量的人才。

高考不仅要保障国家人才选拔的质量，而且应助力教育公平和社会公平的推进。生物学高考要体现其公平性，需要排除社会地位、社会关系、家庭背景和经济条件等因素的干扰，给参加生物学考试的考生提供公平竞争的机会，使考生能够凭借真才实学公平地享有接受高等教育的权利，对维护社会的和谐与稳定起到了积极作用。

三、引导教学——生物学高考的现实要求

高考必须坚持引导教学。作为大规模高利害考试，高考客观上对高中教学起到重要的引导作用。高考结果直接影响到学生将获得的教育资源和未来的发展，从更宏观的层面来看，甚至会影响对地方教育发展的成效评价和资源投入。因此，高考对基础教育教学的引导作用具有较强的现实动能以及深厚的社会根基。

高考评价体系将"引导教学"纳入核心功能，有利于进一步理顺教学与考试的关系，增强"以考促学"的积极主动意识。通过高考改革及与其紧密对接的高中育人方式改革，进一步健全立德树人在各个具体环节中的落实机制，进一步完善德智体美劳全面培养的育人体系，着力扭转教育的功利化倾向，提升教育评价水平和发挥正向积极的导向作用；通过高考改革与基础教育、高等教育改革的协调推进，在实现高校人才选拔目标的同时，高度契合高中课程改革的培养目标和评价目标，从而达到理顺教与考的关系、实现"以考促教、以

考促学"的目的，促进立德树人根本任务的落实，形成更高水平的全面培养体系。

生物学高考对生物学基础教育具有反拨作用，对教学的影响具有"二重性"：使用得当可实现教学提质增效，使用不当会导致出现片面追求成绩等后果；应努力发挥其正向积极的导向作用，促进学生生物学素养的提高。生物学高考应和生物学基础教育协调发展，形成"教考和谐"的局面，推进生物学基础教育的进步。生物学高考内容设置对中学生物学教学存在较大影响，应努力避免形成"考什么、教什么、学什么""不考便不教、不学"的局面。新一轮高考改革更加强调育人功能，生物学高考在形式、内容及结构等的选取和系统构建过程中，要始终将促进学生健康成长成才作为改革的出发点和落脚点。

生物学高考要与高中生物学课程改革携手共进，注重选拔人才和培育人才的对接。生物学高考要着力发展学生的生物学学科核心素养，与其他学科共同协调，进一步提升学生综合素质。生物学课程标准也是高考设计命题内容的依据之一，生物学高考既要突出考试内容的整体设计，也要立足我国独特的历史、文化和国情，从落实立德树人的教育根本任务出发，将课程改革的新理念体现在考查内容、考查要求、考查载体和考查方式中，为实现对生物学学科核心素养的有效测量打下坚实的理论基础。

生物学高考的考查内容应与高中生物学课程标准的培养目标深度契合，有利于学生生物学学科核心素养的发展，服务于学生个性发展和高校相关专业对人才的选拔。在生物学高考试题命制层面，要做好情境化设计，紧密联系学生日常生活实际、国家发展和社会进步，扩展素材选取范围，在现实的问题情境中考查学生生物学学科核心素养的发展水平，在教学和考试中落实关键能力和核心素养的培养。

生物学高考要助力高中生物学教学方式和学生学习方式的转变、加强教学内容与社会生活的紧密联系。生物学高考要围绕学科主干内容，加强对基本概念、基本思想方法的考查，杜绝偏题、怪题和繁难试题，引导教学重视教材，夯实学生的知识基础,给学生提供深度学习和思考的空间。要通过设置真实的问题情境,考查学生灵活运用所学知识分析解决问题的能力,允许学生从多角度作答,引导学生的关注点从"解题"向"解决问题"转变、从"做题"向"做人做事"转变。

　　生物学高考要在注重能力和素养考查的同时,进一步深化对德育的考查,优化试卷结构和题型,加强对体育、美育、劳动教育的考查和引导,形成覆盖德智体美劳全面发展要求的考试内容体系,促进教、学、考的有机统一,助力高中育人方式的改革和学生的全面发展。生物学高考不仅要着眼于基础教育的变革,更要满足终身学习这一新的时代要求,为学生的终身学习奠定坚实的基础。

　　生物学高考要从社会发展变化对人才的新要求出发,加大对学生在信息时代应具备的阅读能力、获取信息能力和思辨能力的考查。生物学高考内容改革着重通过优化考试内容,呈现出开放、综合、灵活、多样的特点,从而为社会培养可塑性强、能持续学习的人才,助力我国终身学习体系的建立。

四、三大功能之间的关系

　　高考评价体系以党的教育方针、国家发展需求、高校选才要求为方向,从而实现正确引导;高考评价体系充分考虑了国家课程标准内容、教学实际情况,从而实现科学引导;高考评价体系重点关注教与考的关系,灵活调整引导方法和手段,从而实现有效引导。

　　在生物学高考中,不能孤立地、静止地看待和理解"立德树人、服务选才、引导教学"这三大核心功能,要认识到三者之间所存在的相互联系和相互作用。立德树人是生物学教育的根本任务,在三者之中发挥着统领作用,立德树人决定高考的前进方向和价值取向;服务选才和引导教学既各有侧重又相互关联,是高考落实立德树人根本任务的两个基本手段,服务选才面向高校招生需求，与学生的未来发展直接相关，引导教学则面向学生的高中学习以及教师的教学，这是学生中学阶段成长的重要过程。"立德树人、服务选才、引导教学"构成一个结构严谨、相互关联、逻辑缜密的整体系统，能体现生物学高考在中学生物学教育的全局中所处的核心地位和发挥的关键作用。

在生物学高考中，立德树人对服务选才和引导教学所起到的是价值引领作用，服务选才是立德树人在高校选拔学生中的具体实现，引导教学是面向中学生物学教学时立德树人的另一个具体实现。在立德树人的引领之下，服务选才和引导教学的功能具有共同的基础和内在的关联。服务选才的功能主要是坚持科学的选拔标准和选拔方式，让高校能录取到合适的学生。通过"以考促学"能更好地引导教学，有效提升基础教育中生物学教学的质量，充分发挥高考积极的导向作用，推进基础教育中生物学的教学改革，更好地培养学生的生命观念、科学思维、科学探究和社会责任等方面的学科核心素养，由此使生物学高考相关专业选拔出的人才更加符合高校的需求。考与教的共同作用，既能促进基础教育和高等教育的各自发展，也能促进二者的协同发展，由此确保立德树人的教育根本任务在具体实践中得以落实。

习近平在中央人才工作会议上强调要深入实施新时代人才强国战略，加快建设世界重要人才中心和创新高地。习近平指出，在百年奋斗历程中，我们党始终重视培养人才、团结人才、引领人才、成就人才，团结和支持各方面人才为党和人民事业建功立业。习近平还强调，当前，我国进入了全面建设社会主义现代化国家、向第二个百年奋斗目标进军的新征程，我们比历史上任何时期都更加接近实现中华民族伟大复兴的宏伟目标，也比历史上任何时期都更加渴求人才。实现我们的奋斗目标，高水平科技自立自强是关键。综合国力竞争说到底是人才竞争。人才是衡量一个国家综合国力的重要指标。国家发展靠人才，民族振兴靠人才。我们必须增强忧患意识，更加重视人才自主培养，加快建立人才资源竞争优势。

高中阶段是人才成长的关键时期，高考评价体系对教学与选才的意义和价值是与国家人才培养密切相关的。在生物学高考中,"立德树人、服务选才、引导教学"这三大核心功能的有效发挥对于国家人才发展作用巨大。生物科学本身也是一门重要的基础学科,高素质人才从事生命科学研究也是促进生命科学发展的重要保障。因此,生物学高考一方面培养人才,另一方面也需要高素质人才的参与。

五、核心价值在生物学高考中的引领作用

根据高校人才选拔要求和国家课程标准,遵循考试评价的规律,生物学高考考查的素质教育目标为"核心价值、学科素养、关键能力、必备知识"的"四层"考查内容。其中,"核心价值"指明立德树人根本任务,起到方向引领作用。核心价值是指即将进入高等学校的学习者应当具备的良好政治素质、道德品质和科学思想方法的综合,是在生物学高考中起着价值引领作用的思想观念体系,是其在面对现实的问题情境时应当表现出的正确的情感态度和价值观的综合。核心价值旨在通过学校教育和社会实践等多种途径,将学生培养成为拥护中国共产党领导和社会主义制度、立志为中国特色社会主义事业奋斗终身的建设者和接班人。

试题情境是实现考查目标的载体,其合理创设能有效激发考生思考作答。生物学高考应在不同情境中有效体现核心价值的引领,帮助学生培养良好的政治素质、道德品质和科学思想方法,反映出党的教育方针和立德树人根本任务,体现德智体美劳全面发展的育人目标。核心价值在生物学高考的考查内容中居于首要位置,由此引领学科素养、关键能力、必备知识三项考查内容。

核心价值主要包含"政治立场和思想观念""世界观和方法论""道德品质和综合素质"3个一级指标和10个二级指标,其中生物学高考能在不同情境中很好地体现以下几个方面的指标内涵。

通过选用合适的情境，生物学高考有助于即将进入高等学校的学习者形成应当具备的正确政治立场、态度和基本观念，包含理想信念、爱国主义情怀、以人民为中心的发展思想和法治意识等方面的基本要求，帮助学习者掌握马克思主义世界观和方法论，包含辩证唯物论、唯物辩证法和历史唯物主义的基本观点和方法论要求，这是属于科学思想方法的范畴。生物学实验在生物学的发展中具有重要的作用，培养学生实验能力和科学探究精神是生物学教学、考试的重要内容，设置科学实验和科学探究这类主要来自真实的生物学研究的内容以及由这些内容进行知识迁移设定的试题情境，能在考查学生科学探究能力的同时，激发学生科学探究的热情，有助于培养其严谨的科学态度和勇于探索的科学精神。

选用科学实验和探究情境有助于学生坚持辩证唯物主义，坚持无神论，反对唯心主义，引导学生学会一切从实际出发，实事求是，尊重客观规律，相信科学，尊重事实，追求和传播真理；有助于学生坚持唯物辩证法，反对形而上学，坚持用联系、发展、矛盾的观点观察和分析问题，善于透过现象看本质；有助于学生坚持理论联系实际，在实践中检验真理、修正错误；还能有效帮助学生培育并践行社会主义核心价值观，成为有大爱大德大情怀的人。让学生遵守社会公德和职业道德，崇尚家庭美德，培育个人品德。让学生面对当代社会经济、文化、科技、环境等方面的伦理问题与伦理冲突时，能自尊自信、意志坚强。

通过选用合适的情境素材，生物学高考有助于即将进入高等学校的学习者形成应当具备的社会主义道德情操、意志品质和精神情怀，包含品德修养、奋斗精神、责任担当、健康情感和劳动精神等方面的基本要求。生物学高考应引导学生学习领会习近平新时代中国特色社会主义思想，树立共产主义远大理想和中国特色社会主义共同理想，增强中国特色社会主义道路自信、理论自信、制度自信、文化自信，立志肩负起实现中华民族伟大复兴中国梦的时代重任。还应有助于学生认同中华人民共和国，认同中华民族，厚植爱国主义情怀，自觉维护民族团结和国家统一，维护国家尊严与利益；认同中华文化，弘扬中华优秀传统文化，继承革命文化，发展社会主义先进文化；理解人民群众是历史的创造者，是决定党和国家前途命运的根本力量；树立为人民服务的思想，立志扎根人民、奉献祖国。

在选用与生活、生产实践相关情境素材时，生物学高考有助于学生提高健康意识，增强体质，健全人格，锤炼意志，珍爱生命，热爱生活，形成高雅的审美情趣和良好的审美意识，使学生在生活中能够更好地感受美、鉴赏美、创造美；还有助于学生崇尚劳动、尊重劳动，认同劳动最光荣、劳动最崇高、劳动最伟大、劳动最美丽的观念，坚持以辛勤劳动、诚实劳动、创造性劳动实现自己的人生价值，愿意为国家富强、社会进步和人民幸福而辛勤工作。

在选用与生命伦理相关情境素材时，生物学高考有助于学生树立宪法法律至上、法律面前人人平等的法治理念；理解全面推进依法治国必须坚持党的领导、人民当家作主、依法治国的有机统一；能够尊法、学法、守法、用法，自觉参加社会主义法治国家、法治社会建设；能够依法行使权利、履行义务，维护公平正义，做中国特色社会主义法治的忠实崇尚者、自觉遵守者、坚定捍卫者。

生物学高考有助于学生树立高远志向，认同奋斗成就幸福、奋斗者最幸福的观念。其让学生历练不懈奋斗的精神，具有勇于奋斗的精神状态、乐观向上的人生态度，做到刚健有为、自强不息；让学生具有社会责任感，积极承担社会责任、履行义务，具有集体主义精神，以国家利益和集体利益为先；引导学生积极维护公共利益，关注并参与人类命运共同体的构建，有序参与社会公共事务，行使人民当家作主的政治权利。

生物学高考有助于学生坚持党的领导，并充分认同马克思主义的指导地位和基本立场，充分反映习近平新时代中国特色社会主义思想。通过对我国杰出科研工作者和传统文化相关素材的挖掘，在内容中能有机融入坚持和发展中国特色社会主义、培育和践行社会主义核心价值观的基本内容和要求，继承和弘扬中华优秀传统文化、革命文化，发展社会主义先进文化。在选择素材时要有意识地加强法治意识、国家安全、民族团结、生态文明和海洋权益等方面的教育，培养学生的良好政治素质、道德品质和健全人格，使学生坚定中国特色社会主义道路自信、理论自信、制度自信、文化自信，引导学生形成正确的世界观、人生观、价值观。

通过选用生命科学中的一些前沿进展为情境素材，生物学高考可反映出先进的教育思想和理念，要关注信息化环境下的教学改革，关注学生个性化、多样化的学习和发展需求，这有助于促进人才培养模式的转变，着力发展学生的生物学学科核心素养。根据经济社会发展新变化、科学技术进步新成果，及时更新考查内容和话语体系，可反映中国特色社会主义理论体系和建设新成就。

生物学（生命科学）在所有学科的整体框架下的学科地位以一个沙漏作比，如果把沙漏里面的沙子比作当前人类各学科所包含的知识总和，那沙漏的一端相当于物理、化学等关于物质的科学，这里有人类已经了解的关于非生命世界的一切知识，而沙漏的另一端则相当于所有的人文社会科学包括经济学乃至艺术在内的一切学科，其中，生物学在传统意义下是一个学科，但其实它更像一个领域，与其他学科之间有着丰富的联系。生物学高考本身也需要学生具备相当的其他学科的知识，而情境更是涉及人类社会生活工作的几乎所有方面。所以说，生物学并不是这些知识本身，而是刚才提到的那一整个沙漏的窄窄的细腰通道，通过这个细细的通道，非生命世界的物质科学和人文社科艺术学科能联通在一起。近500年，生物学的发展从"博物学"走向"生物学"，生物学不再仅仅研究"生命的现象"，也不仅仅研究物种的搜集与分类，而是逐渐建立起一套可以与物质科学的研究方法和思路相容的，不但能够用于解释各类生命现象，也能用于结合工程学知识的服务于人类福祉的对生命系统进行改造的科学和工程学体系，还能够进一步延伸到基于神经生物学研究的认知科学领域，并由此延伸到另外一个重要研究方向或领域，即对人类社会现象的解读（正如当年恩格斯高度评价达尔文那样），这里涉及行为经济学、金融学等。生物学和其他学科关联的案例还有很多。

核心价值在生物学高考中尤为重要，如果缺乏生物学学科素养，学生很难理解自身，同时也很难对世界有一个完整的认知框架。在很多科学教育的课程标准中，生物学也是与物质科学和地球环境科学并列的独立门类，足见其重要性。而生物学在具体的内容当中也直接或间接地与其他各学科关联在一起，可以说生物学学科素养的达成水平是学生的整体素养发展水平的综合体现，生物学高考也是这一综合水平的衡量方式，这本身就体现了核心价值。

在核心价值引领下的生物学高考在对教学进行引导的时候就自然地联系到大概念教学、大单元教学设计，或者说基于故事线的单元教学。而学生任务的呈现也将可能突破一般的文字表达，可能包括通过颜色区分的定性示意图、通过柱状图进行研究数据的定量分析，以及通过流程结构图展现的严谨逻辑关系与清晰的条理结构。这样的形式可使得学生的思维外显化，从而有利于评价主体对评价客体实施评价。类似的过程使学生得到了科学的思考方式和表达交流方式的训练。由此就能更好地发挥高考引导教学的功能，也能更好地发挥服务选才的功能。

生物学领域为科学哲学研究作出了不少贡献，其内容也成了生物学的学科特质的一部分，与研究物质科学（无生命世界）的物理和化学相比，生物学到底有什么特质？其中一个解读维度的大意是"编码生命的遗传程序，其中蕴含着从历史中获得的信息，而这是无生命世界所不具备的"。生命是否真的能还原成基本的物理、化学现象，这一门作为枢纽的学科确实有着独特的价值。生物学下接化学、物理，上通心理学以及其他以人为基础的社会、经济和文化学科，再加之现在神经生物学、人工智能的迅猛发展，以及基因技术的高频迭代，生物学知识的缺乏确实会影响个体对社会的基本理解。正如现在越来越多的诺贝尔奖研究工作落在生命科学领域，这恰恰是因为数学、物理、化学出身的科研人员能用他们的方法在生命科学领域研究中作出特别的贡献，例如人教版教材中介绍了施一公最新的工作,这是一个体现了良好生物学学科素养的综合型人才的经典例子。

总体而言,在生物学的学习过程中,能收获到的体会或者说最大收获有以下两点:第一,人类要了解生命和人类自身,必须通过生物学,因为生物学是负责发现和提出问题的,正如薛定谔首先是提出了问题,然后去想合理的解释。缺乏生物学的培养,我们可能连问题在哪里都不知道。第二,人类社会的很多问题,其最终的洞见和解决办法很可能属于生物学范畴,传统、机械的静态思维已经没办法应对复杂的世界,这也是为什么传统的"老三论"会被"新三论"替代,而未来可能会有更新的基于生命科学的理论见解。当然,只有生物学也肯定是不行的,生物学只是沙漏中细细的通道,其价值在于连通上下,而这也是生物学高考所应该关注的。

(卢镇岳)

第二节 生物学高考对学科素养的研究与考查

一、生物学学科素养的定义

什么是学科素养?这个问题见仁见智,不同视角不一而足。我们试图从高考评价体系、教育部教育考试院和国家课程标准等视角阐述生物学学科素养,以期对广大教育工作者掌握核心素养有所帮助。

(一)高考评价体系对学科素养的定义

高考评价体系如何定义学科素养?《中国高考评价体系》指出,学科素养是指即将进入高等学校的学习者在面对生活实践或学习探索问题情境时,能够在正确的思想价值观念指导下,合理运用科学的思维方法,有效整合学科相关知识，运用学科相关能力，高质量地认识问题、分析问题、解决问题的综合品质（教育部考试中心，2019）。学科素养是通过高中三年学科教学形成的素养，既是高中生物学课程培养的目标，也是高校人才选拔的要求与依据。依据中国高考评价体系要求，学科素养包括"学习掌握、实践探索、思维方法"3个一级指标和9个二级指标，见表3.1。

表3.1 学科素养指标体系

一级指标	二级指标
学习掌握	信息获取、理解掌握、知识整合
实践探索	研究探索、操作运用、语言表达
思维方法	科学思维、人文思维、创新思维

"学习掌握"是指学习者在面对生活实践或学习探索问题情境时，掌握的各种必要信息的学习品质。其中，"信息获取"是指在新的问题情境下，通过各种方式与渠道获取信息，合理地组织、调动各种相关知识与能力，完成信息获取活动的过程；"理解掌握"是指在新的问题情境下，合理地组织、调动各种相关知识与能力，系统化加工处理新信息，把握新信息的实质及新旧信息的联系，从而对新信息的准确判断、分析与评价的过程；"知识整合"是指在新的问题情境下，组织调动各种相关知识与能力，概括整合学科知识和相关信息，从而调整原有的知识结构的过程。

"实践探索"是指学习者在面对生活实践或学习探索问题情境时，组织整合相应的知识与能力、运用不同的技术方法进行各种操作活动以解决问题的综合品质。其中，"研究探索"是指在新的问题情境下，组织调动各种相关知识与能力，分析结果、提出新观点、寻求有效解决方法，实施调研与探究活动的过程；"操作运用"是指在新的问题情境下，运用动手操作方法，探究所要解决的实践问题，将创意方案转化为有形物品或对已有物品进行改进与优化，创新性地解决现实情境问题的过程；"语言表达"是指在新的问题情境下，准确表达信息进行交流沟通，熟练运用图表表达观点，借助书面语、绘图等方式表达抽象概念的过程。

"思维方法"是指学习者在面对生活实践或学习探索问题情境时，进行独立思考和探索创新的内在认知品质。其中，"科学思维"是指在新的问题情境下，采用严谨求真、实证性的逻辑思维方式，运用归纳与概括、抽象与联想、模型与建模等思维方法，分析事物的内在联系，反映客观事物的本质特征和内在联系，解决特殊情境中的各种问题的过程；"人文思维"是指运用历史、辩证、审美、系统的思维方式，把握问题与事物的本质，通过联想类比等思维方法，解决新情境中的各种问题的过程；"创新思维"是指运用开放性、创新性的思维方式应对问题情境，运用直觉、顿悟、灵感、形象、逻辑的方法，进行独立性、批判性、发散性的思考，提出新观点、新方法，创新性地解决新情境中的各种问题的过程。

（二）教育部教育考试院对本学科的学科素养的定义

教育部教育考试院如何定义本学科的学科素养？教育部教育考试院指出，生物学学科素养是指即将进入高等学校的学习者，具有的正确生物学思想价值观，利用生物学思维方式方法，认识问题、发现问题、解决问题的综合品质。新高考生物学学科考查的学科素养主要包括知识与观念、科学思维、探究与创新、责任与担当4个方面，整体性考查生物学学科的知识、能力、观念、情感态度与价值观（杨帆和郭学恒，2019）。

知识与观念是指高中生所学的生物学知识及抽象和概括出来的观点和思想方法。它包括系统观，物质、能量和信息观，结构与功能观，稳态与调节观，适应与进化观等。知识与观念是在深入理解生物学知识的基础上，形成对生命现象及其活动规律的认识和观念。

科学思维是基于事实、证据，运用科学推理的方法对不同观点质疑、批判，进而提出创造性见解的能力和品格。它包括分析与综合、比较与分类、归纳与演绎、抽象和概括、建立模型、批判性思维和创新性思维等科学方法。科学思维的一般特征有：尊重事实和证据、崇尚严谨和求实的态度、进行逻辑性推理与判断、具有质疑和批判精神。

探究与创新是实践探索素养方面的体现。探究是对特定的生物学现象或事实进行观察、提出问题、作出假设、设计实验、进行实验、得出结论、交流展示的过程。创新是指在生物学特殊情境中，发现新问题、提出新解释、具有新思维、提出新方法的过程。

责任与担当是指在生物学情境中，具有尊重生命、热爱生命、健康生活、关爱他人、保护环境等责任意识，以及参与社会性议题的讨论，作出理性的解释和判断。

（三）国家课程标准对本学科的学科素养的定义

国家课程标准如何定义本学科的学科素养？高中生物学课程标准指出，生物学学科素养（即核心素养）是指学生借助学校教育所形成的解决问题的素养与能力，是最关键、最必要的共同素养（施久铭，2014）。它是课程改革的原动力，为深化改革指明了新方向（顾明远，2015）。与传统三维目标的区别在于，学科素养强调知识、能力和态度的有机结合，凸显情感、态度和价值观的重要性，强调人的反思和行动能力。学科素养可用态度的乘方来连接知识与能力，即素养=（知识+能力）^{态度}，如果态度是正值，知识与能力将产生积极的效果，如果是负值，知识与能力将产生消极的效果（柳夕浪，2014）。北京师范大学刘恩山教授认为，学科素养是一种跨学科素养，强调学科综合性、发展性、有用性。例如，学科素养中的语言素养，已经不是语文学科和外语学科的概念，而是一种有效的表达和交流，是一种广义的语言概念。

生命科学是研究生命现象和规律的科学，深刻影响到人们对生命事物的认识，在培养"全面发展的人"过程中，具有非常重要的地位。情感态度价值观关系到学习兴趣、学习责任，关系到积极的科学态度与精神，更关系到学生追求真善美的人生价值、人与自然和谐发展的价值。因此，探讨以学科素养为目标的情感态度与价值观教育，具有重要的意义（肖安庆和颜培辉，

2017）。

2014年3月教育部印发的《关于全面深化课程改革落实立德树人根本任务的意见》首次明确提出各学段发展核心素养，将学科素养的培养置于全面深化课程改革、落实立德树人目标的基础地位，对教育要"培养什么人、怎样培养人"提出了根本要求。通过充分论证与研判，2016年9月教育部发布了《中国学生发展核心素养》，正式对学生发展核心素养进行了界定，综合表现为6大核心素养：责任担当、实践创新、人文底蕴、科学精神、学会学习、健康生活。学科素养的培养已成为新一轮课程改革的新指向，也为新一轮课程改革提供了新动力。

1. 何谓高中生物学学科素养

学科素养是指在相关学段和课程学习过程中，学生应具备的、能够适应终身发展和社会发展需要的必备品格和关键能力，如理解相关基本知识，掌握基本的研究方法与批判性思维品质，具备尊重事实、理科思维的精神，理解科学的本质，关注科学技术与社会的关系，并逐步形成的与个人终身发展和社会发展相关的最基本知识与技能、方法与意识、情感态度与价值观。它是国家教育目标的具体化，是课程和教育目标制定的根本依据，是教育教学过程中三维目标对学生的综合体现（柳夕浪，2014）。与三维目标相比，学科素养的指向更明确，更具有终身性、动态性、关键性和情境性。

生物学学科素养是公民参加社会生活、经济活动、生产实践和个人决策所需的生物科学知识、探究能力以及相关的情感态度与价值观，是公民科学素养构成中重要的组成部分。高中生物学学科素养是高中阶段的学生通过高中生物学课程的学习，初步形成生命科学的学科素养，提炼出生物学学科中关注个人发展和社会发展的必备品格及关键能力，主要包括生命观念、理科思维、科学探究和社会责任，见表3.2。

表3.2　高中生物学学科素养的素养要素

素养要素	具体内容
生命观念	生命观念是指对观察到的生命现象及相互关系或特性进行解释后的抽象，是经过实证后的想法或观点，达到理解或解释较大范围的相关事件和现象的目的。主要包括：结构与功能观、进化与适应观、稳态与平衡观、物质与能量观等，并用生命观念认识生命世界、解释生命现象
科学思维	科学思维是指建立在证据和逻辑推理并对事物或问题进行观察、比较、分析、综合、抽象与概括的思维方式。主要包括：演绎推理、模型建构、批判性思维、归纳与概括等方法，并运用理科思维探讨说明现象与规律，审视论证有关生物学学科出现的各种现象与问题
科学探究	科学探究是针对生命现象，进行观察、提问、方案设计与实施、讨论与交流，并在探究过程中进行团队协作、科学探究的过程
社会责任	社会责任是指基于生物学的认识，参与个人与社会事务的讨论，作出理性解释和判断，尝试解决生产生活中的生物学问题的担当和能力。根据出现的生命现象与问题，参与讨论、理性解释、辨别科学与伪科学，主动宣传生命意识、环保意识和健康意识，结合社区资源开展科学实践

2. 高中生物学学科素养特征

北京师范大学刘恩山教授认为，学科素养是一种跨学科素养，强调学科综合性、发展性、有用性。这也是高中生物学学科素养的重要特征。

（1）综合性。

依据《中国学生发展核心素养》，我国学生发展学科素养体系由社会参与、文化基础、自主发展三大领域构成，每个领域各包括两个学科指标（见表3.3），每项学科指标都不是单独培养的，具有综合性，应整体设计与实施。高中生物学课程的知识内容是学生生物学学科素养知识的综合载体，高中生物学学科素养也具有综合性。例如，人教版高中生物学选择性必修2第4章第1节"人类活动对生态环境的影响"的教学中，涉及全球性生态环境问题，其主要包括全球气候变化、水资源短缺、臭氧层破坏、酸雨、土地荒漠化、海洋污染、生物多样性丧失等，引导学生了解相关问题，可以培养学生的相关素养；

学习生态系统的直接价值、间接价值和潜在价值，可以培养学生的人文底蕴；思考如何保护生物多样性，可以培养学生的问题解决能力与创新实践意识。

表3.3　我国学生发展学科素养体系构成

学科素养领域	学科指标
社会参与	责任担当、实践创新
文化基础	人文底蕴、科学精神
自主发展	学会学习、健康生活

（2）发展性。

在不同的历史时期，人们科学文化的发展水平存在着比较大的差异。例如，20世纪的人们尚处于理解科学思维与社会责任等素养的低级阶段，将科学思维与社会责任等素养等同于理解科学知识的能力。而进入21世纪以后，随着科学技术日新月异的发展，人们对于科学思维与社会责任等素养的理解更加强调运用科学知识和方法去解决实际问题的科学精神和科学意识。由此可以看出，生物学课程的学习是动态的，生物学学科素养的培养也是动态的、发展的，它需要在特定情境和需要中生成与发展。例如，人教版高中生物学必修2遗传学内容的教学，循着人类认识基因之路而展开，犹如一百多年来，生物科学家孜孜以求的探索过程，使学生受到科学方法、科学态度和科学精神等多方面的启迪，有利于学生认识事物发展规律与现象。在不同的教育阶段，生物学学科素养表现出不同的阶段性特征，既需要生物学知识的积累，也需要生物学方法与技能的积累和提高，以及生物学情感态度与价值观的逐步升华。它是一个长期培养与渗透的过程，是一个循序渐进、逐步升华的发展过程，具有明显的发展性特征。

（3）终身性。

学科素养要求为学生终身需要而发展必备品格和关键能力，高中生物学学科素养应紧密结合社会发展和时代要求，体现人的终身发展和社会发展的需要,能够对公民未来生产生活产生持续性的影响。例如,培养学生的生命观,关键是要让学生知道生命是什么,生命活动如何进行,生命为什么会这样,了解生物学的共通概念,加深对自然界的理解,形成进化观、生态观等基本观点(谭永平,2016)。此外,考虑到学生终身发展生物学学科素养还应具有实用性,诸如在高中生物学教学中还应培养学生的科技信息素养、语言表达与沟通能力。要强调的是,学科素养中的语言素养,已经不是语文学科和外语学科的概念,而是一种有效的表达和交流,是一种广义的语言概念,能使公民在未来社会生产与生活中受益(施久铭,2014)。

二、生物学高考评价中学科素养的考查

2014年9月,国务院印发了《关于深化考试招生制度改革的实施意见》,明确提出高考考试形式和内容的改革,指出生物学学科考试将由统一高考变为学业水平考试,将依据高校人才选拔要求和国家课程标准,科学设计命题内容,着重考查学生独立思考和运用所学知识分析问题、解决问题的能力(肖安庆等,2018)。为此,教育部考试中心构建了"一核""四层""四翼"的高考评价体系:"一核"指立德树人、服务选才、引导教学;"四层"为学科价值、学科素养、关键能力、必备知识;"四翼"为基础性、综合性、应用性、创新性(教育部考试中心,2019)。

(一)高考评价体系下生物学学科素养考查

生物学学科素养是学生综合素质的具体体现,是学生接受生物学教育过程中适应个人终身发展和社会发展所具备的必备品格和关键能力。它是学生在生物学学习认知过程中培养出来的关键素养,反映学生从生物学视角认识事物的方式和水平,包括生命观念、科学思维、科学探究、社会责任4个维度。它们相互支撑,形成一个统一的整体。其中,科学思维和科学探究是生物学学科素养的基石,是生物科学作为理科属性的重要体现。通过科学思维和科学探究共

同内化成生命观念，最终形成一定的社会责任，见图3.1。

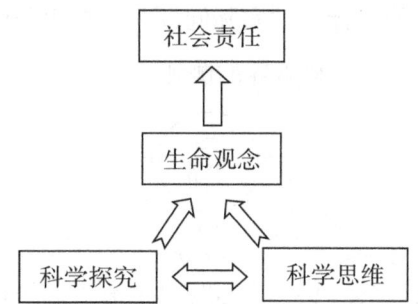

图3.1 基于学科素养立意的生物学考试内涵

依据2014年9月国务院印发的《关于深化考试招生制度改革的实施意见》，高校招生考试制度将主动适应时代要求，命题方向将由原来的知识立意转变为能力立意，改变传统、封闭的学科观念，注重考查跨学科的综合能力；设计命题内容注重科学性，增强基础性、综合性，注重考查学生独立思考和运用所学知识分析问题、解决问题的能力，积极引导创新人才的培养。因此，新一轮课程改革的考试招生制度将是以"学科素养立意"为主导的命题思想。

为全面深化改革，立德树人，新一轮课程改革的根本任务为发展学生的学科素养。生物学学科素养是学生在解决真实情境中的生物学问题过程中，所表现出来的必备品格和关键能力，主要包括生命观念、科学思维、科学探究和社会责任4个方面。

试题一般包含3个部分：试题条件（信息、已知）、试题要求（方向、意图）和试题结论（答案、未知）。其中，试题条件是指试题的情境和知识内容；试题要求是指命题的意图，即试题评价的问题设置；试题结论是指试题求证目标与答案。生物学业水平考试命题必须坚持以生物学学科素养为导向，准确把握"学科素养""实际问题""真实情境"和"生物学知识"4个要素在命题中的定位及其联系，建构以生物学学科素养为导向的命题框架（见图3.2）。

其中，"真实情境"和"生物学知识"同时服务于"实际问题"的设置与评价；通过"真实情境"的设计、"实际问题"的提出与解决、"生物学知识"的运用，指向并实现对学生学科素养的测评。

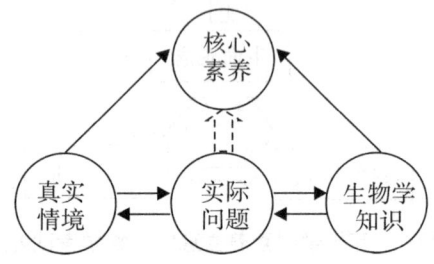

图3.2　试题的命制框架

在新高考评价体系下，生物学试题的原则必须以课程标准的内容为要求，以生物学学科学业质量水平为依据，指向学科素养的发展水平；其试题素材应贴近学生生活实际，体现真实情境，这能促使学生利用生物学知识、应用批判性思维和创新思维等方法解释生命现象，得到新的结论，完成探究性任务，达到学业质量要求，注重考查学生综合运用所学的知识和技能解决问题的能力；试题的表述和指向明确、清晰、直接，题目有较好的公平性、科学性和规范性，要能够区分出不同素养水平的学生。

在新高考评价体系下，生物学试题的表现，重点关注的是试题条件（情境）与试题要求，主要表现在4个方面：①试题的评价目标导向学科素养，符合学业水平等级性考试的命题依据；②试题立意源于真实情境，不同素养水平体现了不同复杂程度的情境；③试题评价问题指向实际问题的解决，指向不同的认识角度、思路和方法，表现出不同的学科素养表现水平；④试题的答案反映学科素养水平的差异，聚焦关键能力的表现与应答，见图3.3。

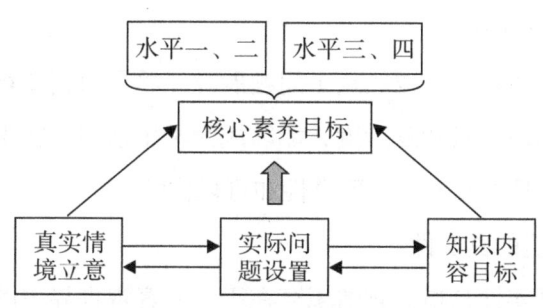

图3.3 新高考评价体系下的试题创新性的命题框架

（二）高考评价体系下生物学试题的载体

试题情境能有效地增加试题难度，创设不同程度的试题情境可以调控试题的难度。试题情境是实现考查目标的重要载体，合理创设试题情境能有效测评学生的学科素养，促进考生有效思考与作答。

1. 试题情境的来源

从来源看，生物学试题的情境主要有3类：日常生活和生产情境、科学实验情境、生物学史情境。

日常生活和生产情境是指学生在日常生活、社会实践中遇见的生物学现象与问题。利用这些现象与问题，在命制试题时提出问题、引导学生利用生物学知识进行思考，考查学生生命观念、社会责任等素养，提高热爱生活、珍爱生命等意识。

科学实验情境是指以生物学知识开展的实验作为试题情境，这些情境可以来自课本实验、拓展实验，也可以来自学术期刊中的科学实验。利用这些实验素材，考查学生的实验能力与探究能力，激发学生的探究热情，培养学生的科学精神和科学态度。

生物学史是高中生物学课程的重要内容，包含重要的生物学知识、科学思维与方法，具有独特的教育价值。利用这些生物学史情境，可以启迪学生探索生命科学过程的研究方法和科学研究精神，让学生在继承中学会创新。

2. 试题情境的特点

试题情境应围绕现实（或热点）问题展开，尽量做到新颖、真实、科学、恰当，蕴含适当的信息量和复杂度，能够成为学生运用生物学知识分析和解决实际问题的载体，具有真实性、融合性和可操作性。

（1）试题情境的真实性。

试题情境的真实性是指试题情境存在于真实客观世界中的参与者的实际经历和实践。命题时尽量使情境真实可信，在学生日常生活经验中提取生动形象的客观情境，将符合学生兴趣和生活问题的情境融入试题中。试题追求情境的真实性，有利于培育学生应对各种复杂多变的现实情境所需要的学科素养。

（2）试题情境的融合性。

试题情境的融合性将"情境"与"目的""问题""知识"等要素融合在一起，需要学生从试题情境中获取关键信息，并将这些信息与所学知识重组，获得问题的解决方法。测试中尽量做到问题中有情境，情境中有问题，这种对试题情境融合性的追求，能减少关联不大的信息，减少不必要的"穿靴戴帽"现象，实现主要考查学生解决实际问题能力的目标。

（3）试题情境的可操作性。

传统教学中，一些抽象概念很难通过实验展示出来，导致命题时选择情境具有很大的随意性。为避免这一问题的发生，命题时应尽量选择可操作的熟悉的情境，有针对性地设计问题情境，提高教学和试题中情境设置的科学性和有效性，避免偏题、怪题的出现。

3. 试题情境的意义

试题的情境将"目的""问题"和"知识"融合在一起，使情境成为试题的重要载体，起承载作用。所以，情境是评价试题创新性的品质追求和独特视角。情境化试题的结构包括"试题立意""背景材料""情境任务"3个要素。其中，"试题立意"是试题设计的考查目标，是这个试题命制的指导思想，是选取背景材料和设计情境任务的主题；"背景材料"是试题的基础，是完成"情境任务"的必要阐述;"情境任务"是根据"试题立意""背景材料"为学生设计的问题。试题中的创新性情境,应该既能激发学生乐于参与、关注试题的兴趣,又能引导学生乐于思考和探索。因此,情境化试题包括"目的""背景""问题""知识"4个要素,它们之间相互关联构成整体,见图3.4。

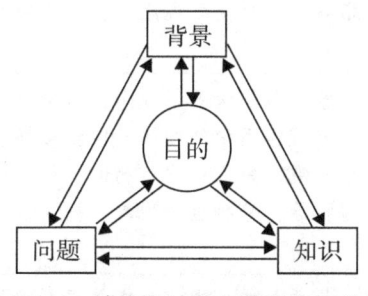

图3.4 情境化试题各要素的关联

三、研究结果及高考命题建议

基于学科素养的评价是科学质量监测的关键,只有让学生解决真实情境问题,才能真实地对学生的学科素养水平进行评价。因此,教师需要在认真学习课程标准对学科素养的要求基础上,建立试题命制框架,设计命题的路径,构建良好的问题情境和设计优质的监测问题,深入理解学科素养内涵和遵循学生学科素养发展规律。

(一)认真学习课程标准对学科素养的要求

考试的目的主要有:检验学习效果、促进学生发展、提高教学水平。下面以生命观念为例,阐述依据课程标准对学科素养的学业质量要求(见表3.4),以发展学生学科素养为基准,注重对学习生物学习惯和创造力的考查,力求真实反映教师"教"的水平和学生"学"的能力,引导教师转变教学方式,学生转变学习方式,促进学生树立正确的素养。

表3.4 生命观念的学业质量水平

素养水平	水平描述
水平一	能初步以结构与功能观、物质与能量观等观念，说出生物体组成结构和功能之间的关系、光合作用和呼吸作用中的物质与能量转换、遗传与变异的物质基础和规律等。初步运用进化与适应观，说出生物的多样性和统一性。在给定的问题情境中，能以生命观念为指导，分析生命现象，探讨生命活动的规律，设计解决简单问题的方案
水平二	能运用结构与功能观、物质与能量观等观念，举例说明生物体组成结构和功能之间的关系、光合作用和呼吸作用中的物质与能量转换、遗传与变异的物质基础和规律等。运用进化与适应观，举例说明生物的多样性和统一性。在特定的问题情境中，能以生命观念为指导，分析生命现象，探讨生命活动的规律，设计方案解决简单问题
水平三	能运用结构与功能观、物质与能量观、稳态与平衡观等观念，举例说明生物体组成结构和功能之间的关系、遗传与变异的物质基础、稳态的维持和调节机制、生态系统的平衡原理等。运用进化与适应观举例说明生物的多样性和统一性以及与环境的关系。在特定的问题情境中，能以生命观念为指导，分析生命现象，探讨生命活动的规律。基于上述观念，能综合运用科学、技术、工程学和数学（STEM），设计方案，解决特定问题
水平四	能运用结构与功能观、物质与能量观、稳态与平衡观等观念，阐释生物体组成结构和功能之间的关系、遗传与变异的物质和结构基础、稳态的维持和调节机制、生态系统的平衡原理等。运用进化与适应观阐释生物的多样性和统一性以及与环境的关系。在新的问题情境中，能以生命观念为指导，解释生命现象，探究生命活动的规律。基于上述观念，能够将科学、技术、工程学和数学综合运用在实践活动中，解决生活中的实际问题

（二）建立试题命制框架

从命题依据来看，命题应依据课程标准的内容标准、学业质量水平标准，贴近学生生活和教学实际，联系学生的感悟体验，考查学生的创新实践能力和批判性思维，注重学科素养与内容标准、学业质量试题的对应关系。从命题原则上看，应注重学生在新情境中分析和解决问题能力的考查，注重创新精神和实践能力的考查，注重生物学学科知识与学科素养相联系的考查。从命题要求看，命题指向应明确清晰，保证试题规范、科学和公平；命题情境应真实新颖，符合中学生的生活经验；命题梯度应具有层次性，符合学业质量水平要求，并设计出科学的评分标准。

（三）设计命题的路径

科学设计命题的路径，可从两方面进行。一是绘制学科素养的测量表。参照学科素养的学业质量水平表，制定1～4级测量等级指标，设计学科素养的测量表，使测试更具有针对性和可行性。二是科学命制试题。为保证试题具有可测性、可教性和可学性，命制试题时可从核心概念、学科方法和素养三方面入手，使命题立意具有逻辑性、相关性和层次性，使命题情境真实、科学和新颖，使命题设问具有层次性和递进性。科学设计命题，应精雕细琢、反复论证。

四、试题例析

（一）生命观念的考查

生命观念是对生命现象进行抽象解释形成的想法和观念，包括：结构与功能观、进化与适应观、稳态与平衡观、物质与能量观等，用生命观念理解并解释生命现象，是对众多概念的总结、归纳和提炼。

【例3.1】（2016年高考新课标Ⅰ卷）

在漫长的历史时期内，我们的祖先通过自身的生产和生活实践，积累了对生态方面的感性认识和经验，并形成了一些生态学思想，如：自然与人和谐统一的思想。根据这一思想和生态学知识，下列说法错误的是（　　）

A. 生态系统的物质循环和能量流动有其自身的运行规律

B. 若人与自然和谐统一，生产者固定的能量便可反复利用

C. "退耕还林、还草"是体现自然与人和谐统一思想的实例

D. 人类应以保持生态系统相对稳定为原则，确定自己的消耗标准

【参考答案】B

【解析】本题以物质和能量观、稳态与平衡观立意，综合考查了生态系统稳定性、物质循环与能量流动的知识，意在考查学生理解生态系统的功能要点，把握人与自然的内在联系，形成正确的生命观。本题B项中，若人与自然和谐统一，生产者固定的能量也只能单向流动，不能反复利用，故答案选B。

　　【启示】本题说明，基于学科素养的生命观念的考查，能在较好地理解生物学概念的基础上形成正确的生命观，能够用生命观念理解生物的多样性和统一性，形成科学的自然观和世界观，指导学生探究生命活动的规律，解决生活实际中的问题。

　　【例3.2】（2017年高考新课标Ⅰ卷改编）

　　真核生物基因中通常有内含子。原核生物基因中没有内含子，也没有切除内含子对应RNA序列的机制。已知在人体中，基因A（有内含子）可表达出某种特定蛋白（蛋白A）。回答下列问题：

　　（1）若要高效地表达蛋白A，通常选用大肠杆菌为受体，原因是大肠杆菌具_____等优点（答2点即可）。

　　（2）基因A植入大肠杆菌中却不能表达蛋白A，原因是_____。

　　（3）若要检测基因A是否表达出蛋白A，可用的检测物质是_____（填"蛋白A的基因"或"蛋白A的抗体"）。

　　（4）肺炎链球菌转化实验证明了DNA是遗传物质，这也是基因工程的先导，这些工作为基因工程理论的建立提供了启示。这一启示是_____。

　　【参考答案】（1）结构简单，繁殖速度快，容易培养　（2）基因A的编码区中有内含子和外置子，在真核生物细胞内把内含子转录来的RNA切除，而原核生物细胞内基因转录后不切除，直接表达　（3）蛋白A的抗体　（4）不仅证明了生物的遗传物质是DNA，还证明了DNA可以从一种生物转移到另一种生物个体

　　【解析】本题以内含子为背景，要求学生运用生命观念素养中的结构与功

能相适应的观念,解释生命现象,认识并阐释生命活动。通过分析微生物作为受体的优势,分析原核细胞不能表达真核生物基因的原因,对目的基因表达产物如何检测作出判断以及从肺炎链球菌转化实验本质迁移到基因工程理论获得启示,考查了基因工程、遗传变异的物质基础和生物多样性相关知识以及解决实际问题的能力。相关生命观念具体表现和答题要求见表3.5。

表3.5 生命观念素养的测量表

设问	生命观念素养具体表现	答题要求	水平
(1)	初步具有结构与功能相适应的观念	能够说出大肠杆菌生长、繁殖的特点	水平一
(2)	能够运用结构与功能相适应的观念分析和解释简单情境中的生命现象	能够说出原核细胞不能表达出真核生物基因的原因	水平二
(3)	能够说明和判断生物工程中的技术原理	能够对目的基因表达产物的检测作出判断	水平三
(4)	能够利用遗传变异的结构基础探究生命规律	能够说出从肺炎链球菌转化实验本质迁移到基因工程理论的启示	水平四

(二)科学思维的考查

科学思维是具有意识的人脑对自然界中事物(包括对象、过程、现象、事实等)的本质属性、内在规律及自然界中事物间的联系和相互关系的间接的、概括的和能动的反映。它包括比较与分类、分析与综合、归纳与演绎、抽象与概括、建立模型、批判性思维等。思维程序通常为模型的建构、科学思维的推理和论证,主要包含3个要素:对实验方法的理解,解释数据的能力,以及对科学知识的理解。

【例3.3】(2016新课标Ⅰ卷节选)

已知果蝇的灰体和黄体受一对等位基因控制,但这对相对性状的显隐性关系和该等位基因所在的染色体是未知的。同学甲用一只灰体雌蝇与一只黄体雄蝇杂交,子代中♀灰体:♀黄体:♂灰体:♂黄体为1:1:1:1。同学乙用两种不同的杂交实验都证实了控制黄体的基因位于X染色体上,并表现为隐性。

请根据上述结果，回答下列问题：

请用同学甲得到的子代果蝇为材料设计两个不同的实验，这两个实验都能独立证明同学乙的结论。（要求：每个实验只用一个杂交组合，并指出支持同学乙结论的预期实验结果。）

【参考答案】实验1杂交组合：♀黄体×♂灰体；预期结果：子一代中所有的雌性都表现为灰体，雄性都表现为黄体。实验2杂交组合：♀灰体×♂灰体；预期结果：子一代中所有的雌性都表现为灰体，雄性中一半表现为灰体，另一半表现为黄体。

【解析】本题以科学思维立意，考查基因的分离定律、伴性遗传的相关知识，意在通过比较、分析与综合等方法对某些生物学问题进行解释、推理，考查作出合理判断或得出正确结论的能力。

（1）模型建构。根据试题要求，用同学甲得到的子代果蝇设计实验，通过子代黄体和灰体的性别差异，以此建构模型，判断基因的位置是位于X染色体上还是常染色体上。试题要得到"控制黄体的基因位于X染色体上，并表现为隐性"的结论，可以建构模型：①♀黄体×♂灰体，②♀灰体×♂灰体。

（2）科学思维推理与论证。模型①中，如果基因位于常染色体上，♀黄体×♂灰体→♀：黄体：灰体=1：1，♂：黄体：灰体=1：1，子代无性别差异；如果基因位于X染色体上，♀黄体×♂灰体→♀全为灰体，♂全为黄体，子代出现性别差异。模型②中，如果基因位于常染色体上，♀灰体×♂灰体→♀：灰体：黄体=3：1，♂：灰体：黄体=3：1，子代无性别差异；如果基因位于X染色体上，♀灰体×♂灰体→♀全为灰体，♂：灰体：黄体=1：1，子代出现性别差异。模型假设是成立的。

【启示】本题通过特殊的情境，考查了科学思维，启示我们在高中生物学教学中，应注重培养科学推理和论证的能力，培养学生运用科学的思维方法，认识事物、解决实际问题的思维习惯和能力；应培养学生尊重事实和数据、崇尚严谨和务实的求知态度，培养构建模型的意识和能力。

（三）科学探究和社会责任的考查

科学探究是针对生物学问题，进行观察提问、实验设计、方案实施及交流讨论的过程。开展探究活动时，要注重团队合作，勇于创新。社会责任是指对待生物科学出现问题时的正确态度和责任感，主要包括科学本质、科学态度、科学·技术·社会·环境关系（简称STSE）等要素。

【例3.4】（2016年高考新课标Ⅱ卷）

BTB是一种酸碱指示剂，BTB的弱碱性溶液颜色可随其中CO_2浓度的增高而由蓝变绿再变黄。某同学为研究某种水草的光合作用和呼吸作用，进行了如下实验：用少量的$NaHCO_3$和BTB加水配制成蓝色溶液，并向溶液中通入一定量的CO_2使溶液变成浅绿色，之后将等量的绿色溶液分别加入7支试管中，其中6支加入生长状况一致的等量水草，另一支不加水草，密闭所有试管。各试管的实验处理和结果见下表。

试管编号	1	2	3	4	5	6	7
水草	无	有	有	有	有	有	有
距日光灯的距离/cm	20	遮光*	100	80	60	40	20
50 min后试管中溶液的颜色	浅绿色	X	浅黄色	黄绿色	浅绿色	浅蓝色	蓝色

*遮光是指用黑纸将试管包裹起来，并放在距日光灯100 cm的地方。

若不考虑其他生物因素对实验结果的影响，回答下列问题：

（1）本实验中，50 min后1号试管的溶液是浅绿色，则说明2至7号试管的实验结果是由_____引起的；若1号试管的溶液是蓝色，则说明2至7号试管的实验结果是_____（填"可靠的"或"不可靠的"）。

（2）表中X代表的颜色应为_____（填"浅绿色""黄色"或"蓝色"），判断依据是_____。

（3）5号试管中的溶液颜色在照光前后没有变化，说明在此条件下水草_____。

【参考答案】（1）光合作用与呼吸作用　不可靠的

（2）黄色　水草不能进行光合作用，只能进行呼吸作用，溶液中CO_2浓度高于3号试管

（3）光合作用强度等于呼吸作用强度，吸收与释放的CO_2量相等

【解析】本题将溴麝香草酚蓝水溶液（BTB）变色原理与光合作用、呼吸作用的相关知识结合，意在考查学生对证据的猜想和假设、获取证据信息和处理信息和探究过程与结果的分析和评估能力，并考查对实验现象和结果进行解释、分析和判断的能力，还体现了对科学探究的正确态度和责任感的考查。

（1）基于证据的猜想和假设。BTB可随其中CO_2浓度的增高而由蓝变绿再变黄。本实验中，颜色变化是由不同光照强度下光合作用和呼吸作用引起的CO_2浓度不同造成的。距日光灯的距离越远，光照强度越小，光合作用强度越小，而呼吸作用强度一定，故净光合作用强度越小，导致溶液CO_2浓度越高。

（2）获取证据信息和处理信息。获取证据信息：距日光灯的距离越近，试管颜色变化是浅黄色→黄绿色→浅绿色→浅蓝色→蓝色。

处理信息：距日光灯的距离越近，光照越强，在呼吸作用强度一定的情况下，净光合作用强度越大，需要的CO_2越多，溶液中CO_2浓度越低，因此颜色变化越小。

（3）探究过程与结果的分析和评估。用少量的$NaHCO_3$和BTB加水配制成蓝色溶液，并向溶液中通入一定量的CO_2使溶液变成浅绿色，1号试管中的溶液原本是浅绿色，现在是蓝色，那么说明2至7号试管中的CO_2浓度都会降低，将不会出现浅黄色→黄绿色→浅绿色→浅蓝色→蓝色的变化，实验结果是不可靠的；如果遮光，水草光合作用不会消耗CO_2，呼吸作用释放CO_2，2号试管内CO_2浓度最高，X代表的颜色为黄色；5号试管中的溶液颜色与对照组1号试管中的相同，说明在此条件下水草的光合作用强度等于呼吸作用强度，吸收与释放

CO_2量相等。

【启示】在高中生物学教学中,应注重培养学生的科学探究意识、态度与责任,尝试解决现实生活中与生物学相关的问题,提出基于证据的合理猜测与假设;使用各种方法,获取证据信息和处理信息,并能正确实施探究过程与结果的分析和评估。

2016年下半年教育部公布《中国学生发展核心素养》,这意味着新一轮课程改革提升学生的学科素养进入实质性阶段,2016年高考试题无疑对今后高考复习具有指导和借鉴意义。在生物学教学与复习过程中,需要生物学教师深入理解生物学学科素养的内涵,把握高考内容改革的基本脉络,通过创设真实的教学情境,以高中生物学基本概念和原理为媒介,以贯穿生物学学科素养的养成为主线,以评价改革推力成为深化改革的动力源,促进学生生物学学科素养的形成和发展。

生物学学科素养是高中生物学课程改革的灵魂,需要从学科素养的内涵、教育价值加以理解和认识,关注课程标准对学科素养的学业质量要求,建立试题命制框架,科学命制试题,这对于课程改革的推进和高校选拔人才都具有重要的现实意义。但这项工作难度高、创新性强,前人涉及不多,需要更多的生物学教育工作者深入研究和实践。

(肖安庆)

第三节 生物学高考对关键能力的研究与考查

一、中国高考评价体系中"关键能力"的由来和定义

随着人类社会的不断进步，知识更新速度极快，知识体量空前庞大。与此同时，信息技术的发展使知识的储存和检索不再是难题。与知识的增长同步，传统行业的空间不断缩窄；新的行业和职业岗位不断涌现，与之对应的能力同时也在快速迭代。基于知识和能力的角度，当今世界的复杂性和不确定性都在增大。现在与未来，我们随时都会遇到教科书上没有出现的问题，随时都会遇到无法提供唯一标准答案的问题。于是人们开始设想：是否存在某些跨专业的知识技能和能力，会对人生历程的各个方面如职业生涯、个性发展等起关键性的作用；同时这些知识技能和能力由于其普遍适用性不易因科学技术进步而过时或被淘汰。

1974年，德国著名职业教育学家梅腾斯（Mertens）首次提出了关键能力（key competencies）的概念。梅腾斯关于关键能力的定义包括：关键能力是那些与一定的专业实际技能不直接相关的知识、能力和技能；它是在各种不同场合和职责情况下作出判断选择的能力；它更是胜任人生生涯中不可预见各种变化的能力。我国台湾中正大学教育学院的蔡清田教授将关键能力翻译为"素养"。

我国的课程目标发展大致分为三个阶段，从中华人民共和国成立之初百废待建的"双基"目标，到21世纪初腾飞起步的"三维目标"，再到目前追求更高质量发展阶段的"核心素养"。每个时期的课程目标实践都为国家的不同发展阶段贡献了大量人才。2017年中共中央办公厅、国务院办公厅印发的《关

于深化教育体制机制改革的意见》中，明确提出要强化学生认知能力、合作能力、创新能力、职业能力四项关键能力的培养。为着眼于学生适应未来社会发展和个人生活的需要，我国教育部组织各学科专家基于学科本质凝练了本学科的核心素养，明确了学生学习该学科课程后应达成的正确价值观、必备品格和关键能力，对知识与技能、过程与方法、情感态度价值观三维目标进行了整合。《普通高中生物学课程标准（2017年版2020年修订）》（以下简称为"新课标"）中对核心素养定义为"学科核心素养是学科育人价值的集中体现，是学生通过学科学习而逐步形成的正确价值观、必备品格和关键能力"。我们可以这样粗略地理解：通过有意义的学习，学生核心素养可内化成为正确价值观和必备品格；而在解决真实情境中的问题时，核心素养就会外显为关键能力。学生只有拥有了这些正确价值观、必备品格与关键能力，才能够应对未来不确定性的、复杂情境下的真实问题。目前在我国能力测试评价主要为学科纸笔测试的背景下，需要在整合高校专业学习的能力要求、国家普通高中课程标准提出的核心素养、学业要求以及历年高考考查的各学科能力的基础上，将关键能力学科化，使其具备可考查性。2020年，教育部考试中心制定并颁布的《中国高考评价体系》提出，关键能力是学生在面对与学科相关的生活实践或学习探索问题情境时，能够有效地认识问题、分析问题和解决问题所必须具备的能力。它具体包括3个方面的关键能力群：一是以认识世界为核心的知识获取能力群，二是以解决实际问题为核心的实践操作能力群，三是涵盖了各种关键思维能力的思维认知能力群。与各学科此前高考大纲中的能力要求相比，高考评价体系中的关键能力，更加契合时代需求，突出在未来获取新知识、构建新的知识体系的学习能力。

  关键能力是高考的学科主要考查内容之一，因此普通高中学科教学要在帮助学生理解、掌握必备基础知识的过程中，注重提高知识获取能力、实践操作能力、思维认知能力，以此作为高考"支撑和体现学科素养要求的能力表征"。《中国高考评价体系》强调"高考以生活实践问题情境与学习探索问情境为载体，回归人类知识生产过程的本源，还原知识应用的实际过程，符合人类知识再生产过程的规律，为解决在当今知识爆炸时代，如何通过考试引领教育回归到培养人、培养学生形成改造世界的实践能力这一重大问题提供了可行的路径"。在命题实践中，关键能力既是课堂知识和真实世界的关键连接点，也是调节试题难度的主要"弹簧"，因此有"能力为重"的说法。但是在高中教学实践中，仍有大量"知识立意"的试题把考查重点指向知识的掌握与运用程度和解决知识性问题的能力。部分教师和学生为了在考试中取得好成绩，往往把精力放在科学事实的机械记忆上，忽视证据推理，局限在狭窄的学科知识问题情境中进行"机械刷题"。"机械刷题"过于追求对知识的深刻理解，导致学生的思考从知识点中来，到知识点中去，陷入"知识内卷"。虽然学生通过题海战术可能形成很强的"解题能力"，也会暂时取得不错的成绩，但由于脱离知识产生的特定情境，则欠缺迁移应用的可能性，这种"解题能力"并非认识世界与改造世界所需要的关键能力，只是有助于回答学科知识性问题，无助于形成真正的知识增量。我们也很难想象这种"解题能力"能引领学习者以积极的姿态参与未来的真实物质文化与精神文化实践。随着《中国高考评价体系》在高考命题中逐步落地，高考竞争的赛道已经发生改变，"机械刷题"的有效性将大大降低。从科学角度来看，大脑与肌肉不同，肌肉可以通过重复同一动作，形成"肌肉记忆"，从而变成条件反射或肌肉本能。而大脑在于思维，长时间地做重复单一的训练，会对大脑的思维发展产生制约，影响大脑内部结构的联系和发展。通过反复做题训练，只能短时"记住"，遇到类似的问题会很快按照"记忆"得到解题路径。但遇到有变化的问题时，则往往不知所措，难以应对。

基于上述观点，《中国高考评价体系》中的关键能力与单纯的应试能力显然有着截然不同的追求方向和目标：关键能力着重于知行合一与迁移，单纯的应试能力偏重"画题为牢"的固化思维。作为教育工作者，教师要清醒认识到，《中国高考评价体系》提出的知识获取能力、实践操作能力和思维认知能力是高中学生关键能力的重要组成部分，但并非高中学生所应具备的全部关键能力。在操作时，高考评价体系难以全面测评合作能力、创新能力、职业能力等关键能力，普通高中的教育工作也不应单纯只服务于高考备考。

二、教育部考试中心对生物学学科关键能力的定义

教育部考试中心的杨帆、郭学恒在《基于高考评价体系的生物科考试内容改革实施路径》一文中提出，"生物学学科关键能力是指即将进入高等学校的学习者在面对与生物学学科相关的生活实践或学习探索问题情境时，有效地认识问题、分析问题、解决问题所必须具备的能力。……将新高考生物学学科关键能力确立为理解能力、实验探究能力、解决问题能力、创新能力。"新高考生物学学科关键能力与高考评价体系、现行高考生物学学科能力目标的关系如图3.5所示。

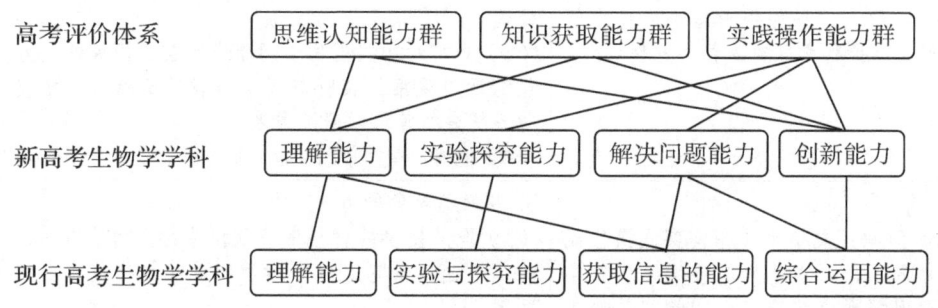

图3.5 新高考生物学学科关键能力与高考评价体系、现行高考生物学学科能力目标的关系

基于高考评价体系的关键能力，将这4种新高考生物学学科关键能力与新一轮高考综合改革前的高考理综考试大纲（2019年）中生物学部分的能力进行对比，具体见表3.6。

表3.6 新一轮高考综合改革前后生物学学科能力对比表

新高考生物学学科关键能力	2019年高考理综考试大纲中生物学部分的能力要求
1. 理解能力（指向知识获取能力群、思维认知能力群）。理解能力要求深入了解必备知识的内涵并形成知识的网络结构，能将单一、零散的知识构建成系统的知识网络体系，作为能力培养与素养发展的基石。要求学生能够从生物学视角获取关键信息、解释生物学现象、解决生物学问题，能够用科学准确的语言或图表等形式进行表达	1. 理解能力 （1）能理解所学知识的要点，把握知识间的内在联系，形成知识的网络结构。 （2）能用文字、图表以及数学方式等多种表达形式准确地描述生物学方面的内容。 （3）能运用所学知识与观点，通过比较、分析与综合等方法对某些生物学问题进行解释、推理，作出合理的判断或得出正确的结论
2. 实验探究能力（指向实践操作能力群），即在对所学实验的实践和学习后，能够对相关生物学问题进行科学探究，如分析问题、设计实验、预测结果并得出结论或作出解释，掌握科学探究的整个流程	2. 实验与探究能力 （1）能独立完成"生物学知识内容表"所列的生物学实验，包括理解实验目的、原理、方法和操作步骤，掌握相关的操作技能，并能将这些实验涉及的方法和技能进行综合运用。 （2）具备验证简单生物学事实的能力，能对实验现象和结果进行分析、解释，并能对收集的数据进行处理。 （3）具有对一些生物学问题进行初步探究的能力，包括运用观察、实验与调查、假说演绎、建立模型与系统分析等科学研究方法。 （4）能对一些简单的实验方案作出恰当的评价和修订
3. 解决问题能力（指向实践操作能力群），要求学生能够运用生物学知识解释或解决与生物学相关的生活生产实践等情境中的问题	3. 获取信息的能力 （1）能从提供的材料中获取相关的生物学信息，并能运用这些信息，结合所学知识解决相关的生物学问题。 （2）关注对科学、技术和社会发展有重大影响的、与生命科学相关的突出成就及热点问题
4. 创新能力（指向知识获取能力群、思维认知能力群、实践操作能力群），要求学生能够运用知识、经验、获取的相应信息，提出新解释、新方法、新思路或得出新结论；或者在已有知识的基础上，能够依据新证据得出新的结论或提出新的观点	4. 综合运用能力 理论联系实际，综合运用所学知识解决自然界和社会生活中的一些生物学问题

根据表3.6，基于高考评价体系的生物学学科关键能力与以往高考的能力要求相比有三个特点：一是将原有能力适度整合重构，体现了生物学学科关键能力与高中各学科整体培养的三大能力群（知识获取能力群、思维认知能力群、实践操作能力群）之间的对应关系，反映了基于核心素养的能力导向；二是创新地提出了解决问题能力和创新能力，体现了在信息时代中人们对能力的追求指向；三是明确提出理解能力是能力培养与素养发展的基石，而创新能力的提出反映了当前社会发展对创新型人才的强烈需求，从而在一定程度上体现4种关键能力的层级关系。关键能力的核心在于思维，不同的学科任务会使学生陷入不同的思维困境，需要学生调用不同的思维方法使思维方式发生转换，学生的思维结果最终呈现在答案中。基于高考评价体系的生物学学科关键能力的定义更多强调的是学生在解决问题过程中的思维起点状态和命题者期望的最终思维结果，但是对于学生在解题过程中的思维转换过程和思维状态缺乏具体有效的描述。因此，对于关键能力定义还需要进一步细化，使试题中内隐的思维得以显现，令其既能测评也能根据测评结果有效引导教师的教学和学生的自主学习。另外，这些能力之间的相互关系也需要放在一个更清晰的、围绕问题解决的框架中进行厘清，才能有利于在教学实践中围绕关键能力进行进阶设计、强化教师对学生的能力指导。

三、课程标准对生物学学科关键能力的定义

在新课标中，在解释学科核心素养概念时引入了"关键能力"的表述，具体为"学科核心素养是学科育人价值的集中体现，是学生通过学科学习而逐步形成的正确价值观、必备品格和关键能力"。但新课标对于"关键能力"的定义并没有单独展开详细阐述，因此我们只能从具体生物学学科核心素养的定义中间接了解，如"'科学思维'是指……运用科学的思维方法认识事物、解决实际问题的思维习惯和能力""'科学探究'是指……进行观察、提问、实验

设计、方案实施以及对结果的交流与讨论的能力""'社会责任'是指……作出理性解释和判断，解决生产生活问题的担当和能力"。

新课标在"评价建议"中所建议的评价内容，与"关键能力"有关的描述有："学生能否运用这些生命观念，探索生命活动规律，解决实际问题；学生是否逐步养成科学思维习惯，运用归纳与概括、演绎与推理、模型与建模、批判性思维、创造性思维等方法，探讨、阐释生命现象及规律的能力；学生是否具备了观察能力、发现问题的能力、设计和实施探究方案以及探究结果的分析、交流等能力；学生是否具有关注社会重要议题的意识和社会责任感，以及开展生物学实践活动的意愿和能力等。"虽然新课标围绕核心素养对"关键能力"的指向做了原则性的描述，并在"评价建议"中有所细化，但要在命题实践中加以运用，仍然需要结合学生的具体学习活动任务要求才能更精准地得以体现和评价。

四、试题例析

（一）理解能力

该能力强调能将单一、零散的知识构建成系统的知识网络体系，并以此为基础能够从生物学视角获取关键信息、解释生物学现象、解决生物学问题，能够用科学准确的语言或图表等形式进行表达。

【例3.5】（2016年北京卷）

将与生物学有关的内容依次填入下图各框中，其中包含关系错误的选项是（　　）

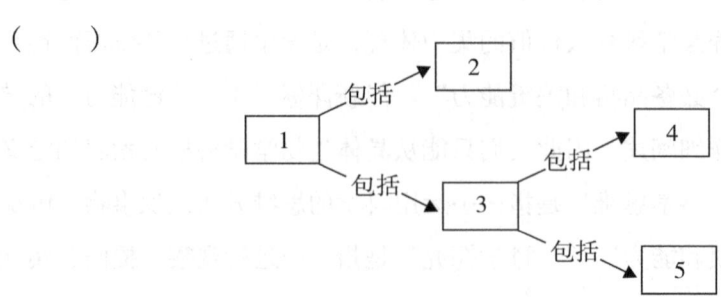

选项	框号1	框号2	框号3	框号4	框号5
A	组成细胞的化合物	有机物	无机物	水	无机盐
B	人体细胞的染色体	常染色体	性染色体	X染色体	Y染色体
C	物质跨膜运输	主动运输	被动运输	自由扩散	协助（易化）扩散
D	有丝分裂	分裂期	分裂间期	染色单体分离	同源染色体分离

【参考答案】D

【例3.6】（2016年天津卷）

将携带抗M基因、不带抗N基因的鼠细胞去除细胞核后，与携带抗N基因、不带抗M基因的鼠细胞融合，获得的胞质杂种细胞具有M、N两种抗性。该实验证明了（　　）

A．该胞质杂种细胞具有全能性

B．该胞质杂种细胞具有无限增殖能力

C．抗M基因位于细胞质中

D．抗N基因位于细胞核中

【参考答案】C

（二）实验探究能力

该能力强调能掌握科学探究的整个流程，完成如分析问题、设计实验、预测结果、得出结论等任务。

【例3.7】（2010年浙江卷）

为研究兔红细胞在不同浓度NaCl溶液中的形态变化，请根据以下提供的实验材料与用具，写出实验思路，设计记录实验结果及原因分析的表格，并填入相应内容。

材料与用具：兔红细胞稀释液、质量分数为1.5%的NaCl溶液、蒸馏水、试管、显微镜等。（要求：答题时对NaCl溶液的具体配制、待观察装片的具体制作不作要求）

（1）实验思路：_____

（2）设计一张表格，并将预期实验结果及原因分析填入该表中。

【参考答案】（1）实验思路：①用1.5%的NaCl溶液和蒸馏水，配制出NaCl质量分数为0.3%、0.6%、0.9%、1.2%、1.5%的溶液。②取6片载玻片，标记为1～6，在1～6号载玻片上滴加适量且等量的红细胞稀释液滴，再分别滴加等量的蒸馏水及0.3%、0.6%、0.9%、1.2%、1.5%的NaCl溶液。③制成临时装片持续观察红细胞的形态变化，并做好记录。

（2）不同浓度NaCl溶液下兔红细胞的形态变化表

组别	细胞形态	原因
1	涨破	在蒸馏水中吸水过多涨破
2	膨胀后恢复	细胞液浓度大于外界浓度，细胞吸水膨胀，但是离子会进入细胞，一段时间后细胞内外浓度相等，细胞恢复形态
3	膨胀后恢复	细胞液浓度大于外界浓度，细胞吸水膨胀，但是离子会进入细胞，一段时间后细胞内外浓度相等，细胞恢复形态
4	正常	细胞液浓度等于外界浓度，细胞水分平衡
5	皱缩后恢复	细胞液浓度小于外界浓度，细胞失水皱缩，但是离子进入细胞，一段时间后细胞内外浓度相等，细胞恢复形态
6	皱缩后不恢复	细胞液浓度小于外界浓度，细胞失水皱缩，但是细胞失水过多死亡，不再恢复

（三）解决问题能力

该能力强调能够运用生物学知识解释或解决与生物学相关的生活生产实践等情境中的问题。

【例3.8】（2013年江苏卷）

将江苏某地当年收获的小麦秸秆剪成小段，于7月20日开始分别进行露天堆放、水泡和土埋3种方式的处理，3次重复，每隔15天检测一次秸秆腐解残留量，结果见下图。下列分析合理的是（　　）

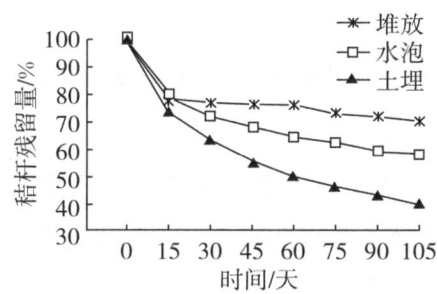

A．秸秆还田后翻耕土埋应是利用秸秆的合理方法

B．土壤中的空气和水分条件有利于多种微生物对秸秆的分解

C．如果将处理开始时间提早30天，则3条曲线的位置将呈现上移趋势

D．从堆放、水泡2条曲线可以推测好氧性微生物分解能力高于厌氧性微生物

【参考答案】AB

【例3.9】（2017年海南卷）

为探究植物生长素对枝条生根的影响，研究人员在母体植株上选择适宜的枝条，在一定部位进行环剥去除树皮（含韧皮部），将一定浓度的生长素涂抹于环剥口上端，并用湿土包裹环剥部位，观察枝条的生根情况，实验的部分结果如下表所示。

生长素用量/(mg·枝$^{-1}$)	处理枝条数	第90天存活枝条数	第90天存活时的生根枝条数	首次出根所需天数
0	50	50	12	75
0.5	50	50	40	30
1.0	50	50	43	25
1.5	50	50	41	30
2.0	50	43	38	30
3.0	50	37	33	33

回答下列问题：

（1）据表可知，生长素用量为0时，有些枝条也生根。其首次出根需要天数较多的原因是_____。

（2）表中只提供了部分实验结果，若要从表中所列各生长素用量中确定促进该植物枝条生根效果最佳的用量，你认为需要提供的根的观测指标还有_____（答出2点即可）。

（3）从激素相互作用的角度分析，高浓度生长素抑制植物生长的原因是_____。

【参考答案】（1）枝条自身产生的生长素较少，积累到生根所需浓度时间长

（2）每个枝条的生根数量、根的长度

（3）生长素浓度高时会促进乙烯的合成，乙烯能够抑制植物的生长

（四）创新能力

能够运用知识、经验、获取相应信息，强调能提出新解释、新方法、新思路或得出新结论。

【例3.10】（2017年全国Ⅰ卷）

根据遗传物质的化学组成，可将病毒分为RNA病毒和DNA病毒两种类型。有些病毒对人类健康会造成很大危害。通常，一种新病毒出现后需要确定该病毒的类型。

假设在宿主细胞内不发生碱基之间的相互转换，请利用放射性同位素标记的方法，以体外培养的宿主细胞等为材料，设计实验以确定一种新病毒的类型。简要写出：

（1）实验思路。

（2）预期实验结果及结论即可。（要求：实验包含可相互印证的甲、乙两个组）

【参考答案】（1）甲组用添加放射性同位素标记的碱基T的培养基培养的

宿主细胞，与新病毒混合培养；乙组用添加放射性同位素标记的碱基U的培养基培养的宿主细胞，与新病毒混合培养。

（2）培养一段时间后，分离出甲、乙两组的病毒，进行放射性检测。若甲组中病毒不带放射性，乙组中病毒带放射性，则说明该病毒为RNA病毒；若甲组中病毒带放射性，乙组中病毒不带放射性，则说明该病毒为DNA病毒。

五、对生物学学科关键能力的评价细化框架和评价建议

（一）生物学学科关键能力的评价细化框架

从理论和实践两个层面来看，我国高考在关键能力上的测评改革受布鲁姆的认知目标分类体系、经济合作与发展组织（OECD）的国际学生评价项目（programme for international student assessment，PISA）的影响较大。

研究学者普遍认为，对学生问题解决能力进行有效的评价，重点在于对学生在解决问题过程中的思维进行分析，需要运用一些方法呈现出学生的思维过程。著名教育家、心理学家布鲁姆通过研究发现，20世纪50年代美国的考试95%的试题都围绕着记忆，因此提出以知识、领会、运用、分析、综合、评价6个层次构成一个认知目标分类体系。在这个体系中，"知识"被看作是最低层次的、最简单的、最基本的目标，最高层次的"评价"是最复杂的和最抽象的，而每一个低层次是高层次的基础。布鲁姆的学生安德森按认知加工维度将该体系修改为识记、理解、应用、分析、评价、创造6个层次。其中识记、理解和应用是低阶思维，分析、评价和创造是高阶思维。培养学生的高阶思维，以低阶思维作为基础。布鲁姆的认知目标分类体系自提出以来，就成为各国考试设计的指南针，在PISA中体现得尤为明显。PISA项目于2000年启动，被称为各国家和地区教育界的"奥赛"。PISA提出了"素养"（literacy）理念并建立了相关的一套有效的基于真实情境的学习质量检测系统。"literacy"的原意主要是指具备读写能力并作简单陈述，OECD将其重新定义为学生在主要

学科领域应用所学知识和技能的能力，以及在不同情境中解释和解决问题的能力。PISA测试的方向主要包括阅读素养、数学素养和科学素养三大领域，其中PISA2015对科学素养的能力考查集中在3个维度，一是解决生活中的科学问题，科学地解释现象；二是评价和设计科学探究，设计科学调查，以科学的手段解决问题；三是科学地解释数据和证据，以不同的方式分析和评估数据、观点，得出合理的科学结论。这3个维度能力的定义主要体现了安德森的认知目标体系的前5个层次。2017年，OECD提出将在2021年的PISA测试中增加对全球学生创造性思维（creative thinking）的评估。PISA2021中创造性思维被定义为：有效地参与想法产生、评价和改进，从而形成原创且有效的解决方案、促使知识提升和想象力有效表达的能力。创造性思维考查的第一个维度是产生不同想法（产生想法的数量），能反映个体思维的灵活性；第二个维度是产生创造性想法，学生只要基于任务得出符合要求、合适、原创的想法即可；第三个维度是评价和改进想法。该维度测试将给学生提供开放场景，学生要对给定想法的局限性进行评价和改进，其评价和改进是否合适是该维度的评价指标。

布鲁姆的认知目标分类体系把各种认知能力按照简单与复杂、直观与抽象进行分类，使不同层次的认知水平发展阶段有了明确指向，使其中蕴含的思维类型和路径更为清晰，能更好地用于评价目标的设计。PISA等考试进一步将这些能力与具体学科知识、真实情境结合，通过分析学生任务解决过程中的不同表现，进一步增强了能力评价的可操作性。在吸收和借鉴国外优秀经验的基础上，我国教育界也逐渐形成了有中国特色的关键能力测评定义。有学者（杨帆和郭学恒，2019）将生物学学科关键能力分为理解能力、实验探究能力、解决问题能力、创新能力4种，与获取信息能力群、思维认知能力群、实践操作能力群进行对应。

综上所述，关键能力的具体测评架构的构建应该围绕学科化、任务化、进阶化3个方向进行。如果回到关键能力的原本定义，学生要在将来能够应对未来不确定的、复杂情境下的真实问题，最终表现结果可概括为懂学习（学会学习）和能做事（问题解决）两大任务。同时北京师范大学王健教授认为，根据信息加工理论可以将学生活动的内在信息加工过程依次进阶性地概括为3个方面：知识和经验的输入学习、理解知识和经验的初级输出（应用实践）、知识和经验的高级输出（迁移创新）。同时王健教授认为，学科关键能力可以分为学科一般能力和学科特殊能力两大部分。学科一般能力是指学生在各学科的学习过程中普遍应该具备的能力，主要指向抽象概括能力等高阶思维能力。学科特殊能力是指各学科知识逻辑体系存在差异而出现的不同能力取向，例如科学学科（包括生物学学科）就特别强调实验探究能力。根据以上论述，基于高考评价体系的四大关键能力的具体测评框架应通过学科一般或特殊能力、知识和经验的输出或输入两个维度进行细化，细化的具体能力按照"学会学习"和"问题解决"两大任务群梳理联系，构成了生物学学科关键能力的具体测评架构（见表3.7）。

表3.7　生物学学科关键能力的具体测评架构表

基于高考评价体系的生物学学科关键能力	一级指标（最终表现结果）	二级指标（内在信息加工过程）	学科一般能力（偏重思维）	学科特殊能力（A4实验探究能力）
A1理解能力	B1学会学习	C1知识和经验的输入	D1识记、D2理解	—
A2解决问题能力	B2问题解决	C2知识和经验的初级输出实践（解决简单问题）	D3应用	D7基本实验能力
A3创新能力		C3学习知识和经验的高级输出实践（解决复杂问题）	D4分析、D5评价、D6创新	D8实验探究能力

注：简单问题是指那些变量个数少、逻辑关系简单、解决思路清晰的一类问题，复杂问题则是指变量个数多、逻辑关系复杂、解决思路不明确的一类问题。

（二）生物学学科关键能力的评价建议

1. 学科一般能力

（1）识记能力。

识记能力是指通过回忆对具体事实、概念、过程和方法进行识别或再现。这是最低级的认知目标，它对应的学科任务一般为描述、列出、举例。

【例3.11】（2021年海南卷节选）

（1）在控制新冠病毒感染患者的病情中，T细胞发挥着重要作用。T细胞在人体内发育成熟的场所是_____，T细胞在细胞免疫中的作用是_____。

【参考答案】胸腺　T细胞在接受新冠病毒刺激后分化为细胞毒性T细胞和记忆T细胞，细胞毒性T细胞识别并与被病毒入侵的宿主细胞密切接触，使之裂解死亡

（2）理解能力。

理解能力就是将新的知识整合到已有的知识图式和认知框架中的认知能力，其强弱取决于学生对学科知识的整合程度高低及整合能力强弱。在解决问题时，学生首先需要调用理解能力，正确地输入信息和明确问题指向，为问题的正确解决奠定基础。具体来说，学生在阅读、观察与生物学学科相关的文本、符号和图表后，能够描述这个问题考查的是什么生物学知识。理解能力比较侧重于对信息输入过程的考查，位于学习和问题解决过程的前端，而且一般是在学生已有的认知框架内活动。当学生面对生物学相关的陌生问题情境时，理解能力有助于其通过自身必备知识网络结构与情境建立联系，运用网络结构中的知识解读情境、客观描述世界。对理解能力的考查有利于引导教学从关注知识的保持能力（记忆）转向重点强调知识的迁移能力，为更高级的认知能力发展奠定基础。

【例3.12】（2021年广东卷）

近年来我国生态文明建设卓有成效，粤港澳大湾区的生态环境也在持续改善。研究人员对该地区的水鸟进行研究，记录到146种水鸟，隶属9目21科，其

中有国家级保护鸟类14种，近海与海岸带湿地、城市水域都是水鸟的主要栖息地。该调查结果直接体现了生物多样性中的（   ）

A．基因多样性和物种多样性　　　　B．种群多样性和物种多样性

C．物种多样性和生态系统多样性　　D．基因多样性和生态系统多样性

【参考答案】C

（3）应用能力。

应用能力是指使用较为单一的生物学概念、原理、模型、程序性知识等对生物学信息或经过理解转化后的信息进行较为直接的加工处理，建立因果联系的思维过程。要解决真实情境中的问题，人的认识就不能停留在知识输入层面，要通过输出从"已知"走向"陌生"，产生新的知识和能力。生物学是研究生命现象和生命活动规律的科学，与人类关系特别密切。在简单、新颖的问题情境中，学生通过应用能力整合较少的信息点，在推理思维链比较短的基础上向前或向后演绎推论，从而不依赖记忆而产生新的信息，体现了知识和经验的初级输出实践。应用能力以理解能力为基础，但是更为侧重因果逻辑关系，相关试题情境突出对知识的应用，含有的信息点数量一般较少，相互之间的逻辑联系也比较清晰，因此不强调分析与综合。考查应用能力时，学生在给定情境中，简单地推测出结果或发展趋势和结论，或者依据生物学知识解释一些生物学现象或实验结果产生的原因。通过考查应用能力，学生能在试题情境中解决生活中的科学问题，科学地解释各种生命现象和生命活动规律。相关试题以简答题形式表现时，还有利于将学生的思维可视化。

【例3.13】（2021年海南卷）

已知5-溴尿嘧啶（BU）可与碱基A或G配对。大肠杆菌DNA上某个碱基位点已由A-T转变为A-BU，要使该位点由A-BU转变为G-C，则该位点所在的DNA至少需要复制的次数是（   ）

A．1　　　　　　　B．2　　　　　　　C．3　　　　　　　D．4

【参考答案】B

（4）分析能力。

分析能力是指对复杂的问题进行拆分、筛选、加工并建立关联的思维过程。在给定情境中，考生综合运用生物学知识或通过对信息进行分析与综合，得出结果或结论，展示出考生思维过程的逻辑性与缜密性。从考查分析能力开始，考生需要进行学习知识和经验的高级输出实践，表现其解决复杂问题的能力。

考查分析能力的问题情境一般具有系统性和较大的复杂性，即完整解决问题需要分别解决若干个次级问题，并且需要将这些次级问题有机联系起来才能较好地解决总的问题（如理论逻辑和实践逻辑的结合、内外因素的共同作用、生成和分解的综合衡量）。而次级问题的解决需要综合运用必备知识，在获取题目关键信息后，再通过较长的逻辑推理（或远迁移的能力）将其组织起来形成最终答案。因此分析能力的基础是应用能力，但是更为强调"分析与综合"思维能力的主导作用。考生在面对比较复杂、新颖的问题情境（"大问题"）时，答案一般不能直接根据情境中某一具体信息得到。这时，要解决问题就首先要深刻认识"大问题"的本质。可以借助分析能力将"大问题"按要素组成、概念层次等在思维中暂时分割开来进行研究（把大问题拆解为若干小问题），搞清每个小问题的性质、各问题之间的相互联系以及部分与整体的关系。在此过程中，学生通过对信息进行复杂加工，可以实现对问题由表及里、由浅入深、由难到易、由繁到简的认识，从而把握问题的本质。考查分析能力的生物学试题要求考生展示经过分析、综合后进行科学论证的思维过程，或以实验证据和学科原理为依据进行的科学评价，展示出思维的逻辑性与缜密性，是学科高阶能力要求的具体体现；同时还要求考生运用科学严谨和较多的文字表述作答。培养分析能力有助于学生形成强大的表达力，有利于其未来适应不同环境发展。

【例3.14】（2021年全国乙卷改编）

在自然界中，竞争是一个非常普遍的现象。回答下列问题：

（3）竞争排斥原理是指在一个稳定的环境中，两个或两个以上受资源限制的，但具有相同资源利用方式的物种不能长期共存在一起。实验中需要将两种草履虫放在资源有限的环境中混合培养。当实验出现只剩下一种草履虫的结果时即可证实竞争排斥原理。同时另一研究发现，以同一棵树上的种子为食物的两种雀科鸟原来存在竞争关系，经进化后通过分别取食大小不同的种子而能长期共存。根据上述实验和研究，关于生物种间竞争的结果可得出的结论是_____。

【参考答案】有相同资源利用方式的物种竞争排斥，有不同资源利用方式的物种竞争共存

（5）评价能力。

评价能力考查考生发现问题、提出问题的能力。考生可以依据生物学知识阐释研究方案的合理性，使用恰当的证据与评价标准作出有理有据的评判，论述结果与结论之间的一致性，提出不同的意见，包括评估和误差分析。评估包括评估研究方案是否达到实验目的和评估替代性科学解释的合理性。误差分析包括系统地评估研究结果的客观性和基于特定研究方案系统地分析产生误差的因素，体现学生批判性思维。

【例3.15】（2021年广东卷节选）

果蝇众多的突变品系为研究基因与性状的关系提供了重要的材料。摩尔根等人选育出M-5品系并创立了基于该品系的突变检测技术，可通过观察F_1和F_2代的性状及比例，检测出未知基因突变的类型（如显/隐性、是否致死等），确定该突变基因与可见性状的关系及其所在的染色体。回答下列问题：

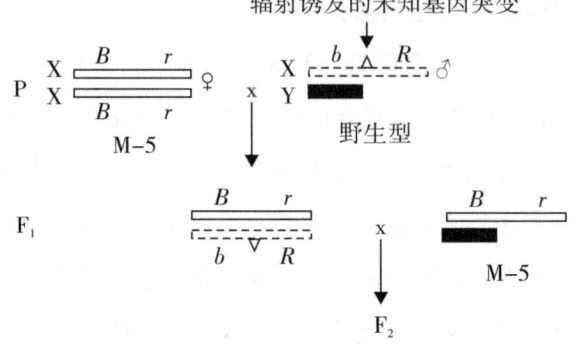

注：不考虑图中染色体间的交叉互换和已知性状相关基因的突变。

（4）图示的突变检测技术，具有的①优点是除能检测上述基因突变外，还能检测出果蝇_____基因突变；②缺点是不能检测出果蝇_____基因突变。（①、②选答1项，且仅答1点即可）

【参考答案】X染色体的可见　X染色体的显性致死

（6）创新能力。

创新能力是指在探究未知的背景下，从已知或陌生的、与生物学相关的信息源中提取加工有关元素，将它们以未知的、新的结构模式进行重新整合，或者将有关元素通过思维发散与其他信息关联、综合，并按逻辑拓展、延伸，形成与原有知识相关但突破原有知识范围的新结果，体现学生的发散思维和整合思维的发展水平。创新能力的本质是整合推测，要求考生在应用、评价的基础上，提出所给信息以外的观点。除了主要思维方法与前述能力不同外，创新能力的考查还要求试题答案从"封闭"走向"开放"，这样更能体现学生融会贯通的综合素养。

【例3.16】（2021年辽宁卷节选）

早期地球大气中的O_2浓度很低，到了大约3.5亿年前，大气中O_2浓度显著增加，CO_2浓度明显下降。现在大气中的CO_2浓度约390 $\mu mol \cdot mol^{-1}$，是限制植物光合作用速率的重要因素。核酮糖二磷酸羧化酶/加氧酶（Rubisco）是一种催化CO_2固定的酶,在低浓度CO_2条件下,催化效率低。有些植物在进化过程中形成了CO_2浓缩机制,极大地提高了Rubisco所在局部空间位置的CO_2浓度,促进了CO_2的固定。回答下列问题:

(4)通过转基因技术或蛋白质工程技术,可能进一步提高植物光合作用的效率,以下研究思路合理的有_____(多选)。

A. 改造植物的HCO_3^-转运蛋白基因,增强HCO_3^-的运输能力

B. 改造植物的PEPC基因,抑制OAA的合成

C. 改造植物的Rubisco基因,增强CO_2固定能力

D. 将CO_2浓缩机制相关基因转入不具备此机制的植物

【参考答案】AC

2. 学科特殊能力

(1)基本实验能力。

在学习情境中,实际实验操作和思考的经历有助于学生更快更准地认识题目情境,明确考查意图,发掘问题核心并思考作答。

①原理:知道用于生物学的科学仪器、材料和试剂及其联系。

【例3.17】(2021年全国乙卷)

选择合适的试剂有助于达到实验目的。下列关于生物学实验所用试剂的叙述,错误的是( )

A. 鉴别细胞的死活时,台盼蓝能将代谢旺盛的动物细胞染成蓝色

B. 观察根尖细胞有丝分裂中期的染色体,可用龙胆紫溶液使其着色

C. 观察RNA在细胞中分布的实验中,盐酸处理可改变细胞膜的通透性

D. 观察植物细胞吸水和失水时,可用蔗糖溶液处理紫色洋葱鳞片叶外表皮

【参考答案】A

②步骤:知道生物量及其测定,能从变量角度看实验,在学习情境实

中理解对照实验的必要性,能在简单对照实验中区分自变量、因变量、无关变量。

【例3.18】(2021年辽宁卷)

下列有关中学生物学实验中观察指标的描述,正确的是(　　)

选项	实验名称	观察指标
A	探究植物细胞的吸水和失水	细胞壁的位置变化
B	绿叶中色素的提取和分离	滤纸条上色素带的颜色、次序和宽窄
C	探究酵母菌细胞呼吸的方式	酵母菌培养液的浑浊程度
D	观察根尖分生组织细胞有丝分裂	纺锤丝牵引染色体的运动

【参考答案】 B

③操作:能将无法直接测量、观察的抽象实验变量转换为可以直接操作、观察的对象,包括操作技术和安全事项。

【例3.19】(2021年福建卷)

下列关于"探究酵母菌细胞呼吸的方式"(实验Ⅰ)和"培养液中酵母菌种群数量的变化"(实验Ⅱ)的叙述,正确的是(　　)

A. 实验Ⅰ、Ⅱ都要将实验结果转化为数学模型进行分析

B. 实验Ⅰ、Ⅱ通气前都必须用NaOH去除空气中的CO_2

C. 实验Ⅰ中,有氧组和无氧组都能使澄清石灰水变浑浊

D. 实验Ⅱ中,可用滤纸在盖玻片另一侧吸引培养液进入计数室

【参考答案】 C

④结果:收集、记录和描述观察的现象、测量和预测结果;利用数学方法处理、解释数据,应用数据解释实验现象,或者应用数据获取事实与证据,用科学规范的语言描述自变量和因变量之间的逻辑关系。

【例3.20】（2021年辽宁卷节选）

生物入侵是当今世界面临的主要环境问题之一。入侵种一般具有较强的适应能力、繁殖能力和扩散能力，而且在入侵地缺乏天敌，因而生长迅速，导致本地物种衰退甚至消失。回答下列问题：

（2）三裂叶豚草是辽宁省危害较大的外来入侵植物之一，某锈菌对三裂叶豚草表现为专一性寄生，可使叶片出现锈斑，对其生长有抑制作用。为了验证该锈菌对三裂叶豚草的专一性寄生，科研人员进行了侵染实验。

方法：在三裂叶豚草和多种植物的离体叶片上分别喷一定浓度的锈菌菌液，将叶片静置于适宜条件下，观察和记录发病情况。

实验结果：_____。

【参考答案】只有三裂叶豚草出现锈斑，其他植物叶片正常生长

（2）探究实验能力。

在科研实验探究情境中，学生解决复杂问题所需的能力，大致沿着"发现问题—分析问题—解决问题"的思路展开设问。

①分析：能区分多个自变量、因变量、无关变量，建立解决问题的依据和思路；对实验方案和结果进行分析，确定自变量与因变量之间的具体逻辑关系；对探究实验各种数据进行处理、解释，获取事实与证据，进而形成结论。

【例3.21】（2021年海南卷）

某课题组为了研究脱落酸（ABA）在植物抗旱中的作用，将刚萌发的玉米种子分成4组进行处理，一段时间后观察主根长度和侧根数量，实验处理方法及结果如图所示。

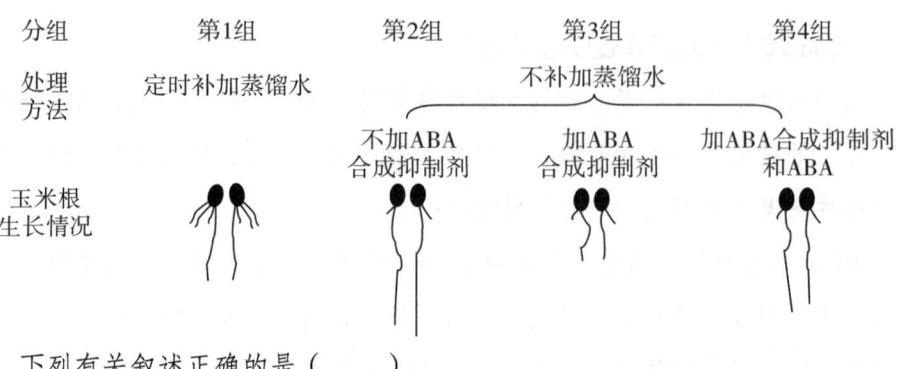

下列有关叙述正确的是（　　）

A. 与第1组相比，第2组结果说明干旱处理促进侧根生长

B. 与第2组相比，第3组结果说明缺少ABA时主根生长加快

C. 本实验中自变量为干旱和ABA合成抑制剂

D. 设置第4组的目的是验证在干旱条件下ABA对主根生长有促进作用

【参考答案】C

②评价：实验结论的形成过程需要围绕实验结果进行一系列相关因素的叠加推理，因此考生可以围绕"结论的形成是否有不足之处"对探究过程和证据获得方式、方法、过程作出恰当客观的评价。实验获得了反常的结果和证据，能够说明它的不可靠性，如酶的试剂加入顺序影响实验预期结果；对观察和测量的精确性作出评价，能提出增加证据可靠性或获得进一步证据相关的具体改进措施或建议，如酸性重铬酸钾检测酒精时需要将葡萄糖消耗完毕以防干扰实验结果。另外，对同一观察和测量的结果，可以有多种不同的推理结论，即推理的前提条件不同，可能会影响结论的得出。因此还可以反思实验结果与实验结论的一致性、实验结论与假设前提的一致性等。

【例3.22】（2021年湖北卷）

短日照植物在日照时数小于一定值时才能开花。已知某短日照植物在光照10小时/天的条件下连续处理6天能开花（人工控光控温）。为了给某地（日照时数最长为16小时/天）引种该植物提供理论参考，探究诱导该植物在该地区

开花的光照时数 X（小时/天）的最大值设计了以下四组实验方案，最合理的是（　　）

实验方案	对照组 （光照时数：小时/天，6天）	实验组 （光照时数：小时/天，6天）
A	10	$4 \leqslant X < 10$ 设置梯度
B	10	$8 \leqslant X < 10$，$10 < X \leqslant 16$ 设置梯度
C	10	$10 < X \leqslant 16$ 设置梯度
D	10	$10 < X \leqslant 24$ 设置梯度

【参考答案】C

③设计：学生为生物学相关的问题提供一个有效的解决方案，其内容要包含实验材料、实验方法、实验步骤等信息，实验操作过程要具有可行性，检测结果要具有科学性和可靠性。能通过多种对照实验（空白对照、条件对照、阳性对照、阴性对照）获取事实与证据，提供正反两面或多层次的实验结果来支持实验结论。通过从不同角度或不同层次得到相似的结论，可以提高结论的可信度。考生在回答中要表现解决问题的思维过程，行文需简明、完整、科学、逻辑合理，对考生的要求较高。

【例3.23】（2021全国乙卷节选）

生活在干旱地区的一些植物（如植物甲）具有特殊的 CO_2 固定方式。这类植物晚上气孔打开吸收 CO_2，吸收的 CO_2 通过生成苹果酸储存在液泡中；白天气孔关闭，液泡中储存的苹果酸脱羧释放的 CO_2 可用于光合作用。回答下列问题：

（3）若以pH作为检测指标，请设计实验来验证植物甲在干旱环境中存在这种特殊的 CO_2 固定方式。（简要写出实验思路和预期结果）

【参考答案】实验思路：取生长状态相同的植物甲若干株随机均分为A、B两组；A组在（湿度适宜的）正常环境中培养，B组在干旱环境中培养，其他条件相同且适宜，一段时间后，分别检测两组植株夜晚同一时间液泡中的pH，并求平均值。预期结果：A组pH平均值高于B组

④创新：将情境中的新信息或要求在原有知识框架中顺应扩展，形成新的连接或新的分析视角，在已有的解决方案的基础上提出有效的、合适的、原创的改进想法。学生可以先运用发散思维，多角度、多方面获取答题的角度和切入点，再大胆推理检验其合理性。

【例3.24】（2021年广东卷节选）

人体缺乏尿酸氧化酶，导致体内嘌呤分解代谢的终产物是尿酸（存在形式为尿酸盐）。尿酸盐经肾小球滤过后，部分被肾小管细胞膜上具有尿酸盐转运功能的蛋白URAT1和GLUT9重吸收，最终回到血液。尿酸盐重吸收过量导致高尿酸血症或痛风。目前，E是针对上述蛋白治疗高尿酸血症或痛风的常用临床药物。为研发新的药物，研究人员对天然化合物F的降尿酸作用进行了研究。给正常实验大鼠（有尿酸氧化酶）灌服尿酸氧化酶抑制剂，获得了若干只高尿酸血症大鼠，并将其随机分成数量相等的两组，一组设为模型组，另一组灌服F设为治疗组，一段时间后检测相关指标，结果见图。回答下列问题：

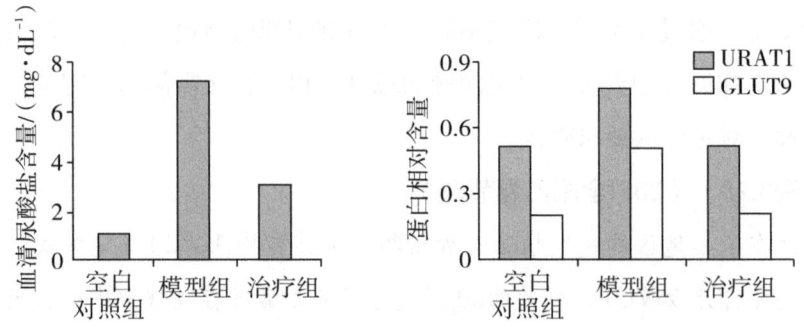

（4）根据尿酸盐转运蛋白检测结果，推测F降低治疗组大鼠血清尿酸盐含量的原因可能是_____，减少尿酸盐重吸收。为进一步评价F的作用效果，本实验需要增设对照组，具体为_____。

【参考答案】F可以降低URAT1和GLUT9的含量，从而减少尿酸的重吸收　给高尿酸血症大鼠灌服等量的药物E，测定血清尿酸盐的含量

（余景耀）

第四节　生物学高考对必备知识的研究与考查

一、必备知识的定义

《中国高考评价体系》指出，必备知识是指即将进入高等学校的学习者在面对与学科相关的生活实践或学习探索问题情境时，高质量地认识问题、分析问题、解决问题所必须具备的知识。它是由人文社会科学和自然科学各学科的基本事实、基本概念、基本技术与基本原理组成的基本知识体系（教育部考试中心，2019）。《中国高考评价体系说明》进一步指明，必备知识是在梳理高校专业学习要求、普通高中课程标准中的内容标准、历年高考考查的知识内容的基础上，根据考试形式和教学实际情况系统整合、掇菁撷华而成的；是高水平人才培养体系所必须具备的、支撑学习者终身发展和适应时代要求的知识，是培育核心价值所必须具备的基础，是发展关键能力和学科素养的重要支撑和前提（教育部考试中心，2019）。

生物学是自然科学中的一门基础学科，是研究生命现象和生命活动规律的科学。新课标指出，高中生物学课程是科学领域的重要学科课程之一，其精要是展示生物学的基本内容，反映自然科学的本质。本课程既要让学生获得基础的生物学知识，掌握生物学的基本规律，又要使学生领悟生物学家在研究过程中所持有的观点以及解决问题的思路和方法（中华人民共和国教育部，2020），还要帮助学生更加深入地了解现代生物科学技术的进展、应用和影响。可见，对于生物学学科而言，必备知识是由生物学的基本概念、基本方法、基本规律和基本技术组成的学科基础知识体系（杨帆和郭学恒，2019）。

二、必备知识的组成

（一）基本概念

高中生物学的概念较多，但并非均为同级关系或随意堆积在一起，而是以生物学的思想观念为支撑与内在逻辑，形成有序的、相互联系的概念体系。新课标在"课程内容"部分，拟定了5个模块、每个模块下若干个大概念（或称核心概念）、每个大概念下若干个重要概念、每个重要概念下若干个一般概念的概念体系（中华人民共和国教育部，2020）。由10个核心概念、31个重要概念与120个一般概念组成的基本概念体系构成高中生物学的主要内容，是必备知识的重要组成部分。

赵占良指出，科学概念的背后是思想观念。中学生物学概念体系应当以生物学思想观念作为组织生物学概念的内在逻辑主线，特别是功能生物学观念和进化生物学观念，以及在两大观念基础上突出生物和环境整体性的生态观，分别统摄生命系统的"结构和过程""进化"和"生态"。其中，功能生物学观念指向生命现象（功能）的物质和结构基础及功能实现过程，如结构与功能观、物质与能量观、稳态与平衡观等，与之相关的核心概念有细胞的化学组成、结构和功能（代谢、增殖、分化）、DNA的结构和复制、基因的表达等；进化生物学观念涵盖进化与适应观、生物分类阶元（等级、单位）等，与之相关的核心概念有遗传、变异、自然选择、适应、物种、属等；生态学思想则强调生物与环境的整体性，与之相关的核心概念有生态因素、种群及其动态、群落及其演替、生态系统及其物质循环和能量流动等。生态学上的适应、种间关系、群落演替等概念与进化生物学交叉渗透。因此，新课标的生物学概念体系是在功能生物学、进化生物学观念、生态学观念的指导下，聚焦细胞、遗传、进化、稳态（生理）、生态5个方面的核心概念（"生物技术与工程"模块不在生物学概念体系范围内），并以核心概念统摄众多的一般概念，形成有序的、有组织的整体。参考赵占良的高中生物学概念体系框架，高考评价体系要求学生掌握的生物学基本概念体系框架如图3.6所示（只列到核心概念层次）（赵占良，2021）。

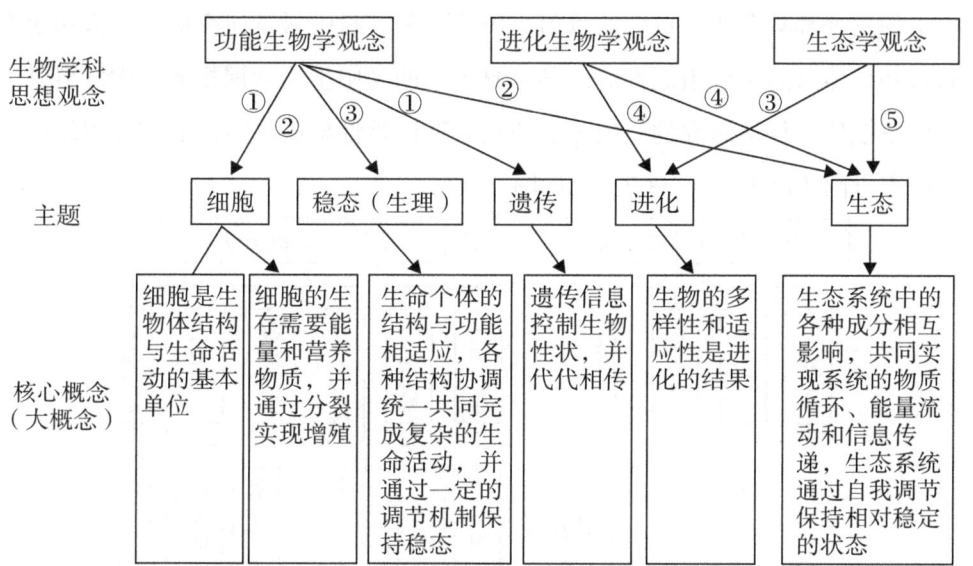

注：①结构与功能观；②物质与能量观；③稳态与平衡观；④进化与适应观；⑤生态观。

图3.6 高中生物学基本概念体系框架示意图

（二）基本方法

作为自然科学领域的一门课程，生物学的研究经历了从现象到本质、从定性到定量的发展过程（中华人民共和国教育部，2020），其中离不开科学研究的方法。赵占良认为，科学研究的方法大致包括3个层次：第一层次是学科内的特殊方法，如生物学研究中的差速离心法、同位素标记法等；第二层次是科学研究的一般方法，这些方法是从物理、化学、生物学等自然科学研究中概括出来的适用于各门自然科学研究的共同方法，以科学实验（试验）作为主导方法，还包括观察、模拟、数学方法、系统科学方法等；第三层次是最具有普遍意义的哲学方法，如唯物辩证法、矛盾分析法等，这些方法适用于自然科学、社会科学和思维科学（赵占良，2007）。

赵占良提出，高中生物学新教材中强调的科学方法主要指科学研究的一般方法（赵占良，2007）。这些方法能够帮助学生认识问题、解决问题，对所有学生的发展都具有非常重要的价值。因此，新教材中科学研究的一般方法也是必备知识体系的重要组成部分。参考赵占良的高中生物学课标教材中的科学方法体系框架，科学研究的一般方法包括获取经验性材料的方法和理性思维的方法两大方面（赵占良，2007），如图3.7所示。

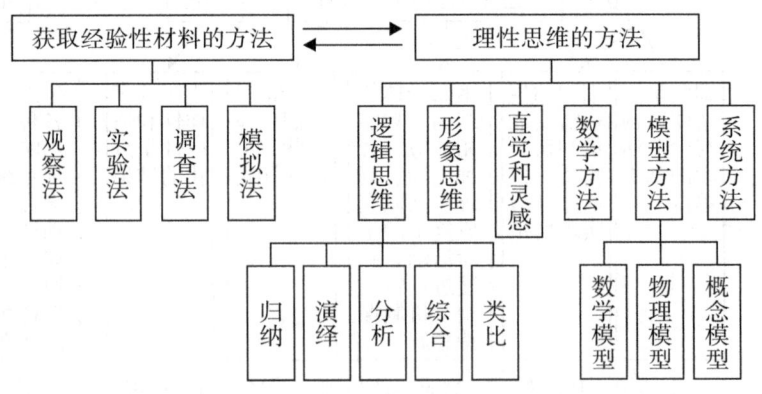

图3.7　人教版高中生物学课标教材中的科学方法体系

获取经验性材料的方法包括观察法、实验法、调查法和模拟法4种。学生能够在自然条件或特定条件下，通过以上4种方法进行观察或实操，从而认识某种生物学事实或获得某种生物学证据。

一般认为，理性思维是科学思维的核心。为了促进科学思维素养的发展，生物学课程十分重视理性思维方法的渗透。理性思维以逻辑思维为基础，主要是指通过严密的思维，按照一定的规则程序而对各种事物进行逻辑推理（谭永平，2021）。新教材通过显性化的科学方法、思维训练、批判性思维、探究·实验、思考·讨论等栏目，及隐含在正文叙述、科学史材料、学生活动、课后阅读、习题检测中的内容，强调从事实、证据到结论的推理严密性（谭永平，2020），引导学生在面对问题情境时，运用比较、分类、分析、综合、类比、归纳、演绎等逻辑思维方法与批判性思维、数学方法、模型方法、系统方法等方法工具，认识、探讨与阐释生物学事实与规律。此外，直觉、灵感、联想、想象和顿悟也是科学思维中不可或缺的一部分。科学史上许多成功的案例说明，科学发现过程中提出猜想或假说环节往往要靠直觉、想象、灵感和顿悟，而假说的检验、结论的确定和辩护则主要靠基于证据的逻辑思维。一言以蔽之，科学思维等于理性思维加直觉、想象、灵感、顿悟等非理性因素（赵占良，2019）。基于此，高中生物学的基本方法体系如图3.8所示。

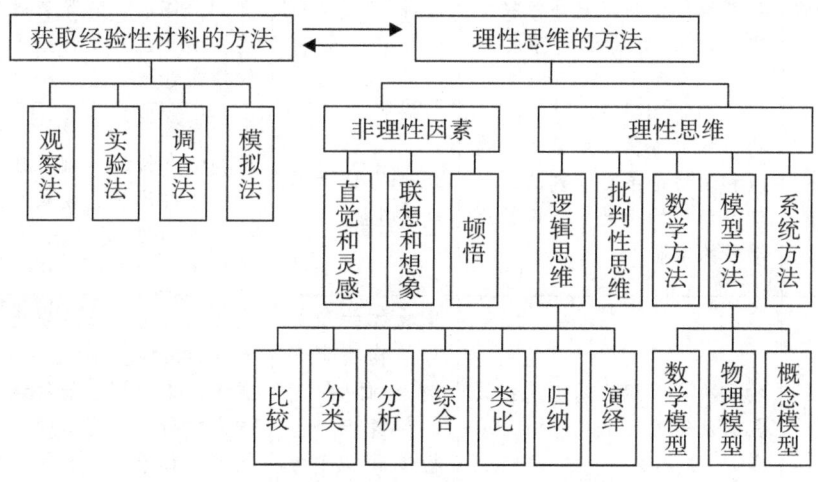

图3.8　高中生物学基本方法体系示意图

（三）基本规律

高中生物学渗透的基本规律大致包括2个层次：第一层次是生物学学科内的特殊规律，如基因的分离定律、基因的自由组合定律、生态系统的物质循环与能量流动规律等；第二层次是有对应的哲学规律作为支撑的生物学规律，其背后的哲学规律多为马克思主义基本原理与规律，如关于世界统一于物质、物质决定意识的规律，关于事物矛盾运动的规律，关于实践和认识辩证发展的规律等，具体如表3.8所示。这些规律对于学生辩证地认识事物与现象具有深刻的意义，故也属于必备知识的范畴。

表3.8　高中生物学的基本规律

哲学规律	规律的内涵	对应的生物学规律	内容举例
世界的物质统一性	世界的统一性在于它的物质性，世界统一于物质。物质是客观存在的，它不依赖于我们的意识、感觉而存在	生命系统的物质性	细胞由各种元素及其形成的化合物组成，是最基本的生命系统。细胞、组织、器官、系统、个体、种群等各级生命系统均建立在原子、分子等物质的基础之上
物质的运动性	物质的根本属性是运动。物质和运动是不可分割的，运动是物质的运动，物质是运动着的物质	生命的运动是绝对性的	生态系统的物质循环、能量流动和信息传递时刻都在发生；新个体的产生、生长和发育也是一个不断变化发展的过程（陈亮，2022）
物质与意识的辩证关系	物质决定意识，意识对物质具有反作用	生物体的组成与结构决定了生物体的意识；意识对生物体具有多方面的调控作用	人的认知与情绪的发生建立在人脑的结构基础之上；意识、心理因素能够调控、影响人的行为、生理活动和健康状况，如乐观、积极的情绪能提高人的免疫力
主观能动性和客观规律性的辩证统一	尊重客观规律是正确发挥主观能动性的前提；只有充分发挥主观能动性，才能正确认识和利用客观规律	生物学研究的发展体现主观能动性与客观规律性辩证统一	达尔文共同由来学说与自然选择学说的提出结合了物种起源的客观规律与充分的主观考察与研究
普遍联系和永恒发展	世界上的万事万物都处于普遍联系之中，普遍联系引起事物的运动发展。联系是指事物内部和事物之间相互作用的关系。物质世界的发展，其实质是新事物的产生和旧事物的灭亡	各级生命系统的内部及其之间都处在普遍联系、相互作用之中，并由此促进新陈代谢的发展	生态系统中，生物与无机环境之间、不同种群之间、种群内部的个体之间均存在相互联系、相互影响，从而引起变化。适应变化的种群数量增长或得以维持，不适应的数量减少甚至被淘汰，故群落发生持续的演替

（续表）

哲学规律	规律的内涵	对应的生物学规律	内容举例
对立统一规律	任何事物以及事物内部、事物之间都包含着矛盾。矛盾双方的统一与斗争，推动着事物的运动、变化和发展	生物界的矛盾普遍存在	新陈代谢的同化作用和异化作用，化学反应的合成反应和分解反应，生物的遗传与变异（陈亮，2022）
质量互变规律	量变是事物数量的增减和组成要素排列次序的变动，质变是事物性质的根本变化。量变是质变的必要准备，质变是量变的必然结果，量变和质变相互渗透	许多生命活动都是量变到质变、质变到量变的相互转化过程（陈亮，2022）	同一物种的不同种群在自然选择的作用下，种群的基因频率会发生改变并累积。久而久之，这些种群的基因库就会形成明显的差异，并出现生殖隔离
否定之否定规律	事物的发展是通过其内在矛盾运动以自我否定的方式而实现的。事物的发展不是直线式前进，而是螺旋式上升的	生物学研究的发展是螺旋上升的	对细胞膜结构的探索经历了自我否定、曲折前进的过程
实践与认识及其发展规律	在实践和认识之间，实践是认识的基础，实践在认识活动中起着决定性的作用。实践是检验认识的真理性的唯一标准	生物学研究的发展体现实践的重要性	在对细胞膜成分的探索中，实验是获得生物学事实的来源，亦是推动下一步发展的动力
社会存在	自然资源、人口因素是影响社会发展的重要因素	人类活动对生态环境具有两面性的影响	生态足迹与人口密度影响生态平衡

（四）基本技术

如今，组织培养技术、DNA重组技术等生物学技术日渐成熟与完善，这极大地推动了细胞生物学、分子生物学、进化生物学等多个生物学分支领域研究进展与成果的不断更新。杨焕明院士在人教版高中生物学选择性必修3《生物技术与工程》的科学家访谈栏目中指出，生物学技术是应用生命科学的研究成果，对生物或生物的成分、产物等进行改造和利用的技术。生物技术是一个综合性的技术体系，可以与工程学原理相结合。生物技术与工程可进行研究、设计和加工生产，为社会提供服务。生物技术与工程的发展和应用给未来带来的变化可以用"生命""生态""生活"3个词来概括，即生物学技术将有助于保障人们的生命健康、加强生态环境的保护、提高人们的生活水平。

图3.9 高中生物学基本技术框架示意图

高中生物学主要通过"生物学技术与工程"模块呈现常见的、基础的生物学技术，重视让学生了解、掌握基本生物学技术的原理与应用，引导学生正确、理性地看待生物技术的安全性与伦理问题，并为学生未来发展与择业拓宽思路和开阔眼界。因此，生物学基本技术也是必备知识的重要构成要素，其框架如图3.9所示。

从"高考考什么"这一视角来看，建立一个能够完整地体现生命现象和生命活动规律的生物学高考的考试内容体系，以便于更好地发挥高考的人才选拔功能是很有必要的（杨帆和李秀芹，2017）。由基本概念、基本方法、基本规律、基本技术有机组成的必备知识体系为高考提供了一个较为全面、完整的内容体系。另外，必备知识的积累与运用有助于关键能力的培养与学科素养的形成。在学科素养、关键能力的考查中，必然涉及对必备知识的考查（杨帆和李秀芹，2017）。因此，必备知识是回答高考"考什么"这一问题的基础。

三、必备知识的特征

高中生物学的必备知识体系表现出3个明显的特征，即基础性、长效性与迁移性。

（一）基础性

基础性并非是指必备知识为简单易懂、难度水平较低的基础知识内容，而是指必备知识是学生接受高等教育或认识、解决问题的知识基础，即知识为基。

实际上，必备知识的基础性在一定程度上与"四翼"中的基础性相呼应。《中国高考评价体系》强调，高中阶段的学习应当为即将进入高等学校的学习者打下坚实牢固的基础，同时，为学生认识与解决生活实践的相关问题提供知识储备。因此，高考关注各学科中的主干内容，关注学习者在未来的生活、学习和工作中所必须具备、不可或缺的知识、能力和素养（教育部考试中心，2019）。此处的"知识"即可理解为高考考查内容要求的必备知识。在生物学学科中，细胞的能量供应和利用、遗传的基本规律、基因的本质和表达、生命活动的调节、种群与群落、生态系统的结构与功能等必备知识构成本学科知识的主干。在试题命制中，应尽量涵盖主干内容，引导学生打牢生物学的知识基础，为未来的学习与发展做好准备。例如，分离定律与自由组合定律的掌握有助于学生在高等教育中进一步理解复杂的遗传学现象。

（二）长效性

长效性是指某一知识的获取与掌握在相当长的一段时间内有助于学习者认识、理解、解释与解决某一问题，该问题既可来自学习探索情境，也可来自生活生产情境；既可产生于学习者不同的学习阶段，也可产生于学习阶段以外的阶段。通俗地讲，该知识在较长的时间段内对个人的认知与发展都是有效的、有利的。随着时间的流逝，非生物学专业的学习者在高中阶段获取的大部分生物学知识会逐渐被遗忘，但一些生物学必备知识会伴随着学习者一生，影响其认知观念与生活习惯。刘恩山也曾指出，理想的教学效果是大概念知识能伴随学习者四十年，为其所用。例如，生命是一个相对开放的系统；在生命系统的各个层次上，都普遍存在着稳态；又如，与基因表达有关的知识有助于学习者科学地理解与解释各类遗传病的机理；与种群、群落与生态系统有关的知识有助于学习者正确看待影响生态系统稳定性的环境与生物因素，树立科学的保护生态系统的观念。

（三）迁移性

心理学将迁移定义为一种学习对另一种学习的影响，是指在一种情境中获得的技能、知识或态度对另一种情境中技能、知识的获得或态度的形成的影响。迁移可分为正迁移与负迁移，前者指迁移的影响表现为促进，而后者则表现为干扰。必备知识通常表现为正迁移性，这种迁移性不仅存在于本学科的必备知识体系内部，而且存在于不同学科之间。例如，"细胞膜的功能"的学习有助于学生理解"核膜的功能"；"细胞的有丝分裂"相关知识点可迁移至"细胞的减数分裂"的学习中。此外，学习者通过必备知识的学习探究所获得的人类认识生命现象和生命活动规律的一些特有观念（如结构与功能观、物质与能量观）和研究方法（如观察、实验、调查、模拟）可发生跨学科的迁移，从而促进学习者其他学科领域能力的提升，如有助于认识化学反应的物质与能量变化、提高物理与化学实验（试验）的观察与探究能力等。

四、必备知识的内容

新高考生物学学科的必备知识根据《普通高中生物学课程标准》规定的必修内容（分子与细胞、遗传与进化）和选择性必修内容（稳态与调节、生物与环境、生物技术与工程），参照学业水平等级性考试对知识内容的要求进行选取（杨帆和郭学恒，2019）。由于高中生物学的选修内容没有统一的教材，故在此不作相关论述。基于《中国高考评价体系》的要求，根据新教材与新课标，本学科的必备知识所包含的内容可分为一级指标、二级指标及对应的知识点，并可对知识点进行基本概念、基本方法、基本规律、基本技术的划分（此处只列出其侧重的1或2个方面），如表3.9所示。

表3.9 新高考生物学学科的必备知识

一级指标	二级指标	知识点	分类
1. 分子与细胞	1-1 走近细胞	（1）细胞是生命活动的基本单位	基本概念、基本方法
		（2）细胞的多样性和统一性	基本概念、基本方法
	1-2 组成细胞的分子	（1）细胞中的元素和化合物	基本概念、基本方法
		（2）细胞中的无机物	基本概念
		（3）细胞中的糖类和脂质	基本概念
		（4）蛋白质是生命活动的主要承担者	基本概念、基本方法
		（5）核酸是遗传信息的携带者	基本概念、基本方法
	1-3 细胞的基本结构	（1）细胞膜的结构和功能	基本方法、基本规律
		（2）细胞器之间的分工合作	基本概念、基本方法
		（3）细胞核的结构和功能	基本概念、基本方法
	1-4 细胞的物质输入和输出	（1）被动运输	基本概念、基本方法
		（2）主动运输与胞吞、胞吐	基本概念、基本方法
	1-5 细胞的能量供应和利用	（1）降低化学反应活化能的酶	基本方法、基本规律
		（2）细胞的能量"货币"ATP	基本概念、基本方法
		（3）细胞呼吸的原理和应用	基本概念、基本方法
		（4）光合作用与能量转化	基本概念、基本方法
	1-6 细胞的生命历程	（1）细胞的增殖	基本概念、基本方法
		（2）细胞的分化	基本概念、基本方法
		（3）细胞的衰老和死亡	基本概念、基本规律
2. 遗传与进化	2-1 遗传因子的发现	（1）孟德尔的豌豆杂交实验（一）	基本方法、基本规律
		（2）孟德尔的豌豆杂交实验（二）	基本方法、基本规律
	2-2 基因和染色体的关系	（1）减数分裂和受精作用	基本概念、基本方法
		（2）基因在染色体上	基本方法、基本概念
		（3）伴性遗传	基本方法、基本概念

（续表）

一级指标	二级指标	知识点	分类
2. 遗传与进化	2-3 基因的本质	（1）DNA是主要的遗传物质	基本方法、基本规律
		（2）DNA的结构	基本方法、基本规律
		（3）DNA的复制	基本方法、基本概念
		（4）基因通常是有遗传效应的DNA片段	基本方法、基本概念
	2-4 基因的表达	（1）基因指导蛋白质的合成	基本方法、基本概念
		（2）基因表达与性状的关系	基本方法、基本概念
	2-5 基因突变及其他变异	（1）基因突变和基因重组	基本方法、基本概念
		（2）染色体变异	基本概念、基本方法
		（3）人类遗传病	基本技术、基本方法
	2-6 生物的进化	（1）生物有共同祖先的证据	基本方法
		（2）自然选择与适应的形成	基本方法、基本规律
		（3）种群基因组成的变化与物种的形成	基本方法、基本规律
		（4）协同进化与生物多样性的形成	基本概念、基本规律
3. 稳态与调节	3-1 人体的内环境与稳态	（1）细胞生活的环境	基本概念、基本方法
		（2）内环境的稳态	基本概念、基本方法
	3-2 神经调节	（1）神经调节的结构基础	基本概念
		（2）神经调节的基本方式	基本概念、基本方法
		（3）神经冲动的产生和传导	基本概念、基本方法
		（4）神经系统的分级调节	基本概念、基本方法
		（5）人脑的高级功能	基本概念、基本规律
	3-3 体液调节	（1）激素与内分泌系统	基本方法、基本规律
		（2）激素调节的过程	基本概念、基本方法
		（3）体液调节与神经调节的关系	基本概念、基本方法
	3-4 免疫调节	（1）免疫系统的组成和功能	基本概念、基本方法
		（2）特异性免疫	基本方法、基本概念
		（3）免疫失调	基本概念、基本方法
		（4）免疫学的应用	基本技术

（续表）

一级指标	二级指标	知识点	分类
3. 稳态与调节	3-5 植物生命活动的调节	（1）植物生长素	基本方法、基本概念
		（2）其他植物激素	基本概念、基本方法
		（3）植物生长调节剂的应用	基本概念、基本方法
		（4）环境因素参与调节植物的生命活动	基本方法、基本概念
4. 生物与环境	4-1 种群及其动态	（1）种群的数量特征	基本方法、基本概念
		（2）种群数量的变化	基本方法、基本概念
		（3）影响种群数量变化的因素	基本方法
	4-2 群落及其演替	（1）群落的结构	基本方法、基本概念
		（2）群落的主要类型	基本概念、基本方法
		（3）群落的演替	基本概念、基本规律
	4-3 生态系统及其稳定性	（1）生态系统的结构	基本概念、基本方法
		（2）生态系统的能量流动	基本方法、基本规律
		（3）生态系统的物质循环	基本方法、基本规律
		（4）生态系统的信息传递	基本概念、基本方法
		（5）生态系统的稳定性	基本概念、基本规律
	4-4 人与环境	（1）人类活动对生态环境的影响	基本规律、基本方法
		（2）生物多样性及其保护	基本概念
		（3）生态工程	基本技术、基本规律
5. 生物技术与工程	5-1 发酵工程	（1）传统发酵技术的应用	基本技术
		（2）微生物的培养技术及应用	基本技术
		（3）发酵工程及其应用	基本技术
	5-2 细胞工程	（1）植物细胞工程	基本技术
		（2）动物细胞工程	基本技术
		（3）胚胎工程	基本技术

（续表）

一级指标	二级指标	知识点	分类
5. 生物技术与工程	5-3 基因工程	（1）重组DNA技术的基本工具	基本技术
		（2）基因工程的基本操作程序	基本技术
		（3）基因工程的应用	基本技术
		（4）蛋白质工程的原理和应用	基本技术
	5-4 生物技术的安全性与伦理问题	（1）转基因产品的安全性	基本规律、基本方法
		（2）关注生殖性克隆人	基本规律、基本方法
		（3）禁止生物武器	基本规律

与此前高考考查的知识内容相比，必备知识主要有三点不同（教育部考试中心，2019）。一是专业发展有所更新，体现了生物学专业领域的新研究、新认识、新成果，如在"生物技术的安全性与伦理问题"指标内，新教材根据国家近年出台的有关政策和文件，明确了经过审批上市的转基因作物的安全性与传统作物并无差异（赵占良和谭永平，2022）。二是知识内容有所增删，根据新课标的修订，对知识内容进行了调整。例如，新课标在"遗传与进化"模块增加了表观遗传、生物进化的证据等内容；"生物与环境"模块中"人与环境"一章为落实课程标准的要求，将"生态工程"知识点的篇幅进行缩减，内容大大简化。三是考查方式有所变化，考查点主要落在与能力、素养培养相关的知识点上。

五、高考对必备知识的考查

高考对必备知识的考查涉及选择题与非选择题，认知目标层次与考查难度不一。以近几年的高考试题进行分析，从必备知识的组成出发，可以发现高考试题具有基于基本概念、侧重基本方法、渗透基本规律、展示基本技术的特点；从必备知识的内容出发，可以发现细胞的能量供应和利用、细胞的生命历程、遗传的基本规律、基因的本质和表达、生命活动的调节、种群与群落、生态系统的结构与功能等必备知识的考核占有较大的篇幅。下面以近几年的高考试题进行解析。

（一）基于基本概念

高考试题以基本概念为本，落实核心概念、重要概念与一般概念的考查。

【例3.25】（2022年全国甲卷）

线粒体是细胞进行有氧呼吸的主要场所。研究发现，经常运动的人肌细胞中线粒体数量通常比缺乏锻炼的人多。下列与线粒体有关的叙述，错误的是（　　）

A. 有氧呼吸时细胞质基质和线粒体中都能产生ATP

B. 线粒体内膜上的酶可以参与[H]和氧反应形成水的过程

C. 线粒体中的丙酮酸分解成CO_2和[H]的过程需要O_2的直接参与

D. 线粒体中的DNA能够通过转录和翻译控制某些蛋白质的合成

【参考答案】C

【解析】本题创设与线粒体有关的简单情境，考查细胞呼吸的相关知识，对应"说明生物通过细胞呼吸将储存在有机分子中的能量转化为生命活动可以利用的能量"这一一般概念，考查要求为低阶水平的识记层次。

（二）侧重基本方法

高考试题十分重视基本方法的考查，通过"以考促学"，培养学生的科学思维、科学探究素养。

【例3.26】（2022年全国乙卷）

某种酶P由RNA和蛋白质组成，可催化底物转化为相应的产物。为探究该酶不同组分催化反应所需的条件。某同学进行了下列5组实验（表中"+"表示有，"-"表示无）。

实验组	①	②	③	④	⑤
底物	+	+	+	+	+
RNA组分	+	+	−	+	−
蛋白质组分	+	−	+	+	+
低浓度Mg^{2+}	+	+	+	−	−
高浓度Mg^{2+}	−	−	−	+	+
产物	+	−	−	+	−

根据实验结果可以得出的结论是（　　）

A. 酶P必须在高浓度Mg^{2+}条件下才具有催化活性

B. 蛋白质组分的催化活性随Mg^{2+}浓度升高而升高

C. 在高浓度Mg^{2+}条件下RNA组分具有催化活性

D. 在高浓度Mg^{2+}条件下蛋白质组分具有催化活性

【参考答案】C

【解析】本题创设科学实验和探究情境，考查酶的相关知识，要求学生运用比较、分类、分析与综合的逻辑思维方法，归纳总结出正确的实验结论，考查要求为高阶水平的综合分析层次。

（三）渗透基本规律

高考试题以题干创设的情境、设问等形式渗透相关规律，体现学科育人。

【例3.27】（2021年广东卷节选）

为积极应对全球气候变化，我国政府在2020年的联合国大会上宣布，中国于2030年前确保碳达峰（CO_2排放量达到峰值），力争在2060年前实现碳中和（CO_2排放量与减少量相等），这是中国向全世界的郑重承诺，彰显了大国责任。回答下列问题：

（3）全球变暖是当今国际社会共同面临的重大问题，从全球碳循环的主要途径来看，减少_____和增加_____是实现碳达峰和碳中和的重要举措。

【参考答案】碳释放　碳存储

【解析】本题创设与碳达峰、碳中和有关的生活实践情境，主要考查生态系统物质循环中的碳循环的相关知识，考查要求为低阶水平的理解层次。本题体现人与自然和谐共生的基本规律，同时彰显我国在全球生态问题中的大国担当。

（四）展示基本技术

生物学基本技术在高考试题中的体现通常有两方面：一是题干以基本技术创设相关情境，使学生了解生物学技术在生产、生活中的应用或现代生物科技的进展与成果，体现立德树人；二是通过生物技术与工程的相关试题考查生物学基本技术的知识点。

【例3.28】（2022年全国乙卷）

新冠疫情出现后，病毒核酸检测和疫苗接种在疫情防控中发挥了重要作用。回答下列问题。

（1）新冠病毒是一种RNA病毒，检测新冠病毒RNA（核酸检测）可以采取RT-PCR法。这种方法的基本原理是先以病毒RNA为模板合成cDNA，这一过程需要的酶是_____，再通过PCR技术扩增相应的DNA片段。根据检测结果判断被检测者是否感染新冠病毒。

（2）为了确保新冠病毒核酸检测的准确性，在设计PCR引物时必须依据新冠病毒RNA中的_____来进行。PCR过程每次循环分为3步，其中温度最低的一步是_____。

（3）某人同时进行了新冠病毒核酸检测和抗体检测（检测体内是否有新冠病毒抗体），若核酸检测结果为阴性而抗体检测结果为阳性，说明_____（答出1种情况即可）；若核酸检测和抗体检测结果均为阳性，说明_____。

（4）常见的病毒疫苗有灭活疫苗、蛋白疫苗和重组疫苗等。已知某种病毒的特异性蛋白S（具有抗原性）的编码序列（目的基因）。为了制备蛋白疫苗，可以通过基因工程技术获得大量蛋白S。基因工程的基本操作流程是_____。

【参考答案】（1）逆转录酶（反转录酶）　（2）特异性核苷酸序列　退火（复性）　（3）曾感染新冠病毒，已康复　已感染新冠病毒，是患者　（4）取目的基因→构建基因表达载体→导入受体细胞→目的基因的检测与鉴定

【解析】本题创设与新冠疫情有关的生活实践与实验探究的综合情境，主要考查基因工程这一基本技术，展示了生物学基本技术在新冠疫情中的应用与成效，充分体现生物技术在"生命""生活"方面的显著影响。本题总体考查要求为高阶水平的综合应用层次。

（李子然、黄少旭）

第四章
"四翼"：生物学高考改革的考查要求研究

高考评价体系是由"一核""四层""四翼"构成的有机统一整体。其中，"一核"为高考的核心功能，回答"为什么考"的问题；"四层"为考查内容，回答"考什么"的问题；"四翼"为考查要求，回答"怎么考"的问题。

"四翼"考查要求，从基础性、综合性、应用性和创新性4个维度，对考生所表现出的核心价值、学科素养、关键能力、必备知识进行考查。这4个维度既相互关联，又相互交叉，同时又有一定的递进性。其不仅给试题的命制指明了方向，也提供了教学导向。

第一节 基础性——生物学高考强调基础扎实

一、基础性的基本含义

（一）基础性的价值取向

高考的基础性强调基础扎实。素质教育各个阶段的教育教学目标具有一定的连续性，这种连续性体现在前一阶段学习成果是后一阶段学习成果的基础。对于即将进入高等学校的学生来说，高中学生学习阶段应当为继续发展打下牢固的基础。

（二）基础性的能力特征

在各学科领域，高考关注各学科中的主干内容，关注学生在未来的生活、学习和工作中所必须具备、不可或缺的知识、能力和素养。因此，高考要求学生对基础部分内容的掌握必须扎实牢靠。高考试卷中应该包含一定比例的基础性试题，引导学生打牢知识基础。

必备知识是构建学科体系的根基，是发展学科关键能力的基础。所以，基础性考查要求是最基本的，其中对必备知识、理解能力层级的考查体现基础性。生物学的基础性考查涉及生物学基础知识及其相互联系，要求考生用生物学概念、原理、规律、方法等陈述性知识和程序性知识对相关的生物学问题作出解释或进行推理、判断；理解所学实验的原理和方法，能对现象和结果进行合理的解释，并能运用这些实验所涉及的原理和方法解决相关问题。例如，生物学学科的基础性内容包括细胞的基本结构、细胞的有丝分裂、基因分离定律和自由组合定律、动物的生命活动调节方式、内环境稳态、生态系统的结构等，这些基础性内容在试题命制中应尽量涵盖。

（三）基础性的教学导向

1. 在教学过程中注重学科基础，夯实掌握基础必备知识

教学应注重学科必备知识的讲解，引导学生重视对核心概念的学习和理解，关注知识之间的区别与联系，正确构建知识网络，避免"以练代教""以练代讲"，夯实学生对必备知识的掌握。

2. 教学过程中重视概念，促进核心素养的形成

核心概念是教学活动之外的具有持久价值和迁移价值的概念性知识、原理，是学科教学的核心内容。核心概念体现在对概念、原理、定律的运用，即用生物学概念来分析生命现象、解释形成生命现象的原因、推理生命活动的规律、领悟科学研究的过程和思维方法等，是学习生物学的重要目标之一。在生物学教学和复习过程中，可以在同一核心概念或原理之间建立联系，帮助学生深层次地理解生物学概念的形成过程。或从学生熟悉的生活实际入手，注重真

实情境，引导学生通过科学探究获取证据，再通过科学思维构建概念，进而形成生命观念，在解决实际问题的过程中培养学生的社会责任，促进学生核心素养的形成。

教师在教学中如果只关注到零散的知识点，而忽视对学生进行专业语言表达能力的培养，会造成学生在考试中只会做选择题和填空题，对于需要对生物学现象进行分析原因、逻辑推理、阐述理由的试题望而生畏，这极大限制了学生生物学学科素养的发展，影响了学生对于生物学价值的判断和独特魅力的理解。在教学中，要注重对生物学概念、原理和定律的理解，并注意多问"为什么""怎么样""如何理解"，注重对学生语言表达与文字书写能力的培养，帮助学生对生物学现象进行深度思考，提高学生的综合水平能力。

3. 教学中注重引导学生将教材知识与生活相联系

生物学试题重视情境化，对于生活常识，教师需要在教学中引导学生将教材知识与生活相联系，用教材知识解释生活现象、从生活现象回到教材中寻找机理。将知识放到实际应用中，才能切实地发展学生的学科核心素养。

4. 教学中应特别注重生命观念的培养

揭示生命的奥秘是生物学的根本任务，教学中对"生命观念"的考查是"主阵地"，培养学生"生命观念"的核心素养，是基础性教学的重点，即帮助学生整合生物学知识，形成知识体系，理清知识脉络，搭建知识框架，从而深刻理解生命、感受生命，从全局认识生命世界、解释生命现象，形成"生命观念"。

二、基础性的命题要求

基础性考查要求是高考中最基本的内容。试题的基础性在某种程度上反映了教育的基础性，是对学生学习状况的一种正面评价。《深化新时代教育评价改革总体方案》提出，稳步推进中、高考改革，构建引导学生德智体美劳全面发展的考试内容体系，改变相对固化的试题形式，增强试题开放性，减少死记硬背和"机械刷题"现象。

根据《中国高考评价体系》，基础性考查要求考生用生物学概念、原理、规律、方法等陈述性知识和程序性知识对相关的生物学问题作出解释或进行推理、判断；理解所学实验的原理和方法，能对现象和结果进行合理的解释，并能运用这些实验所涉及的原理和方法解决相关问题。

生物学试题立足于生物学基本概念和生物学事实，在命题过程中加强对生物学学科核心主干知识的理解与综合运用。例如，以多种形式考查学生对于生命观念的理解和应用，从而达到考查结构与功能观、稳态与平衡观、进化与适应观等生命观念的目的。

从情境设计来看，侧重考查基础性的试题，要求结合所学的生物学知识解决基本的生物学现象，运用所学的生物学知识解决自然界和社会生活中一些基本的、以生产生活中的实际问题为背景的生物学问题。例如，引起水华的蓝细菌类是原核生物还是真核生物，新冠病毒的核酸种类是什么等问题。

从目标设计来看，侧重陈述性知识和程序性知识的运用，例如，2018年高考全国卷Ⅰ第2题考查了"DNA和蛋白质复合物"的类型及功能判断；2018年全国卷Ⅲ第30题以蛋白质为专题，考查了形成蛋白质的细胞器、蛋白质的结构与功能的关系。

从问题设计来看，选取重要的生物学概念、原理、规律等相关生物学现象设计问题，考查学生对生物学基础知识的掌握和理解。例如，从"结构与功能观"设计问题，分析蛋白质结构多样性决定了功能多样性，从功能多样性理解蛋白质作为生命活动的主要承担者的意义。从"生态观"设计问题，理解生态系统的基本结构、功能及稳定性，保护环境，合理利用资源，保护生物的多样性，人与自然的和谐共生等。基础性的考查题目的题型简单，背景信息简洁、设问明确，能清晰地考查学生对必备知识的掌握程度。

三、基础性试题例析

试卷中应包含一定比例的基础性试题，引导学生打牢知识基础。基础性试题紧密围绕生物学基本概念的理解进行综合考查，旨在引导教学立足学科基础、强化概念认知、夯实学生基础知识。基础性试题避免了教学和评价走向艰、深、繁、难的极端方面，是对素质教育强有力的支持。

基础性试题主要分为生物学概念类、原理类、规律类、基本方法类试题。

1. 生物学概念类问题

这一类试题以常见的生命现象为载体，加强对生物学基本概念的考查，促进学生核心素养的形成。

【例4.1】（2019年全国卷Ⅰ）

细胞凋亡是细胞死亡的一种类型。下列关于人体中细胞凋亡的叙述，正确的是（　　）

A. 胎儿手的发育过程中不会发生细胞凋亡

B. 小肠上皮细胞的自然更新过程中存在细胞凋亡现象

C. 清除被病原体感染细胞的过程中不存在细胞凋亡现象

D. 细胞凋亡是基因决定的细胞死亡过程，属于细胞坏死

【参考答案】B

【解析】本题通过创设学生自身会发生的细胞凋亡情境，考查细胞凋亡的知识点，要求学生在平时的学习中能理清细胞凋亡与细胞坏死的区别，理解细胞凋亡是自然的生理过程。

【例4.2】（2019年全国卷Ⅲ）

下列有关高尔基体、线粒体和叶绿体的叙述，正确的是（　　）

A. 三者都存在于蓝细菌中　　　　B. 三者都含有DNA

C. 三者都是ATP合成的场所　　　D. 三者的膜结构中都含有蛋白质

【参考答案】D

【解析】本题通过对高尔基体、线粒体和叶绿体的结构和分布进行比较，考查学生对细胞结构特点的理解。

【例4.3】（2018年海南卷）

下列属于内环境的是（　　）

A. 淋巴管内的液体　　　　B. 输尿管内的液体

C. 汗腺导管内的液体　　　D. 消化管内的液体

【参考答案】A

【解析】本题以身体常见的几种液体为背景，考查学生对人体的内环境的理解。人体的内环境是多细胞生物赖以生存的液体环境，只有理解了内环境的概念才能进一步理解稳态。

2. 生物学原理类问题

【例4.4】（2017年全国卷Ⅰ）

血浆渗透压可分为胶体渗透压和晶体渗透压，其中，由蛋白质等大分子物质形成的渗透压称为胶体渗透压，由无机盐等小分子物质形成的渗透压称为晶体渗透压。回答下列问题：

（1）某种疾病导致人体血浆蛋白含量显著降低时，血浆胶体渗透压降低，水分由_____进入组织液，可引起组织水肿等。

（2）正常人大量饮用清水后，胃肠腔内的渗透压下降，经胃肠吸收进入血浆的水量会_____，从而使血浆晶体渗透压_____。

（3）在人体中，内环境的作用主要为：①细胞生存的直接环境，②_____。

【参考答案】（1）血浆　（2）增加　降低　（3）细胞与外界环境进行物质交换的媒介

【解析】本题考查了学生对渗透压的来源和大小变化的理解，意在考查考生提取信息和分析信息的能力。平常要注意将所学的知识与生活经验相联系，如喝水过多则会使血浆渗透压下降，尿量增多；吃的食物过咸则会使血浆渗透压升高，尿量减少。血浆渗透压的大小主要与无机盐和蛋白质的含量有关。本题中的胶体渗透压是指由蛋白质等大分子物质形成的渗透压，晶体渗透压是指主要由Na^+和Cl^-等小分子物质形成的渗透压。（1）当人体血浆蛋白含量显著降低时，血浆胶体渗透压降低，水分由血浆向组织间隙渗透，造成组织间隙水分过多而出现组织水肿。（2）正常人大量饮水后，通过胃肠进入血浆的水会增加，血浆中无机盐离子的浓度相对降低，而晶体渗透压是由无机盐等小分子物质形成的渗透压，故血浆晶体渗透压降低。（3）内环境是体内细胞赖以生存的液体环境，除为细胞提供生存环境外，它还是细胞与外界环境进行物质交换的媒介。

3. 生物学规律类问题

【例4.5】（2020全国卷Ⅰ）

种子贮藏中需要控制呼吸作用以减少有机物的消耗。若作物种子呼吸作用所利用的物质是淀粉分解产生的葡萄糖，下列关于种子呼吸作用的叙述，错误的是（　　）

A．若产生的CO_2与乙醇的分子数相等，则细胞只进行无氧呼吸

B．若细胞只进行有氧呼吸，则吸收O_2的分子数与释放CO_2的相等

C．若细胞只进行无氧呼吸且产物是乳酸，则无O_2吸收也无CO_2释放

D．若细胞同时进行有氧和无氧呼吸，则吸收O_2的分子数比释放CO_2的多

【参考答案】D

【解析】当呼吸底物是葡萄糖时，若只进行有氧呼吸，则消耗的O_2量=生成的CO_2量；若只进行无氧呼吸，当呼吸产物是酒精时，生成的酒精量=生成的CO_2量。若CO_2的生成量=酒精的生成量，则说明不消耗O_2，故只有无氧呼吸，A

正确；若只进行有氧呼吸，则消耗的O_2量=生成的CO_2量，B正确；若只进行无氧呼吸，说明不消耗O_2，产生乳酸的无氧呼吸不会产生CO_2，C正确；若同时进行有氧呼吸和无氧呼吸，若无氧呼吸产生酒精，则消耗的O_2量小于CO_2的生成量，若无氧呼吸产生乳酸，则消耗的O_2量=CO_2的生成量，D错误。

4. 生物学基本方法类问题

【例4.6】（2020全国卷Ⅰ）

新冠病毒感染疫情警示人们要养成良好的生活习惯，提高公共卫生安全意识。下列相关叙述错误的是（　　）

A．戴口罩可以减少病原微生物通过飞沫在人与人之间的传播

B．病毒能够在餐具上增殖，用食盐溶液浸泡餐具可以阻止病毒增殖

C．高温可破坏病原体蛋白质的空间结构，煮沸处理餐具可杀死病原体

D．生活中接触的物体表面可能存在病原微生物，勤洗手可降低感染风险

【参考答案】B

【解析】新型冠状病毒不能离开活细胞独立生活。戴口罩可以减少飞沫引起的病毒传播，可以在一定程度上预防新冠病毒，A正确；病毒只能寄生在活细胞中，不能在餐具上增殖，B错误；煮沸可以破坏病原体蛋白质的空间结构，进而杀死病原体，C正确；手可能接触到病毒，勤洗手可以洗去手上的病原体，降低感染风险，D正确。

【例4.7】（2021年广东卷）

秸秆的纤维素经酶水解后可作为生产生物燃料乙醇的原料。生物兴趣小组利用自制的纤维素水解液（含5%葡萄糖）培养酵母菌并探究其细胞呼吸（如图）。下列叙述正确的是（　　）

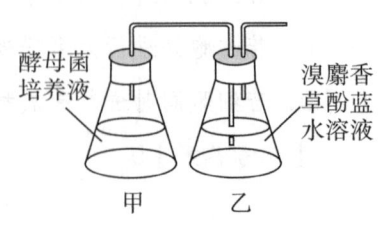

A．培养开始时向甲瓶中加入重铬酸钾以便检测乙醇生成

B．乙瓶的溶液由蓝色变成红色，表明酵母菌已产生了CO_2

C．用甲基绿溶液染色后可观察到酵母菌中线粒体的分布

D．实验中增加甲瓶的酵母菌数量不能提高乙醇最大产量

【参考答案】D

【解析】本题以酵母菌进行无氧呼吸为背景，考查了无氧呼吸相关的基础知识，同时考查了生物学的基本研究方法。酵母菌无氧呼吸的产物是乙醇和 CO_2。检测乙醇的原理：橙色的重铬酸钾溶液，在酸性条件下与乙醇发生化学反应，变成灰绿色。检测 CO_2 的原理：CO_2 可以使澄清的石灰水变浑浊，也可以使溴麝香草酚蓝水溶液由蓝变绿再变黄。检测乙醇的生成，应取甲瓶中的滤液 2 mL 注入试管中，再向试管中加入 0.5 mL 溶有 0.1 g 重铬酸钾的浓硫酸溶液，使它们混合均匀，观察试管中溶液颜色的变化，A 错误；CO_2 可以使溴麝香草酚蓝水溶液由蓝变绿再变黄，因此乙瓶的溶液不会变成红色，B 错误；健那绿染液是具有专一性的活细胞染料，可使活细胞中的线粒体呈现蓝绿色，而细胞质接近无色，因此用健那绿染液染色后可观察到酵母菌中线粒体的分布，而甲基绿溶液没有这一作用，C 错误；乙醇最大产量与甲瓶中葡萄糖的量有关，因甲瓶中葡萄糖的量是一定的，因此实验中增加甲瓶的酵母菌数量不能提高乙醇最大产量，D 正确。

（陈艳萍、贺建）

第二节　综合性——生物学高考强调融会贯通

一、综合性的基本含义

（一）综合性的价值取向

高考的综合性强调融会贯通。素质教育是内涵丰富的全面发展教育。高考

要求学生能够触类旁通、融会贯通，既包括同一层面、横向的交互融合，也包括不同层面、纵向的融会贯通。以必备知识为例，各个知识点之间不是割裂的，而是相互联系并处于整体的知识网络之中。必备知识与关键能力、学科素养、核心价值之间紧密相连，形成具有内在逻辑关系的整体网络；基础知识内容之间、模块内容之间、学科内容之间也应相互关联，交织成网。

（二）综合性的能力特征

综合力表现出色的学生善于观察各种现象，能在给定条件下，综合运用生物学基础知识和基本方法，解决生命科学相关的问题。此类学生能够关注分子、细胞、器官、系统与机体之间的关系，个体与群体的关系，动物、植物、微生物等各种类群生物之间的关系，机体与外界环境的关系，尤其是人与其他生物以及人与自然之间的关系。从能力的综合性来看，能据此对生命现象进行解释或探究，对必备知识、理解能力、实验与探究能力等都具有较强的学习和掌握能力。

（三）综合性的教学导向

1. 在教学过程中注重知识网络的构建

考试中很大一部分题目是对教材中多个基础知识的综合运用，这就要求教学中以教材为依据，使学生扎实掌握基本概念，注意研究概念的内涵和外延，并对知识进行比较、分类和整合。例如，在教学中注重理解细胞不是独立地完成各项生命活动的，而是在生命系统之中完成，建立部分与整体的关系。理清知识之间的联系，构建网络化、结构化的知识体系；重视实验探究能力的培养。又如对各种细胞器结构和功能特点进行比较并形成知识网络，对呼吸作用和光合作用的实质进行归纳，对有丝分裂、减数分裂等细胞增殖方式的异同进行比较归纳并形成知识网络结构，比较真核生物与原核生物DNA复制、转录、翻译的异同等。

2. 在教学过程中注重知识与能力的综合培养

在教学过程中，除了应注重知识的网络结构的构建，还应注重运用"执果导因"或"由因导果"的思维方法进行分析和推理，构建思维模型，全面提高思维能力。在教学过程中，应注重培养从简单到复杂的解决问题的逻辑思路和研究方法，夯实基础的同时注重引导学生开展深度学习。

3. 在教学中开展项目式学习，提升学生综合运用知识解决问题的能力

开展项目式学习，以学科核心概念或科学原理为中心，以学生获取知识、获得研究成果为目的，通过在真实情境中利用多种资源主动开展探究活动提升学生的综合思维能力。例如，对于新冠病毒的认识和思考，从认识新冠病毒、新冠病毒与免疫、新冠病毒与疫情、新冠病毒与防治等4个模块开展探究式学习，构建知识网络，并提升思维能力。

4. 教学过程中注重体系化教学，适度延伸、联系生活

以学习细胞器的结构与功能为例，通过联系生活实际来理解细胞器的结构与功能相适应的生命观念，在教学过程中，先列举一些实例，例如，在水污染严重的区域，浮游植物的叶绿体囊状结构被大量破坏，接着叶绿素被破坏，植物的光合作用将无法进行；阿尔茨海默病是一种神经退行性疾病，该病患者脑细胞中沉积大量错误折叠的蛋白（Aβ蛋白），该蛋白大量的存在会损伤线粒体，利用实例引导学生就知识背景和知识发生的过程聚焦以下问题：①细胞器有哪些结构和功能特点呢？②有哪些事实和依据体现了细胞器的结构与功能相适应？③细胞器之间是如何进行分工合作共同完成生命活动的？然后围绕以上3个问题开展层进式学习，寻找知识的关联性，逐步建构结构与功能观。

二、综合性的命题要求

综合性命题的考查要求，既有学科内容的综合性，也有问题情境的复杂性。

在命制综合性的试题时，要从研究对象或事物的整体性、完整性出发，不仅需要对学科内容进行融合，突显对复合能力的要求，还需要在试题呈现形式上做到丰富多样，从而实现对学生素质综合全面的考查。

从情境设计来看，侧重考查情境组合型对知识的综合运用，例如，以知识点"水"为情境命题时，可以考查水在植物体内的存在形式、作用以及有关生命活动中对水的利用与生成情况，也可以考查自由水与结合水的比例对植物细胞的抗逆性，还可以考查呼吸作用和光合作用过程中水的参与和生成等。对于动物细胞，可结合人体内环境的成分和理化性质，理解水对个体以及细胞的重要性，还可结合水的代谢过程理解神经—体液调节的意义，既体现了必备知识，也体现了综合性。

从目标设计来看，侧重考查知识体系和基本方法与解决生命科学相关问题的综合运用能力，如通过科学探究等生物学研究方法理解必备知识体系。

从问题设计来看，侧重将知识体系的网络构建与生物学研究方法相融合。

三、综合性试题例析

根据综合性表现的两个方面即知识的综合性和能力的综合性，生物学综合性试题大致分为必备知识类的综合性试题、实验与探究能力的综合性试题、理解能力的综合性试题等三大类。

1. 知识类的综合性试题

此类问题强调知识间的渗透、交叉和综合，如学科内的跨章节综合、跨学科综合，要求学生对知识融会贯通，重组、整合不同的知识，据此分析、解决生物学相关的问题。

【例4.8】（2021年山东卷）

氨基酸脱氨基产生的氨经肝脏代谢转变为尿素，此过程发生障碍时，大量进入脑组织的氨与谷氨酸反应生成谷氨酰胺，谷氨酰胺含量增加可引起脑组织水肿、代谢障碍，患者会出现昏迷、膝跳反射明显增强等现象。下列说法错误的是（ ）

A. 兴奋经过膝跳反射神经中枢的时间比经过缩手反射神经中枢的时间短
B. 患者膝跳反射增强的原因是高级神经中枢对低级神经中枢的控制减弱
C. 静脉输入抗利尿激素类药物，可有效减轻脑组织水肿
D. 患者能进食后，应减少蛋白类食品摄入

【参考答案】C

【解析】本题考查了学生对反射活动的知识点的理解，以及理解反射活动是由反射弧完成的，反射弧包括感受器、传入神经、神经中枢、传出神经、效应器，膝跳反射和缩手反射都是非条件反射。同时根据现象理解组织水肿的原因，从而理解内环境的知识，结合题目背景理解蛋白质的功能，体现了知识结构的网络化。大脑皮层是调节机体活动的最高级中枢，对低级中枢有控制作用。膝跳反射一共有2个神经元参与，缩手反射有3个神经元参与，膝跳反射的突触数目少，因此兴奋经过膝跳反射神经中枢的时间比经过缩手反射神经中枢的时间短，A正确；患者由于谷氨酰胺增多，引起脑组织水肿、代谢障碍，所以应该是高级神经中枢对低级神经中枢的控制减弱，B正确；抗利尿激素促进肾小管、集合管对水的重吸收，没有作用于脑组织，所以输入抗利尿激素类药物，不能减轻脑组织水肿，C错误；如果患者摄入过多的蛋白质，其中的氨基酸脱氢产生的氨进入脑组织与谷氨酸反应生成谷氨酰胺，加重病情，所以应减少蛋白类食品摄入，D正确。

2. 实验与探究能力的综合性试题

【例4.9】（2021年全国乙卷）

生活在干旱地区的一些植物（如植物甲）具有特殊的CO_2固定方式。这类植物晚上气孔打开吸收CO_2，吸收的CO_2通过生成苹果酸储存在液泡中；白天气孔关闭，液泡中储存的苹果酸脱羧释放的CO_2可用于光合作用。回答下列问题：

（1）白天叶肉细胞产生ATP的场所有_____。光合作用所需的CO_2来源于

苹果酸脱羧和_____释放的CO₂。

（2）气孔白天关闭、晚上打开是这类植物适应干旱环境的一种方式，这种方式既能防止_____，又能保证_____正常进行。

（3）若以pH作为检测指标，请设计实验来验证植物甲在干旱环境中存在这种特殊的CO₂固定方式。（简要写出实验思路和预期结果）

【参考答案】（1）细胞质基质、线粒体（线粒体基质和线粒体内膜）、叶绿体类囊体薄膜　细胞呼吸（或呼吸作用）

（2）蒸腾作用过强导致水分散失过多　光合作用

（3）取生长状态相同的植物甲若干株随机均分为A、B两组；A组在（湿度适宜的）正常环境中培养，B组在干旱环境中培养，其他条件相同且适宜，一段时间后，分别检测两组植株夜晚同一时间液泡中的pH，并求平均值。预期结果：A组pH平均值高于B组。

【解析】本题既考查了学生对光合作用和呼吸作用知识的灵活运用能力，同时也考查了学生的实验探究能力。解答本题的关键是明确实验材料选取的原则，以及因变量的检测方法和无关变量的处理原则。据题可知，植物甲生活在干旱地区，为降低蒸腾作用减少水分的散失，气孔白天关闭、晚上打开。白天气孔关闭时，液泡中储存的苹果酸脱羧释放的CO₂可用于光合作用，光合作用生成的氧气和有机物可用于细胞呼吸，白天能产生ATP的场所有细胞质基质、线粒体和叶绿体；而晚上虽然气孔打开，但由于无光照，叶肉细胞只能进行呼吸作用，能产生ATP的场所有细胞质基质和线粒体。（1）白天有光照，叶肉细胞能利用液泡中储存的苹果酸脱羧释放的CO₂进行光合作用，也能利用光合作用产生的氧气和有机物进行有氧呼吸，光合作用光反应阶段能将光能转化为化学能储存在ATP中，有氧呼吸3个阶段都能产生能量合成ATP，因此叶肉细胞能产生ATP的场所有细胞质基质、线粒体（线粒体基质和线粒体内膜）、叶绿体类囊体薄膜。光合作用为有氧呼吸提供有机物和氧气，细胞呼吸（呼吸作用）产生的CO_2也能用于光合作用暗反应，故光合作用所需的CO_2可来源于苹果酸脱羧和细胞呼吸（或呼吸作用）释放的CO_2。（2）环境干旱，植物吸收的水分较少，为了维持机体的平衡适应这一环境，白天气孔关闭能防止白天因温度较高、蒸腾作用较强导致植物体水分散失过多，晚上气孔打开吸收二氧化碳以保证光合作用等生命活动的正常进行。（3）该实验自变量是植物甲所处的生存环境是否干旱，夜间气孔打开吸收CO_2，生成苹果酸储存在液泡中，导致液泡pH降低，故可通过检测液泡的pH验证植物甲中是否存在该特殊的CO_2固定方式，即因变量检测指标是液泡中的pH值。取生长状态相同的植物甲若干株随机均分为A、B两组；A组在（湿度适宜的）正常环境中培养，B组在干旱环境中培养，其他条件相同且适宜，一段时间后，分别检测两组植株夜晚同一时间液泡中的pH，并求平均值。预期结果：A组pH平均值高于B组。

3. 理解能力的综合性试题

【例4.10】（2021年湖南卷）

某草原生态系统中植物和食草动物两个种群数量的动态模型如下图所示。下列叙述错误的是（　　）

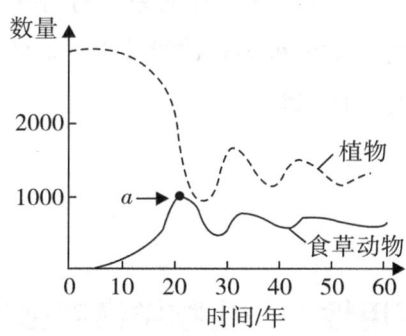

A. 食草动物进入早期，其种群数量增长大致呈"J"形曲线

B. 图中点a的纵坐标值代表食草动物的环境容纳量

C. 该生态系统的相对稳定与植物和食草动物之间的负反馈调节有关

D. 过度放牧会降低草原生态系统的抵抗力稳定性

【参考答案】B

【解析】本题以草原生态系统中植物与食草动物两个种群数量变化模型为情境，考查了环境容纳量、种群增长曲线、反馈调节、生态系统稳定性等必备知识，也考查了考生的理解能力、解决问题的能力等，体现了高考考查的综合性。

学生首先要有综合分析图形的能力：食草动物与植物属于捕食关系，根据被捕食者（先增加者先减少）、捕食者（后增加者后减少）进行判断，二者的食物链之间的关系为植物→食草动物。同时学生要有知识的综合能力，理解生态系统具有一定的自我调节能力，而这种能力受生态系统中生物的种类和数量所限制，生态系统中的组成成分越多，营养结构就越复杂，生态系统的自动调节能力就越强，其抵抗力稳定性就越强，其恢复力稳定性就越弱。

早期食草动物进入草原生态系统，由于空间、资源充足，又不受其他生物的制约，所以食草动物的种群数量的增长大致呈"J"形曲线增长，A正确；环境容纳量是指一定的环境条件所能维持的种群最大数量，即该种群在该环境中的稳定平衡密度；而图中点a的纵坐标对应的数量为该食草动物的最大数量，所以环境容纳量应小于点a的纵坐标对应的数量，B错误；从图中可以看出，食草动物过多会导致植物数量下降，食草动物数量的下降又会导致植物数量的增多，属于典型的负反馈调节，C正确；生态系统有自我调节能力，但有一定的限度，过度放牧使得草原生物的种类和数量减少，降低了草原生态系统的自动调节能力，致使草原退化，D正确。

（陈艳萍、贺建）

第三节 应用性——生物学高考强调学以致用

一、应用性的基本含义

（一）应用性的价值取向

高考的应用性强调学以致用。素质教育的目的在于培养德智体美劳全面发展的社会主义建设者和接班人,因此,在知识、能力和素养的培养中,应关注与国家经济社会发展、科学技术进步、生产生活实际等紧密相关的内容。避免考试和生活学习脱节,坚持应用导向,鼓励学生运用知识、能力和素养去解决实际问题(于涵,2019)。

（二）应用性的能力要求

在应用性方面表现出色的学生善于观察各种生物学现象,高度关注与国家经济社会发展、科学技术进步、生产生活实际等紧密相关的内容与问题,能够主动灵活地运用所学知识分析、解决社会生活中的实际问题(教育部考试中心,2019)。在高考评价体系所定义的3个关键能力群中,应用性主要对应"实践操作能力群",即"学习者在面对生活实践或学习探索问题情境时,进行学以致用的学科认知操作和行动操作"。在生物学学科的理解能力、实验探究能力、问题解决能力和创新能力四大关键能力中,应用性主要对应的是问题解决能力,即"学生能够运用生物学知识解释或解决与生物学相关的生活生产实践等情境中的问题"(杨帆和郭学恒,2019)。同时,有些应用性问题需要以实验或科学探究的方式解决,也涉及实验探究能力甚至创新能力。

（三）应用性的教学导向

问题解决能力首先取决于对知识的掌握水平。高考强调应用性,要求学生在学习中必须摒弃"背多分"的片面观念,重视对知识的深度理解和知识体系的建构,重视用动态和联系的观点学习生物学,打下扎实的知识基础。

问题解决能力的核心是知识迁移运用能力。这要求学生在学习中要特别重视知识的情境化,情境化的知识具有更强的迁移性。因此在生物学的学习中,应将抽象理论学习与具体的问题情境相联系,选取日常生活、生产实践、社会热点、生物学新进展等材料创设学习情境,引导学生在情境化的背景中解决问题、学习知识、提高生物学学科素养。并且,尽可能创设条件开展一些生物学实践活动,如参观、调查、实验、制作等,加强理论学习与实践应用间的联系,提升学生的实践体验,使学生感受到生物学知识的应用价值。

问题解决能力的提升需要加强问题解决训练。在教学中结合教学内容，有针对性地设计问题解决活动，训练学生解释生物学现象、提出问题解决思路、预期实验结果，以及论证结果与结论的关系等，从而提高方案设计能力、数据处理能力、信息转化能力、动手操作能力、语言表达能力等。

二、应用性的命题要求

根据《中国高考评价体系》，"应用性要求以贴近时代、贴近社会、贴近生活的生活实践或学习探索问题情境为载体，将陈述性知识与程序性知识的有机整合和运用作为考查目标，设计生产生活中的实际问题，体现对即将进入高等学校的学习者迁移课堂所学内容、理论联系实际水平的测量与评价"。

从情境设计来看，侧重考查应用性的试题要求以生产生活中的实际问题为素材创设情境，如疾病的预防与治疗、农业生产、工业生产、环境保护等。

从目标设计来看，侧重考查将陈述性知识与程序性知识整合运用解决问题的能力。例如，将育种的原理和方法结合以解决优良品质培育的问题，将植物光合作用、呼吸作用、矿质代谢等原理及其影响因素的知识结合以解决科学种田的问题，将现代生物技术与遗传病、免疫等知识结合以解决疾病治疗、预防、病原体的检测等问题，其本质是考查学生学以致用、应对生活实践问题情境的学科素养。

从问题设计来看，选取工业生产、产品制造、技术论证以及政策讨论等情境中的实际问题，要求学生解释现象、预测结果、设计解决问题的方案等。为提高应用性考查的力度，倡导设计结论开放、方法多样、答案不唯一的试题任务，以增强试题的开放性和探究性。

三、应用性试题例析

根据试题背景材料的类型，生物学应用性试题大致分为生活健康类问题、生产实践类问题、社会发展类问题、科学实践类问题4个大类。每个类别都可以通过设计应用性取向的试题，考查学生综合运用所学知识解决问题的能力。

（一）生活健康类问题

此类问题与学生的日常生活密切相关，如科学饮食、疾病预防等，要求学生能够运用所学的生物学知识指导自己的日常行为，分辨科学与非科学的观念，理解疾病预防、科学饮食习惯的生物学原理等。

【例4.11】（2021年广东卷）

我国新冠疫情防控已取得了举世瞩目的成绩。为更有效地保护人民身体健康，我国政府大力实施全民免费接种新冠疫苗计划，充分体现了党和国家对人民的关爱。目前接种的新冠疫苗主要是灭活疫苗，下列叙述正确的是（　　　）

①通过理化方法灭活病原体制成的疫苗安全可靠

②接种后抗原会迅速在机体的内环境中大量增殖

③接种后可以促进 T细胞增殖分化产生体液免疫

④二次接种可提高机体对相应病原体的免疫防卫功能

A. ①④　　　　B. ①③　　　　C. ②④　　　　D. ②③

【参考答案】A

【解析】本题以日常生活中接种疫苗预防新冠病毒感染的现实事件为情境，要求学生能理解其生物学原理并作出判断。

（二）生产实践类问题

此类问题包括农业生产、工业生产、作物保存和保鲜等，试题内容涉及范围较广、试题的类型也较多。

1. 生物学原理在农业生产中的应用

劳动教育是五育之一,在当下加强劳动教育具有重要的现实意义。劳动既是一种实践活动,也要以科学知识为基础,特别是农作物的栽培等与生物学知识紧密联系。

【例4.12】(2020年全国卷Ⅰ)

农业生产中的一些栽培措施可以影响作物的生理活动,促进作物的生长发育,达到增加产量等目的。回答下列问题:

(1)中耕是指作物生长期中,在植株之间去除杂草并进行松土的一项栽培措施,该栽培措施对作物的作用有_____(答出2点即可)。

(2)农田施肥的同时,往往需要适当浇水,此时浇水的原因是_____(答出1点即可)。

(3)农业生产常采用间作(同一生长期内,在同一块农田上间隔种植两种作物)的方法提高农田的光能利用率。现有4种作物,在正常条件下生长能达到的株高和光饱和点(光合速率达到最大时所需的光照强度)见下表。从提高光能利用率的角度考虑,最适合进行间作的两种作物是_____,选择这两种作物的理由是_____。

作物	A	B	C	D
株高/cm	170	65	59	165
光饱和点/($\mu mol \cdot m^{-2} \cdot s^{-1}$)	1200	1180	560	623

【参考答案】(1)减少杂草对水分、矿质元素和光的竞争;增加土壤氧气含量,促进根系的呼吸作用

(2)肥料中的矿质元素只有溶解在水中才能被作物根系吸收

(3)A和C 作物A光饱和点高且长得高,可以利用上层光照进行光合作用;作物C光饱和点低且长得矮,与作物A间作后,可以利用下层的弱光进行光合作用

【解析】本题以农业生产实践为问题情境，第（1）、（2）小题要求考生迁移运用生态学中的种间竞争、植物生理学中的有氧呼吸、营养物质吸收以及光的有效利用等知识解释栽培措施所包含的科学原理，第（3）小题要求根据间作的生物学原理和实验结果选择间作品种并作出解释。第（1）、（2）小题都有多个生物学过程与之对应，答案具有一定的开放性。第（3）小题提供了全新的实验结果，要求考生作出合理的判断，属于典型的问题解决性试题。

2. 生物技术在现代工业生产中的应用

此类试题和人教版生物学选择性必修3的内容结合比较紧密，在强调科技创新、生物技术迅猛发展的今天，此类试题应重点关注。

【例4.13】（2021年浙江卷）

回答与甘蔗醋制作有关的问题：

（1）为了获得酿造甘蔗醋的高产菌株，以自然发酵的甘蔗渣为材料进行筛选。首先配制醋酸菌选择培养基：将适量的葡萄糖、KH_2PO_4、$MgSO_4$溶解并定容，调节pH，再高压蒸汽灭菌，经_____后加入3%体积的无水乙醇。然后将10 g自然发酵的甘蔗渣加入选择培养基，震荡培养24 h。用_____将少量上述培养液涂布到含$CaCO_3$的分离培养基上，在30 ℃培养48 h。再挑取分离培养基上具有_____的单菌落若干，分别接种到与分离培养基成分相同的_____培养基上培养24 h后，置于4 ℃冰箱中保存。

（2）优良产酸菌种筛选。将冰箱保存的菌种分别接入选择培养基，培养一段时间后，取合适接种量的菌液在30 ℃、150 r/min条件下振荡培养。持续培养至培养液中醋酸浓度不再上升，或者培养液中_____含量达到最低时，发酵结束。筛选得到的优良菌种除了产酸量高外，还应有_____（答出2点即可）等特点。

（3）制醋过程中，可将甘蔗渣制作成固定化介质，经_____后用于发酵。其固定化方法为_____。

【参考答案】（1）冷却　玻璃刮刀　较大透明圈　斜面　（2）乙醇　耐

酒精度高、耐酸高　（3）灭菌　吸附法

【解析】本题选择以甘蔗醋制作为背景，考查迁移运用微生物分离、筛选、固定等生物学实验方法，解决如何"获得酿造甘蔗醋的高产菌株""筛选优良产酸菌种"以及"固定化发酵"等问题。

（三）社会发展类问题

在社会发展中也会遇到很多生物学问题，如国家坚持可持续发展、大力推进生态文明建设与生态学原理密切相关，生物技术革命与现代生物技术工程密切相关，人口政策与遗传学、生态学密切联系。

【例4.14】（2021年广东卷）

为积极应对全球气候变化，我国政府在2020年的联合国大会上宣布，中国于2030年前确保碳达峰（CO_2排放量达到峰值），力争在2060年前实现碳中和（CO_2排放量与减少量相等），这是中国向全世界的郑重承诺，彰显了大国责任。回答下列问题：

（1）在自然生态系统中，植物等从大气中摄取碳的速率与生物的呼吸作用和分解作用释放碳的速率大致相等，可以自我维持_____。自西方工业革命以来，大气中CO_2的浓度持续增加，引起全球气候变暖，导致的生态后果主要是_____。

（2）生态系统中的生产者、消费者和分解者获取碳元素的方式分别是_____，消费者通过食物网（链）取食利用，_____。

（3）全球变暖是当今国际社会共同面临的重大问题，从全球碳循环的主要途径来看，减少_____和增加_____是实现碳达峰和碳中和的重要举措。

【参考答案】（1）碳平衡　极地冰雪和高山冰川融化、海平面上升等
（2）光合作用和化能合成作用、捕食、分解作用　从而将碳元素以含碳有机物的形式进行传递　（3）碳释放　碳存储

【解析】碳排放是全球性环境问题，碳达峰与碳中和是大国担当的重要表现，也是推动我国高质量发展的重大战略，本题以此为背景，要求学生理解宏观政策背后的生物学原理。

（四）科学实践类问题

理论和实践相结合也包括科学实践，如生物学实验、调查等，要求学生在学习中要善于将所学习的科学实验方法迁移运用，要关注生物学新进展，理解其中的科学原理和科学方法。

【例4.15】（2021年湖南卷节选）

为研究叶绿体的完整性与光反应的关系，研究人员用物理、化学方法制备了4种结构完整性不同的叶绿体，在离体条件下进行实验，用Fecy或DCIP替代$NADP^+$为电子受体，以相对放氧量表示光反应速率，实验结果如下表所示。

实验项目	叶绿体类型			
	叶绿体A：双层膜结构完整	叶绿体B：双层膜局部受损，类囊体略有损伤	叶绿体C：双层膜瓦解，类囊体松散但未断裂	叶绿体D：所有膜结构解体破裂成颗粒或片段
实验一：以Fecy为电子受体时的放氧量	100	167.0	425.1	281.3
实验二：以DCIP为电子受体时的放氧量	100	106.7	471.1	109.6

注：Fecy具有亲水性，DCIP具有亲脂性。

据此分析：

①叶绿体A和叶绿体B的实验结果表明，叶绿体双层膜对以_____（填"Fecy"或"DCIP"）为电子受体的光反应有明显阻碍作用，得出该结论的推理过程是_____。

②该实验中，光反应速率最高的是叶绿体C，表明在无双层膜阻碍、类囊体又松散的条件下，更有利于_____，从而提高光反应速率。

③以DCIP为电子受体进行实验，发现叶绿体A、B、C和D的ATP产生效率的相对值分别为1、0.66、0.58和0.41。结合图b对实验结果进行解释_____。

【参考答案】①Fecy　实验一中叶绿体B双层膜局部受损时，以Fecy为电子受体的放氧量明显大于双层膜完整时，实验二中叶绿体B双层膜局部受损时，以DCIP为电子受体的放氧量与双层膜完整时无明显差异；结合所给信息："Fecy具有亲水性，而DCIP具有亲脂性"，可推知叶绿体双层膜对以Fecy为电子受体的光反应有明显阻碍作用　②类囊体上的色素吸收光能、转化光能　③ATP的合成依赖于水光解的电子传递和氢离子顺浓度梯度通过类囊体薄膜上的ATP合酶，叶绿体A、B、C、D类囊体薄膜的受损程度依次增大，因此ATP的产生效率逐渐降低

【解析】本题主要考查根据生物学实验所提供的信息，运用所学的生物学知识和科学探究的方法进行分析推理的能力。

（陈艳萍、贺建）

第四节　创新性——生物学高考强调创新意识和创新思维

一、创新性的基本含义

（一）创新性的价值取向

当今时代，社会经济迅猛发展、科学技术日新月异，创新正成为推动社会发展的第一动力，创新型人才正成为国家的核心竞争力。党的二十大报告提出"深入实施科教兴国战略、人才强国战略、创新驱动发展战略""全面提高人才自主培养质量，着力造就拔尖创新人才"，因此高考强调对创新意识和创新思维的考查，以此为创新型人才的培养奠定基础。

（二）创新性的能力特征

创新性表现出色的学生具有敏锐的洞察能力，善于发现问题并抓住事物的

关键；善于独立思考，敢于质疑批判，能够从多角度考虑问题，从而形成独立的观点和看法；能够灵活地运用不同思路和方法，创造性地解决问题；能够将所学知识迁移到新情境，解决新问题，得出新结论。

创新性主要对应"信息获取能力群、实践操作能力群、思维认知能力群"三大能力群中的"思维认知能力"，是学习者在秉持科学态度，运用严谨的理性思维和丰富的感性思维，发现新问题、运用新方法、解决新问题、获得新结论的过程中表现出来的思维能力。发散思维、逆向思维、批判性思维等思维形式是创新思维的重要组成。创新性在生物学高考四大能力体系中主要对应创新能力，要求学生在面对生活生产实践等情境中的问题时，能够运用知识、经验、获取的相应信息，提出新解释、新方法、新思路或得出新结论；或者在已有知识的基础上，能够依据新证据得出新的结论或提出新的观点（杨帆和郭学恒，2019）。

（三）创新性的教学导向

实践创新是中国学生发展核心素养的六大素养之一，这一特性要求生物学教学首先应充分落实"核心素养为宗旨"的教学理念，把提高学生的核心素养作为教学的根本目标。

创新思维是创新的核心和关键，创新思维是科学思维的重要成分，因此，在生物学教学中应重视对科学思维的训练，特别是批判性思维、发散性思维等思维形式。创新既高度依赖于思维方式，又与意识、态度等要素密切相关，正如罗杰斯说的"有利于创造活动的一般条件是心理的安全和心理的自由"，因此在教学中应充分尊重学生的主体地位，营造宽松、自由、民主的氛围，引导学生大胆想象、积极表达、勤于实践，彰显个性，展示思维，激发创造力。

广博的科学文化知识是创新的基础。缺少知识的支撑，创新只能是无源之水、无本之木。因此在生物学教学中必须重视生物学概念、原理和观念的学习，并且注意学科之间的渗透，使不同学科知识之间融会贯通。

创新往往离不开实践。科学探究和社会性议题的辨析是训练科学思维和激发创新意识的重要载体。通过这些活动，一方面可以锻炼学生的问题意识和独立思考能力，另一方面可以锻炼学生推测、设想及周密论证的能力。

二、创新性命题的要求

根据《中国高考评价体系》，"创新性要求创设合理情境，设置新颖的试题呈现方式和设问方式，要求对即将进入高等学校的学习者在新颖或陌生的情境中主动思考，完成开放性或探究性的任务，发现新问题、找到新规律、得出新结论的水平进行测量与评价"。

从问题的背景属性来看，对于熟悉、简单情境中的问题，人们往往倾向于使用已有的经验和方法予以解决，很难激发创新思维。因此考查创新性，首先要求创设新颖、陌生、复杂的试题情境，特别是生物科学前沿问题、具有重要价值的实践应用问题等，要求学生多角度、开放式地思考问题，以体现生物科学的现实意义、价值引领作用和时代气息。

在问题设计上应选择科学合理的行为目标。例如，能结合所学的生物学知识，对生物学现象作出新解释；在已有知识的基础上，能够依据所提供的新证据得出新的结论或提出新的观点；能够综合运用批判性思维和创新思维等方法，提出解决生活生产实践及科学探究中实际问题的方案（或思路）等。

在问题设计上还可以谋求新角度，以引导学生摆脱思维定式；使题目体现更大的开放性，鼓励学生多角度思考和解答问题，突破唯一、标准答案对学生思维的束缚。

三、创新性试题举例

作为新生事物，生物学试题的创新性尚处于探索之中，主要表现为重视考查方案的设计、假说的提出以及思维的批判性、发散性、灵活性等。

（一）通过实验方案的设计，考查创新思维

在布鲁姆教育目标分类体系中，"设计"是典型的创新层次目标的行为表现。在陌生试题情境下，要求考生提供解决问题的方案设计，是考查创新性的重要方式。

【例4.16】（2017年全国卷Ⅰ）

根据遗传物质的化学组成，可将病毒分为RNA病毒和DNA病毒两种类型，有些病毒对人类健康会造成很大危害，通常，一种新病毒出现后需要确定该病毒的类型。

假设在宿主细胞内不发生碱基之间的相互转换，请利用放射性同位素标记的方法，以体外培养的宿主细胞等为材料，设计实验以确定一种新病毒的类型，简要写出（1）实验思路，（2）预期实验结果及结论即可。（要求：实验包含可相互印证的甲、乙两个组）

【参考答案】（1）实验思路

甲组：将宿主细胞培养在含有放射性标记尿嘧啶的培养基中，之后接种新病毒。培养一段时间后收集病毒并检测其放射性。

乙组：将宿主细胞培养在含有放射性标记胸腺嘧啶的培养基中，之后接种新病毒。培养一段时间后收集病毒并检测其放射性。

（2）预期实验结果及结论

若甲组收集的病毒有放射性，乙组无，即为RNA病毒；反之为DNA病毒。

【解析】本题提供新的问题情境，要求考生根据试题所提供的条件，以赫尔希和蔡斯噬菌体侵染细菌的实验思路和方法为基础，结合试题提出的新信息和新要求，创造性设计方案解决方案，实现了对创造性思维的考查。

（二）设计开放性问题，考查思维的发散性

发散性思维的是创新思维的成分之一。在传统高考中，由于受客观性、公平性等各种因素的限制，卷面上出现的基本都是答案唯一的封闭性问题，限制

了试题创新性的发挥。而设计开放性的问题，能体现一定的创新性。

【例4.17】（2010年新课标全国卷）

某种自花传粉植物的花色分为白色、红色和紫色。现有4个纯合品种：1个紫色（紫）、1个红色（红）、2个白色（白甲和白乙）。用这4个品种做杂交实验，结果如下：

实验1：紫×红，F_1表现为紫，F_2表现为3紫：1红；

实验2：红×白甲，F_1表现为紫，F_2表现为9紫：3红：4白；

实验3：白甲×白乙，F_1表现为白，F_2表现为白；

实验4：白乙×紫，F_1表现为紫，F_2表现为9紫：3红：4白。

综合上述实验结果，请回答：

（1）上述花色遗传所遵循的遗传定律是_____。

（2）写出实验1（紫×红）的遗传图解（若花色由一对等位基因控制，用A、a表示，若由两对等位基因控制，用A、a和B、b表示，以此类推）。遗传图解为_____。

【参考答案】（1）自由组合定律

（2）遗传图解为：

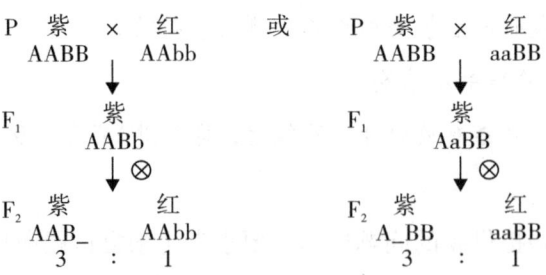

【解析】本题实验1中的红色个体基因型有2种可能，需要学生根据实验结果进行分析判断。这是在高考试题中较早出现的两种可能结果的试题。

（三）设计思辨性问题，考查思维的批判性

批判性思维是创新性思维的重要组分。在中国的传统文化中，特别是在中学教学中，长期强调标准答案，学生的批判性思维相对薄弱，因此培养创新能力，加强批判性思维的训练和考查是一种必然选择。

【例4.18】（2016年全国卷Ⅰ）

已知果蝇的灰体和黄体受一对等位基因控制，但这对相对性状的显隐性关系和该等位基因所在的染色体是未知的。同学甲用一只灰体雌蝇与一只黄体雄蝇杂交，子代中♀灰体：♀黄体：♂灰体：♂黄体为1：1：1：1。同学乙用两种不同的杂交实验都证实了控制黄体的基因位于X染色体上，并表现为隐性。请根据上述结果，回答下列问题：

（1）仅根据同学甲的实验，能不能证明控制黄体的基因位于X染色体上，并表现为隐性？

（2）请用同学甲得到的子代果蝇为材料设计两个不同的实验，这两个实验都能独立证明同学乙的结论。（要求：每个实验只用一个杂交组合，并指出支持同学乙结论的预期实验结果。）

【参考答案】（1）不能

（2）实验1：

杂交组合：♀黄体×♂灰体

预期结果：子一代中所有的雌性都表现为灰体，雄性都表现为黄体。

实验2：

杂交组合：♀灰体×♂灰体

预期结果：子一代中所有的雌性都表现为灰体，雄性中一半表现为灰体，另一半表现为黄体。

【解析】本题具有两个突出特点，一是要求考生分析实验结果作出批判性的分析判断；二是要求考生设计两个不同的实验对乙同学的观点进行验证，体现了一定的开放性和思维的发散性，是高考命题的一种新的尝试。

（四）设问角度创新，突破思维定式

在"题海战术"观念引导下，高三教学经常落入简单化的机械刷题，通过大量做题可提高解答的程序化和熟练度，但这也往往导致了思维的简单化和机械化，容易导致思维定式。强调创新性，必须创新设问角度，打破固定模式。

【例4.19】（2020年新课标卷Ⅰ节选）

某研究人员用药物W进行了如下实验：给甲组大鼠注射药物W，乙组大鼠注射等量生理盐水，饲养一段时间后，测定两组大鼠的相关生理指标。实验结果表明：乙组大鼠无显著变化；与乙组大鼠相比，甲组大鼠的血糖浓度升高，尿中葡萄糖含量增加，进食量增加，体重下降。回答下列问题：

（4）若上述推测都成立，那么该实验的研究意义是_____（答出1点即可）。

【参考答案】获得了因胰岛素缺乏而患糖尿病的动物，这种动物可以作为实验材料用于研发治疗这类糖尿病的药物

【解析】核心价值是四层内容的创新，核心价值包括正确价值观、正确方法论、健康的情感态度等，其中科学研究的价值也是其内涵之一，这些角度在传统的考试中较少涉及。本题的第（4）小题，考查模型生物对于科学研究的价值，而不是"实验结果对于人类疾病治疗的直接价值"，这一考查角度的变化使试题耳目一新，突破了以往实验题命题的定势思维。具有异曲同工之妙的是2021年高考广东卷的第19题的第（3）小题。这道小题通过创新问题设计角度，突破了以往实验试题设计的窠臼，考查了考生突破思维定式灵活应对的能力。

【例4.20】（2021年广东卷节选）

人体缺乏尿酸氧化酶，导致体内嘌呤分解代谢的终产物是尿酸（存在形式为尿酸盐）。尿酸盐经肾小球滤过后，部分被肾小管细胞膜上具有尿酸盐转运功能的蛋白URAT1和GLUT9重吸收，最终回到血液。尿酸盐重吸收过量会导致高尿酸血症或痛风。目前，E是针对上述蛋白治疗高尿酸血症或痛风的常用临床药物。为研发新的药物，研究人员对天然化合物F的降尿酸作用进行了研究。

给正常实验大鼠（有尿酸氧化酶）灌服尿酸氧化酶抑制剂，获得了若干只高尿酸血症大鼠，并将其随机分成数量相等的两组，一组设为模型组，另一组灌服F设为治疗组，一段时间后检测相关指标，结果见下图。

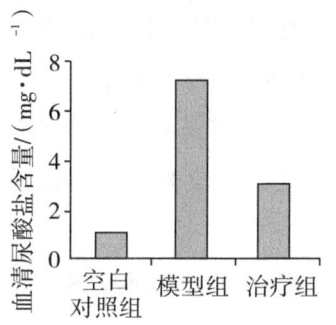
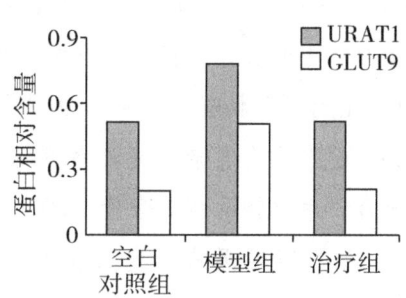

回答下列问题：

（3）与空白对照组（灌服生理盐水的正常实验大鼠）相比，模型组的自变量是_____。与其他两组比较，设置模型组的目的是_____。

（4）根据尿酸盐转运蛋白检测结果，推测F降低治疗组大鼠血清尿酸盐含量的原因可能是_____，减少尿酸盐重吸收，为进一步评价F的作用效果，本实验需要增设对照组，具体为_____。

【参考答案】（3）灌服尿酸氧化酶抑制剂　与空白对照组比较，评估药物F的降尿酸效果

（4）F可以降低URAT1和GLUT9的含量，从而减少尿酸的重吸收　给高尿酸血症大鼠灌服等量的药物E，测定血清尿酸盐的含量

（五）创设新情境，考查提出新假设或得出新结论的能力

提出新假设和得出新结论是两种重要的创新性思维活动。考查的重点在"新"，否则就可能流于考查对知识的记忆和理解。但命题时要注意防止出现"把大学知识放到中学考"的现象，否则容易导致错误的教学导向出现，这对命题者是一个极大的挑战。

【例4.21】（2015年新课标卷Ⅰ节选）

为了探究不同光照处理对植物光合作用的影响，科学家以生长状态相同的某种植物为材料设计了A、B、C、D四组实验。各组实验的温度、光照强度和CO_2浓度等条件相同、适宜且稳定，每组处理的总时间均为135 s，处理结束时测定各组材料中光合作用产物的含量。处理方法和实验结果如下：

A组：先光照后黑暗，时间各为67.5 s；光合作用产物的相对含量为50%。

B组：先光照后黑暗，光照和黑暗交替处理，每次光照和黑暗时间各为7.5 s；光合作用产物的相对含量为70%。

C组：先光照后黑暗，光照和黑暗交替处理，每次光照和黑暗时间各为3.75 ms（毫秒）；光合作用产物的相对含量为94%。

D组（对照组）：光照时间为135 s；光合作用产物的相对含量为100%。

回答下列问题：

（2）A、B、C三组处理相比，随着_____的增加，使光下产生的_____能够及时利用与及时再生，从而提高了光合作用中CO_2的同化量。

【参考答案】（2）光照和黑暗交替频率　ATP和NADPH（还原型辅酶Ⅱ）

【解析】本题以实验来创设问题情境，要求学生具有提出新解释（假设）以解释实验结果的能力。

（六）促进学科间的渗透，提高考试的延展性

多学科的交叉是创新的源头之一。例如，例4.22是以植物生命活动的调节的新实验为背景，引入数学的概念和表现结果呈现形式，引导学生用数学分类讨论的形式进行思考，具有学科融合交叉的特点。

【例4.22】（2010年新课标全国卷）

从某植物长势一致的黄化苗上切取等长幼茎段（无叶和侧芽），将茎段自顶端向下对称纵切至约3/4处后，浸没在不同浓度的生长素溶液中，一段时间后，茎段的半边茎会向切面侧弯曲生长形成弯曲角度（α）如图甲所示，与生长素浓度的关系如图乙所示。请回答：

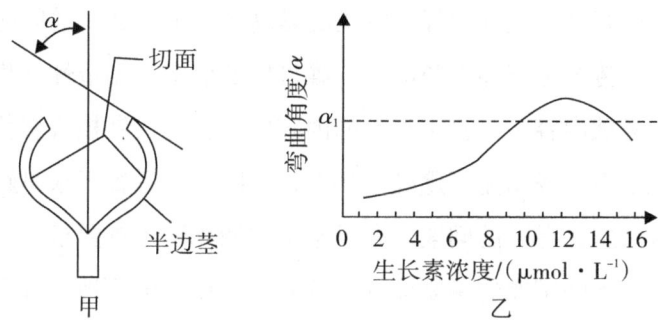

（2）将切割后的茎段浸没在一未知浓度的生长素溶液中，测得其半边茎的弯曲角度 α_1，从图乙中可查到与 α_1 对应的两个生长素浓度，即低浓度（A）和高浓度（B）。为进一步确定待测溶液中生长素的真实浓度，有人将待测溶液稀释至原浓度的80％，另取切割后的茎段浸没在其中，一段时间后测量半边茎的弯曲角度将得到 α_2。请预测 α_2 与 α_1 相比较的可能结果，并得出相应的结论：_____。

【参考答案】（2）若 α_2 小于 α_1，则该溶液的生长素浓度为A；若 α_2 大于 α_1，则该溶液的生长素浓度为B

【解析】本题通过实验来考查生长素的作用，考查学生通过实验结果得出结论的能力，且实验结果的呈现结合了数学学科的概念，渗透了其他学科的内容，具有一定的创新性。

（陈艳萍、贺建）

第五节 "四翼"要求与"四层"内容的关系

一、"四翼"是连接"四层"高考考查内容与高考命题实践的纽带

"四翼"考查要求与"四层"考查内容之间紧密联系、相辅相成。首先，

"四层"考查内容是基础和前提,解决的是高考"考什么"的问题。"四层"考试内容拓展了传统考试知识与能力二维目标的框架,创造性地将核心价值与学科素养纳入考试内容,丰富了高考的内容体系,为发展核心素养课程目标、落实立德树人根本任务拓宽了途径。其次,"四翼"考查要求是路径和手段,解决的是高考"怎么考"的问题。高考基于"四翼"考查要求,探索试题的类型和呈现方式、不同试题的编制原则,从而能够比较全面地、各有侧重地实现考查要求。最后,"四翼"是素质教育的评价维度在高考中的体现,其不仅是评价学生素质高低的基本维度,而且是评价试题质量优劣的基本指标。因此,高考通过"四翼"实现对"四层"的有效考查,"四翼"是连接"四层"与高考命题实践的纽带。

在"四层"考查内容中,核心价值是方向,是引领,是总航标;学科素养上承核心价值,下接必备知识和关键能力,是关键连接层;关键能力是形成核心素养的必备前提,而必备知识则是形成关键能力与学科素养的基础。在"四翼"考查要求中,基础性是"四翼"的根基,综合性、应用性与创新性则是建立在基础性根基之上,面向3个不同维度,具有高阶考查要求的性质。"四层""四翼"是实现"一核"的具体途径。

二、"四层"考查内容和"四翼"考查要求通过情境与情境活动来实现

为体现"四层"考查内容和"四翼"考查要求,高考评价体系创造性地提出了考查载体——试题情境,通过设计恰当的试题情境,再现学科理论产生的场景或呈现现实中的问题情境,使学生在真实的背景下发挥核心价值的引领作用,运用必备知识和关键能力去解决实际问题,全面综合展现学科素养水平。情境的设计包括两层含义,一是情境的类别——根据学生学习生活的内容类别来进行划分;二是情境的特性——从情境的复杂性、新颖性、开放性等维度划分。

情境是载体，情境活动是关键，通过情境活动的表现来考查学生在"四层"内容上的表现水平。与情境的类别和特性相关联，不同层级的情境活动对应不同层级的考查内容和考查要求。简单的情境活动主要考查基本知识和能力水平，主要对应"四翼"中的基础性要求，也包括一定程度的应用性和综合性要求。复杂的情境活动主要考查学生应对生活实践问题情境与学习探索问题情境的综合素质，即在核心价值引领下综合运用知识和能力的水平，体现了考查的"综合性""应用性"与"创新性"（教育部考试中心，2019），其关系如表4.1所示。

表4.1 基于情境和情境活动的命题要求

考查要求	考查内容	考查载体	基于情境活动的命题要求
基础性	必备知识 关键能力	基本层面的问题情境	要求学生调动单一的知识或技能解决问题
综合性	必备知识 关键能力 学科素养 核心价值	综合层面的问题情境	要求学生在正确思想观念引领下，综合运用多种知识或技能解决问题
应用性	必备知识 关键能力 学科素养 核心价值	生活实践问题情境或学习探索问题情境	要求学生在正确思想观念引领下，综合运用多种知识或技能解决生活实践中的应用性问题
创新性	必备知识 关键能力 学科素养 核心价值	开放性的生活实践问题情境或学习探索问题情境	要求学生在正确思想观念引领下，在开放性的综合情境中创造性地解决问题，形成创造性的结果或结论

三、"四层"和"四翼"关系在试题中的呈现

可将试题依据"四翼"进行分类，再依据"四层"中的必备知识、关键能力进行区分，寻找其中体现的学科素养，最后归纳出该题的主要特征。其关系可概括为图4.1。

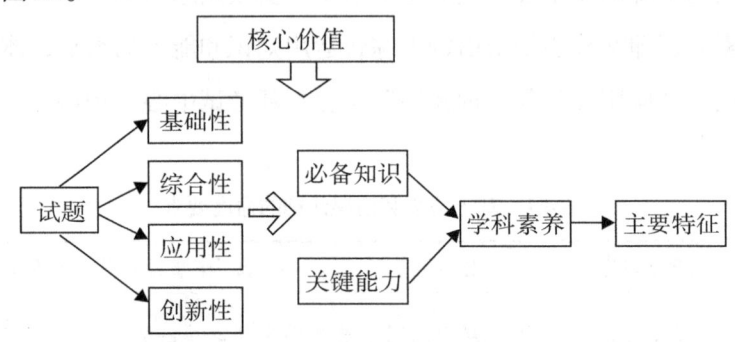

图4.1 "四层四翼"视角下试题分析框架

（一）着重考查必备知识，真正落实考查的基础性

知识是学科核心素养形成的重要基础和载体。学科必备知识大致分为3种类型：通过知道、理解获得的事实性知识；通过思考、交流、讨论、总结等一系列合作性学习掌握的方法性知识；通过反思、建构等体悟过程形成的价值性知识。

在试题命制过程，只有贯彻试题命制的基础性，才能科学选择、组织和设计必备知识，使其在相互包含、相互作用的过程中发挥应有的功能。

【例4.23】（2022年浙江卷）
生物体中的有机物具有重要作用。下列叙述正确的是（　　）
A. 油脂对植物细胞起保护作用　　B. 鸟类的羽毛主要由角蛋白组成
C. 糖原是马铃薯重要的储能物质　D. 纤维素是细胞膜的重要组成成分
【参考答案】B

【解释】本题考查生物体中有机物的作用，属于"四层"的必备知识，试

题体现了"四翼"中的基础性。植物油脂是重要的储能物质,对植物细胞不起保护作用,A项错误;角蛋白是组成鸟类羽毛、蚕丝和动物毛发的重要蛋白质,B项正确;糖原是动物多糖,淀粉才是马铃薯重要的储能物质,C项错误;纤维素是植物细胞壁的重要组成成分,并不参与构成细胞膜,D项错误。

【例4.24】(2022年浙江卷)

下列关于细胞呼吸的叙述,错误的是(　　)

A. 人体剧烈运动会导致骨骼肌细胞产生较多的乳酸

B. 制作酸奶过程中乳酸菌可产生大量的丙酮酸和CO_2

C. 梨果肉细胞厌氧呼吸释放的能量一部分用于合成ATP

D. 酵母菌的乙醇发酵过程中通入O_2会影响乙醇的生成量

【参考答案】B

【解释】本题考查细胞呼吸的相关知识,属于"四层"中的必备知识,试题命制过程中体现了"四翼"中的基础性。人体剧烈运动时,骨骼肌细胞会因O_2供应不足而进行厌氧呼吸,产生乳酸,A正确;制作酸奶过程中,乳酸菌进行厌氧呼吸产生乳酸,不产生CO_2,B错误;梨果肉细胞厌氧呼吸释放的能量一部分以热能形式散失,一部分用于合成ATP,C正确;酵母菌是兼性厌氧生物,酵母菌的乙醇发酵过程主要进行厌氧呼吸,通入O_2会使酵母菌的有氧呼吸增强,厌氧呼吸减弱,使乙醇的生成量减少,D正确。

(二)提升关键能力,实现试题命制的综合性

学科关键能力是学生在学科课程的学习过程中形成的具有典型的学科特征、与特定学科素养相关的特殊学科能力。生物学学科关键能力主要包括学生学以致用的能力、独立思考和解决问题的能力、交流合作的能力、科学探究的能力等。只有在试题命制过程中注重综合性,才能使学生注重知识的形成过程和内在结构,引导学生形成系统的知识结构和认知体系,帮助学生提升关键能力、落实核心素养。

高考生物学学科考查的关键能力主要包括理解能力、实验探究能力、应用能力和创新能力。理解能力的考查要求之一是获取有效信息以处理问题。生物学高考对理解能力的考查形式主要体现在运用多种形式呈现信息、设置问题，考查学生对图表信息读取以及转化的能力，引导学生重点培养在情境中敏锐捕获关键信息的能力，也具有一定综合性。

【例4.25】（2022年全国甲卷）

植物激素通常与其受体结合才能发挥生理作用。喷施某种植物激素，能使某种作物的矮生突变体长高。关于该矮生突变体矮生的原因，下列推测合理的是（　　）

A. 赤霉素合成途径受阻　　　　B. 赤霉素受体合成受阻
C. 脱落酸合成途径受阻　　　　D. 脱落酸受体合成受阻

【参考答案】A

【解析】本题考查了学科基础的"综合性"，旨在提升学生的学科关键能力。本题通过展现某种作物矮生品种在喷施植物激素之后长高的现象，要求学生据此分析该品种矮生的原因，考查了植物激素通过特异性受体发挥作用以及赤霉素的生理作用的内容。从理解程度和思维深度等多方面设计试题，引导学生从新的角度思考问题，考查学生的思维深度和思维灵活程度，以及关键能力。A项和B项中赤霉素属于植物生长激素，可以加速细胞生长，提高植物体内生长素的含量，促进农作物生长发育，矮生突变体矮生的原因可能是赤霉素合成途径受阻，因此施用赤霉素，能使矮生突变体长高，故A项符合题意、B项不符合题意。C项和D项中脱落酸能引起芽休眠、叶子脱落和抑制细胞生长，是一种抑制生长的植物激素，因能促使叶子脱落而得名，脱落酸合成途径受阻、脱落酸受体合成受阻均不利于脱落酸发挥作用，故C项和D项均不符合题意。

【例4.26】（2022年全国甲卷）

在鱼池中投放了一批某种鱼苗，一段时间内该鱼的种群数量、个体重量和种群总重量随时间的变化趋势如图所示。若在此相对期间鱼没有进行繁殖，则图中表示种群数量、个体重量、种群总重量的曲线分别是（　　）

A. 甲、丙、乙
B. 乙、甲、丙
C. 丙、甲、乙
D. 丙、乙、甲

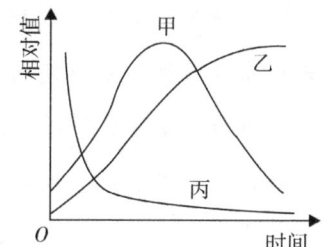

【参考答案】D

【解析】本题通过曲线图，考查了种群的特征以及数量的变化，通过在此鱼池中投放鱼苗期间，种群数量、个体重量、种群总重量的综合性曲线变化，考查了学生读取以及转化的图表信息等关键能力。在投放鱼苗期间，鱼没有进行繁殖，因此该种群的数量应该是迅速降低，即曲线丙；因为投入的是鱼苗，因此该种群内个体的重量会迅速增加，即曲线乙；种群的总重量为个体重量的累加，因此前期迅速增加，由于个体数的减少，后期会相对降低，即曲线甲，故本题正确答案是D。

（三）落实学科核心素养，加强试题的应用性

学科核心价值的落实不是纸上谈兵，不能脱离教学实践和命题实践。构建以学科核心素养为本位的命题框架，编制以学科任务为引领，融学科知识、学科思维、学科价值于一体的试题。在试题命制过程中，应注意选用符合时代要求、顺应社会变迁、贴近生活实际的情境素材，引导学生理论联系实际，能动地应对日常生活和生产实践中遇到的实际问题，体会课堂所学内容的应用价值，真正实现学科素养的落地。

如2022年高考全国卷生物学高考试题精选新冠疫情防控、新冠病毒核酸检测和疫苗接种、动物育种、废物循环再利用、运动健康、体育锻炼、自然资源保护、农业生产等素材，体现了试题的应用性，通过应用性，不但考查了学生运用必备知识解决生活生产中遇到的问题的能力，也促进了学生德智体美劳全

面发展，强化价值引领，培养了学生的学科素养。

【例4.27】（2022年广东卷）

荔枝是广东特色农产品，其产量和品质一直是果农关注的问题。荔枝园A采用常规管理，果农使用化肥、杀虫剂和除草剂等进行管理，林下几乎没有植被，荔枝产量高；荔枝园B与荔枝园A面积相近，但不进行人工管理，林下植被丰富，荔枝产量低。研究者调查了这两个荔枝园中的节肢动物种类、个体数量及其中害虫、天敌的比例，结果见下表。

荔枝园	种类/种	个体数量/头	害虫比例/%	天敌比例/%
A	523	103 278	36.67	14.10
B	568	104 118	40.86	20.40

回答下列问题：

（1）除了样方法，研究者还利用一些昆虫有_____性，采用了灯光诱捕法进行取样。

（2）与荔枝园A相比，荔枝园B的节肢动物物种丰富度_____，可能的原因是林下丰富的植被为节肢动物提供了_____，有利于其生存。

（3）与荔枝园B相比，荔枝园A的害虫和天敌的数量_____，根据其管理方式分析，主要原因可能是_____。

（4）使用除草剂清除荔枝园A的杂草是为了避免杂草竞争土壤养分，但形成了单层群落结构，使节肢动物物种多样性降低。试根据群落结构及种间关系原理，设计一个生态荔枝园的简单种植方案（要求：不用氮肥和除草剂、少用杀虫剂，具有复层群落结构），并简要说明设计依据。

【参考答案】（1）趋光

（2）高　食物和栖息空间

（3）低　荔枝园A使用杀虫剂，可降低害虫数量，同时因食物来源少，导致害虫天敌数量也低

（4）种植方案：在荔枝林下种植豆科草本植物。设计依据：与豆科植物

共生的根瘤菌能固氮，从而提高土壤氮含量，不用施加氮肥。种植草本植物能通过竞争排除杂草，而不用除草剂。同时，种植草本植物为节肢动物提供生存条件，使天敌比例增加，减少杀虫剂的使用。

【解析】本题结合地方特色荔枝的种植，体现了试题的应用性，同时考查了生态学的基本内容，包括物种丰富度、不同群落的特征、种群数量的变化、种群特征等必备知识，通过对两个荔枝园管理方式的分析，理解物种丰富度对维持生态系统稳定的意义以及使用杀虫剂的危害；通过设计生态荔枝园的种植方案，让学生将所学知识应用到生产劳动实践中，培养了学生的科学思维和科学探究能力，形成生态意识。本题突出生物与环境的密切联系，通过贴近生活情境的素材，引导学生理论联系实际，体会课堂所学内容的应用价值，全面培养学生的学科核心素养。

（四）追求核心价值，体现试题命制的创新性

在能力提升和素养落实的目标下，要全面实现学生的核心价值，应注重试题的创新性，促进学生主动思考、大胆创新、勇于探索和创造，不仅提升学生的思维能力和解决实际问题的能力，也实现核心价值的真正落地。

【例4.28】（2022年广东卷节选）

《诗经》以"蚕月条桑"描绘了古人种桑养蚕的劳动画面，《天工开物》中"今寒家有将早雄配晚雌者，幻出嘉种"，表明我国劳动人民早已拥有利用杂交手段培育蚕种的智慧，现代生物技术应用于蚕桑的遗传育种，更为这历史悠久的产业增添了新的活力。回答下列问题：

（3）研究小组了解到：①雄蚕产丝量高于雌蚕；②家蚕的性别决定为ZW型；③卵壳的黑色（B）和白色（b）由常染色体上的一对基因控制；④黑壳卵经射线照射后携带B基因的染色体片段可转移到其他染色体上且能正常表达。为达到基于卵壳颜色实现持续分离雌雄，满足大规模生产对雄蚕需求的目的，该小组设计了一个诱变育种的方案。下图为方案实施流程及得到的部分结果。

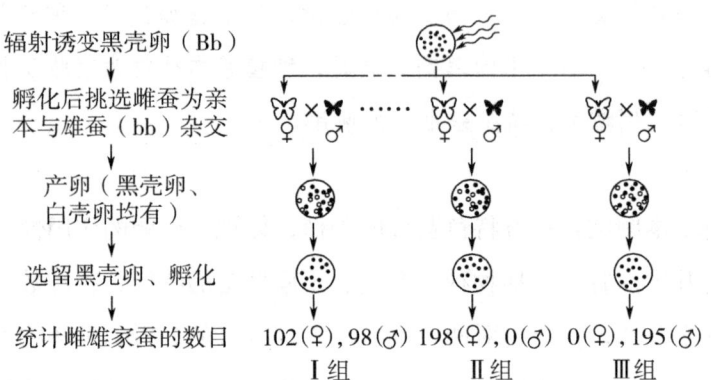

统计多组实验结果后，发现大多数组别家蚕的性别比例与Ⅰ组相近，有两组（Ⅱ、Ⅲ）的性别比例非常特殊。综合以上信息进行分析：

①Ⅰ组所得雌蚕的B基因位于_____染色体上。

②将Ⅱ组所得雌蚕与白卵壳雄蚕（bb）杂交，子代中雌蚕的基因型是_____（如存在基因缺失，亦用b表示）。这种杂交模式可持续应用于生产实践中，其优势是可在卵期通过卵壳颜色筛选即可达到分离雌雄的目的。

③尽管Ⅲ组所得黑卵壳全部发育成雄蚕，但其后代仍无法实现持续分离雌雄，不能满足生产需求，请简要说明理由：_____。

【参考答案】①常　②bbZW^B　③Ⅲ组所得黑卵壳雄蚕为杂合子，与白卵壳雌蚕杂交，后代的黑卵壳和白卵壳中均既有雌性又有雄性，无法通过卵壳颜色区分性别

【解析】本题具有一定的创新性和开放性，利用生产实践中的实例——桑蚕的养殖中如何进行蚕的选育和繁殖，促使学生利用所学知识主动思考和创新，考查了学生的思维能力和解决问题的能力。由题意分析可知，如存在基因缺失，用b表示。Ⅲ组携带B基因的染色体片段转移到了Z染色体上，亲本雌蚕的基因型为bbZ^{B}W，与白卵壳雄蚕bbZZ杂交，子代雌蚕的基因型为bbZW（白卵壳），雄蚕的基因型为bbZ^{B}Z（黑卵壳）。再将黑卵壳雄蚕（bbZ^{B}Z）与白卵

壳雌蚕（bbZW）杂交，子代为bbZ^{B}Z、bbZZ、bbZ^{B}W、bbZW，其后代的黑卵壳和白卵壳中均既有雌性又有雄性，无法通过卵壳颜色区分性别，故不能满足生产需求。

综上，基于"一核""四层""四翼"高考评价体系的试题命制，我们需要巧用必备知识、提升关键能力、落实学科素养、追求核心价值，在基础性、综合性、应用性、创新性的指引下，发挥生物学特有的育人价值。

（陈艳萍、贺建）

第五章
基于情境体系的命题分析

第一节　生物学学科的情境体系操作化的构建

高考评价体系最重要的创新之一，是通过"四层"考查内容将学科能力考查与思想道德渗透有机结合，利用"学科素养"这一关键连接实现了融合知识、能力、价值的综合测评，从而使"立德树人"真正在高考评价实践中落地。情境正是实现这种"价值引领、素养导向、能力为重、知识为基"的综合考查的载体。

情境是什么？从广义上来说，它是指影响个体行为变化的各种刺激（包括物理的或心理的）所构成的特殊环境。在心理学中，情境被界定为在特定环境背景下，个体行为活动的即时条件，包括个体既成的人格倾向、当时的认知、情绪、意向特点等主体条件；也包括当时周围的环境，尤其是进入个体意识范围的环境。该界定强调"情境"具有两个维度：一是认知主体，二是认知主体所处的客观环境。

"情境"对应的英文是"situation"，美国的学术和教育字典《韦氏词典》对其的解释是all of the facts, conditions, and events that affect someone or something at a particular time and in a particular place，即情境是在某个特定的时间、特定的地方，影响某人或某事的所有的事实、状况和事件。

在当代心理学理论中，"情境"的内涵经历了一个不断完善的过程。行为主义者将情境界定为客观或自然的刺激环境，而将意识、动机等内部心理过程完全排斥在外。社会学习理论则强调客观环境或情境的社会意义，认为情境更主要的是个体对客观环境的认知、体验、期待和倾向，个体的行为取决于个体对特定环境的认知建构。建立在现象学基础上的格式塔学派则将情境的内涵进一步推向"主观化"，认为情境主要是一种心理化的环境，其实质在于个体对客观环境或情境所赋予的主观意义。勒温的场动力理论继承了格式塔学派的传统，进一步丰富了情境的内涵，它认为情境是一种不确定性的心理场或生活空间。

从系统的角度来看，情境关注的是一个系统以及在这个系统中，主体之间、主体与所处环境中的材料资源、信息资源和概念性资源所发生的交互作用。情景与情境有所不同，"情景"的"景"是具体、直观和吸引人的，是指具体场合的情形、景象。"情境"的"境"是指构成和蕴涵在情景中的那些相互交织的因素及其相互之间的关系。

高考评价体系中的"四层"考查内容和"四翼"考查要求，是通过情境与情境活动两类载体来实现的，即通过选取适宜的素材，再现学科理论产生的场景或是呈现现实中的问题情境，让学生在真实的背景下发挥核心价值的引领作用，运用必备知识和关键能力去解决实际问题，全面综合展现学科素养水平。

"情境活动"是指人们在情境中所进行的解决问题或完成任务的活动。这个活动需要必备知识和关键能力才能完成，活动的性质决定了要考查的学科素养中的4个维度。

高考评价体系中所谓的"情境"即"问题情境"，是指真实的问题背景，是以问题或任务为中心构成的活动场域，是个体面临的问题和它所具有的相关经验所构成的系统。合适的问题情境，是指外部问题和内部知识经验条件发生恰当程度的冲突，而引起最强烈的思考动机和最佳的思维定向的情境。

情境的特性包括真实性、知识性、探究性、应用性、情感性等，其中真实性是情境的首要条件。情境越真实或接近真实，越能有效地测评学生对生活、社会和科技的关注，越能有效地测评学生利用所学知识发现、处理和解决真实情境中的问题的能力。这是符合建构理论的，即学习情境越是真实，学习主体建构的知识也就越可靠，从而准确评价学生是否从学习中获得了"真实的知识"。

情境的概念如上所述，从转化为可观察和测量的具体指标的角度来看，首先要对情境进行分类，在高考评价体系中，基于知识产生和应用方式的不同，情境可以分为两类。第一类是"生活实践情境"。这类情境与日常生活以及生产实践密切相关，考查学生运用所学知识解释生活中的现象、解决生产实践中的问题的能力。第二类是"学习探索情境"。这类情境源于真实的研究过程或实际的探索过程，涵盖学习探索与科学探究过程中所涉及的问题。学生在解决这类情境中的问题时，必须启动已有知识开展智力活动，同时在解决问题的过程中运用创新的思维方式。

情境本身不是单一的，而是多样的。《MIT认知科学百科全书》将情境分为三类：物理的或基于任务的；环境的或生态的；社会的或互动的。

如果从教育教学角度出发，对营造情境的因素进行分类，则这些唤起感觉的情境包括视觉、嗅觉、听觉、动觉情境。例如，用图画、现场、实物营造视觉的情境，用花香和各种味道的刺激营造嗅觉的情境，用音乐、鸟语、诗歌朗诵营造听觉的情境，用表演、活动、实验等营造视觉与动觉混合的情境。除此之外，还可以有媒体营造的情境，符号工具营造的情境，其功能是一致的，都是唤起学生对特定知识的符号认知与体认。

如果从教育评价测试的角度出发，对营造情境的因素进行分类，则可以从知识产生和应用来分，也可以从个人学习和真实现实生活所处的环境来分，还可以从学习心理的角度来分。其功能都是引起外部问题和内部知识经验条件恰当程度的冲突，测试隐含在情境中或与情境相关的科学能力、知识和态度，从而考查学生是否有能力在真实的生活中运用已掌握的科学知识与技能，在解决问题过程中考查学生的知识与技能的水平。

与高考评价体系相似，PISA的命题也注重以情境为载体，测试学生的科学素养。PISA对科学素养的定义包含4个要素：科学情境、科学知识、科学能力和科学态度。在这4个要素中，科学情境是最基本的要素。在处理科学问题时，方法的选择以及表现通常与问题所处的情境相关。因此，PISA科学素养评价通过评价试题的情境化，让学生把学会的科学知识迁移到现实的问题情境中，测试隐含在情境中或与情境相关的科学能力、知识和态度，从而考查学生是否有能力在真实的生活中运用已掌握的科学知识与技能，并以科学的态度处理现实世界中的问题。PISA科学试题情境最显著的特点就是真实，所有测试题的情境都源于真实的现实生活，是学生在日常生活中有可能遇到的问题。PISA把这些现实世界里的科学情境分为3个层次：个人的（自我、家庭和群体）、社会的（社区）和全球的（世界范围内的生存）。又将这些科学情境的具体内容划分为健康、自然资源、环境、危害和科技前沿5个领域。这3个层次和5个领域相互交叉，形成了一共15种科学情境（表5.1）。

表5.1 PISA科学试题情境

科学情境	个人的（自我、家庭和群体）	社会的（社区）	全球的（世界范围内的生存）
健康	保持健康、意外、营养	疾病控制，社会传播，食品选择，社群健康	流行病，传染病的扩散
自然资源	物质和能源的个人消费	保持人口数，生活质量，安全，食品的生产和分配，能源提供	可再生和不可再生，自然系统，人口增长，可持续利用的物种
环境	环保行为、材料的使用和处理	人口分布，废物的处理，环境影响，当地气候	生物多样性，生态可持续性，人口控制，土壤的养护和流失
危害	自然的和人为的，有关住房方面的决定	迅速的变化（地震、恶劣天气、缓慢的渐变（海岸侵蚀、沉积），风险评估	大气变化，现代战争的影响
科技前沿	对自然现象的科学解释方面的兴趣，科学有关的兴趣爱好、运动以及休闲、音乐、个人技术	新材料、设施改进，基因转变，武器技术	物种灭绝，空间探索，宇宙的起源和结构

基于情境的复杂程度的不同，高考评价体系中的情境活动可以分为两层。第一层是简单的情境活动，此类情境活动中，需要启动的是单一的认知活动，即面对问题时只需要调动某一知识点或某种基本能力便可解决。第二层是复杂的情境活动，此类情境活动涉及的是复杂的认知活动，主要考查学生综合运用知识和能力应对复杂问题的水平。该类情境活动主要取自国际政治经济、党和国家政策改革、社会发展、历史事实、科技前沿等方面。

SOLO分类评价法是由香港大学教育心理学教授比格斯（J.B.Biggs）首创的一种学生学业评价方法，是一种以等级描述为特征的质性评价方法。"SOLO"是英文"Structure of the Observed Learning Outcome"的缩写，意为：可观察的学习结果的结构，这是一种衡量学生解决一个问题时所达到的思维高度的评价方法。根据SOLO分类评价法，比格斯把学生对某个问题的学习结果由低到高划分为5个层次：前结构层次、单点结构层次、多点结构层次、关联结构层次和抽象拓展结构层次，具体含义如下：

（1）前结构层次（prestructural）：学生基本上无法理解问题和解决问题，只提供了一些逻辑混乱、没有论据支撑的答案。

（2）单点结构层次（unistructural）：学生找到了一个解决问题的思路，但却就此停止，单凭一点论据就跳到答案上去。

（3）多点结构层次（multistructural）：学生找到了多个解决问题的思路，但却未能把这些思路有机地整合起来。

（4）关联结构层次（relational）：学生找到了多个解决问题的思路，并且能够把这些思路结合起来思考。

（5）抽象拓展层次（extended abstract）：学生能够对问题进行抽象的概括，从理论的高度来分析问题，而且能够深化问题，使问题本身的意义得到拓展。

从SOLO五个层次分类中我们就可以看到，前三个层次是基础知识的积累，而后两个层次是理论思维的飞跃。而要实现思维能力的突破，又离不开基础知识的积累。SOLO评价法与传统的评价法的区别是巨大的，它力求能够准确评价学生思维能力、认知水平所能达到的深度和广度，而非将学习结果简单地划分为对或错。

简单的情境活动与SOLO五个层次分类中的第三个层次类似。在此类情境活动中，单凭一点论据就跳到答案上去，即面对问题时只需要调动某一知识点或某种基本能力便可解决。复杂的情境活动与SOLO五个层次分类中的第四、第五个层次类似，此类情境活动涉及的是复杂的认知活动，主要考查学生综合运用知识和能力应对复杂问题的水平，学生找到了多个解决问题的思路，并且能够把这些思路结合起来思考；能够对问题进行抽象概括，从理论高度分析问题，而且能够深化问题，使问题本身的意义得到拓展。

（蒋文、李杰）

第二节 生物学高考基于"生活实践情境"的命题分析

对于生物学来说，"生活实践情境"是指学生在日常生活中或社会实践中常见的生物学相关现象或问题。例如，光照、施肥、浇水等栽培措施与植物生长发育、产量的关系；不同疾病的表现和病因；营养物质、激素、抗生素等物质与人体健康的关系；生态系统中的动植物种类、分布和调查方法；等等。这些情境与学生自身健康、日常生活密切相关，对学生利用自身所学知识解释生活现象、解决生物学问题，培养学生热爱生活、热爱自然、珍惜生命、崇尚科学具有重要意义。

【例5.1】（2022年广东卷）

2022年4月，习近平总书记在海南省考察时指出，热带雨林国家公园是国宝，是水库、粮库、钱库，更是碳库，要充分认识其对国家的战略意义。从生

态学的角度看，海南热带雨林的直接价值体现在其（　　）

A. 具有保持水土、涵养水源和净化水质功能，被誉为"绿色水库"

B. 是海南省主要河流发源地，可提供灌溉水源，保障农业丰产丰收

C. 形成了独特、多样性的雨林景观，是发展生态旅游的重要资源

D. 通过光合作用固定大气中CO_2，在植被和土壤中积累形成碳库

【参考答案】C

【解析】热带雨林是考生生活中熟悉的素材，本题以热带雨林的价值结合时政新闻为情境来进行设计。必备知识方面主要考查生物多样性的直接价值与间接价值、光合作用等概念。关键能力方面主要考查考生获取信息能力及其对概念和信息的理解能力。在学科素养方面，能帮助考生树立保护环境、合理开发自然资源的意识，培养考生保护生物多样性的责任与担当。

生物多样性的直接价值是对人类有食用、药用和作为工业原料等实用意义的，以及有旅游观赏、科学研究和文学艺术创作等非实用意义的价值。而间接价值是对生态系统起重要调节作用的价值（生态功能）。保持水土、涵养水源和净化水质功能是生态系统调节方面的作用，属于间接价值，A不符合题意；海南热带雨林是海南省主要河流发源地，能提供灌溉水源，保障农业丰产丰收主要是热带雨林生态调节的体现，属于间接价值，B不符合题意；形成了独特、多样性的雨林景观，是发展生态旅游的重要资源，属于旅游观赏价值，是直接价值的体现，C符合题意；通过光合作用固定大气中的CO_2，在植被和土壤中积累形成碳库，是其在碳循环等环境调节方面的作用，属于间接价值，D不符合题意。经上述分析可知本题情境设计较为简单，体现了题目的基础性。

【例5.2】（2022年全国乙卷）

运动神经元与骨骼肌之间的兴奋传递过度会引起肌肉痉挛，严重时会危及生命。下列治疗方法中合理的是（　　）

A. 通过药物加快神经递质经突触前膜释放到突触间隙中
B. 通过药物阻止神经递质与突触后膜上特异性受体结合
C. 通过药物抑制突触间隙中可降解神经递质的酶的活性
D. 通过药物增加突触后膜上神经递质特异性受体的数量

【参考答案】B

【解析】本题以兴奋过度传递引起相关疾病及其药物作用机理为情境来进行设计，与学生生活及其身体健康紧密相关。情境设计虽然简单但是考查相关内容全面、翔实，具有较强的目的性。必备知识方面考查突触结构、内环境稳态、特异性受体和酶等概念。关键能力方面要求考生能够根据所提供的文本来获取信息并建构简单的思维模型，并综合运用知识来分析和解决问题，体现了对考生关键能力中理解能力和解决问题能力的考查。本题的问题情境设计不仅可以训练学生的推理分析能力，还可以帮助学生树立结构与功能观、稳态观与调节观，实现了对考生知识与观念以及科学思维等学科素养的考查。

如果通过药物加快神经递质经突触前膜释放到突触间隙中，突触间隙中神经递质浓度增加，与突触后膜上特异性受体结合增多，会导致兴奋过度传递引起肌肉痉挛，A不符合题意；如果通过药物阻止神经递质与突触后膜上特异性受体结合，兴奋传递减弱，会缓解兴奋过度传递引起的肌肉痉挛，可达到治疗目的，B符合题意；如果通过药物抑制突触间隙中可降解神经递质的酶的活性，突触间隙中的神经递质不能有效降解，导致神经递质与突触后膜上的特异性受体持续结合，导致兴奋传递过度引起肌肉痉挛，C不符合题意；如果通过药物增加突触后膜上神经递质特异性受体的数量，突触间隙的神经递质与特异性受体结合增多，会导致兴奋传递过度引起肌肉痉挛，D不符合题意。本题涉及知识考点较多，且问题情境和推理过程具有一定的复杂性，体现了试题的综合性。

【例5.3】（2022年全国乙卷）

依据鸡的某些遗传性状可以在早期区分雌雄，提高养鸡场的经济效益。已知鸡的羽毛性状芦花和非芦花受1对等位基因控制。芦花鸡和非芦花鸡进行杂交，正交子代中芦花鸡和非芦花鸡数目相同，反交子代均为芦花鸡。下列分析及推断错误的是（　　）

A. 正交亲本中雌鸡为芦花鸡，雄鸡为非芦花鸡

B. 正交子代和反交子代中的芦花雄鸡均为杂合体

C. 反交子代芦花鸡相互交配，所产雌鸡均为芦花鸡

D. 仅根据羽毛性状芦花和非芦花即可区分正交子代性别

【参考答案】 C

【解析】 本题以养鸡场利用鸡早期羽毛的差异来区分雌雄为情境进行设计，是运用遗传学知识解决生产实践问题的具体应用之一。必备知识方面考查了遗传定律、伴性遗传（ZW型）等遗传学核心知识和基本规律。关键能力方面要求考生能够有效获取题目信息，并根据信息和所学知识构建遗传图解来分析和解释相关遗传现象，作出合理的判断，考查了考生的理解能力和解决问题的能力。在学科素养方面，通过情境设计引导学生运用知识解决生产实际问题，考查学生的科学思维，并帮助学生树立正确的劳动观念。

根据题意可知，正交子代中芦花鸡和非芦花鸡数目相同，反交子代均为芦花鸡，说明控制鸡羽毛性状芦花和非芦花的基因位于Z染色体上，且芦花为显性。设基因A/a控制芦花/非芦花性状。根据题意可知，正交为Z^aZ^a（非芦花雄鸡）×Z^AW（芦花雌鸡），子代为Z^AZ^a、Z^aW，且芦花鸡和非芦花鸡数目相同，反交为Z^AZ^A×Z^aW，子代为Z^AZ^a、Z^AW，且全为芦花鸡，A正确；正交子代中芦花雄鸡为Z^AZ^a（杂合子），反交子代中芦花雄鸡为Z^AZ^a（杂合子），B正确；反交子代芦花鸡相互交配，即Z^AZ^a×Z^AW，所产雌鸡为Z^AW（芦花）、Z^aW（非芦花），C错误；正交子代为Z^AZ^a（芦花雄鸡）、Z^aW（非芦花雌鸡），D正确。

本题要求考生对遗传基本规律和伴性遗传具有深刻的理解，要求考生运用学科综合知识解决实际问题，体现了题目具有综合性和应用性。

【例5.4】（2021年湖南卷）

某草原生态系统中植物和食草动物两个种群数量的动态模型如下图所示。下列叙述错误的是（　　）

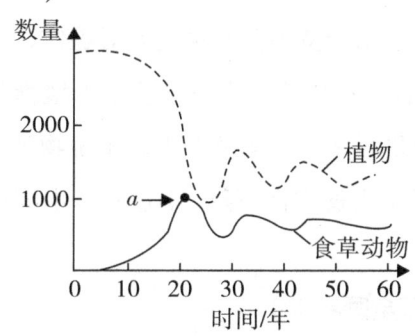

A. 食草动物进入早期，其种群数量增长大致呈"J"形曲线

B. 图中点a的纵坐标值代表食草动物的环境容纳量

C. 该生态系统的相对稳定与植物和食草动物之间的负反馈调节有关

D. 过度放牧会降低草原生态系统的抵抗力稳定性

【参考答案】B

【解析】本题以草原生态系统两种生物数量变化为情境进行设计，将问题情境与生产实践相联系并通过数学模型来呈现。模型建构与分析在生物学高考中经常见到。模型的建构和分析过程促进考生探讨、阐释生命现象及规律，进而培养考生运用模型认识事物、解决实际问题的思维习惯和能力。必备知识方面考查种群数量变化、环境容纳量、反馈调节、种间关系、生态系统稳定性等概念和内容。关键能力方面要求考生对相关概念有准确的理解，并能够通过所学知识结合模型进行推理、判断并得出相关结论。在学科素养方面，本题帮助学生树立信息观和稳态观等学科观念，并引导学生合理开发利用资源，树立爱护环境的责任与担当。

食草动物进入早期，由于食物充足和空间充裕，天敌较少，其种群数量增长较快，其种群数量增长大致呈"J"形曲线，A正确。环境容纳量（K值）是指在环境条件不受破坏的情况下，一定空间中所能维持的种群最大数量。种群数量会在K值上下波动，因此a点虽然是最高的，但不能代表食草动物的环境容纳量，B错误。食草动物和植物是捕食关系，是生态系统的捕食者和生产者，因此两者通过负反馈调节来维持种群数量的相对稳定，共同维持生态系统的稳定性，C正确。过度放牧会造成草原生态系统草本植物急剧减少，生产者作为生态系统的基石，其数量减少会影响整个生态系统物种的数量，使生态系统的营养结构变得简单，抵抗力稳定性下降，D正确。本题情境较为复杂，体现其具有一定的综合性。

【例5.5】（2020年全国卷Ⅰ）

农业生产中的一些栽培措施可以影响作物的生理活动，促进作物的生长发育，达到增加产量等目的。回答下列问题：

（1）中耕是指作物生长期中，在植株之间去除杂草并进行松土的一项栽培措施，该栽培措施对作物的作用有_____（答出2点即可）。

（2）农田施肥的同时，往往需要适当浇水，此时浇水的原因是_____（答出1点即可）。

（3）农业生产常采用间作（同一生长期内，在同一块农田上间隔种植两种作物）的方法提高农田的光能利用率。现有4种作物，在正常条件下生长能达到的株高和光饱和点（光合速率达到最大时所需的光照强度）见下表。从提高光能利用率的角度考虑，最适合进行间作的两种作物是_____，选择这两种作物的理由是_____。

作物	A	B	C	D
株高/cm	170	65	59	165
光饱和点/($\mu mol \cdot m^{-2} \cdot s^{-1}$)	1 200	1 180	560	623

【参考答案】（1）减少杂草对水分、矿质元素和光的竞争；增加土壤氧气含量，促进根系的呼吸作用

（2）肥料中的矿质元素只有溶解在水中才能被作物根系吸收

（3）A和C 作物A光饱和点高且长得高，可利用上层光照进行光合作用；作物C光饱和点低且长得矮，与作物A间作后，可以利用下层的弱光进行光合作用

【解析】中耕、合理施肥、间作是农业生产保证产量的重要措施，本题以这三种农业生产措施为情境设计问题，紧贴农业生产实践。必备知识方面要求考生掌握种间关系、呼吸作用、自由水、物质跨膜运输方式、渗透压、群落结构、光合作用等概念和内容，设置的每个问题都是围绕生产实践。关键能力方面要求考生能够利用所学的知识内容来解释农业生产现象、提出解决农业生产实际问题的方案，实现了对考生理解能力、解决问题能力、实验探究能力的考查。学科素养方面考查学生的科学思维、探究与创新水平，同时培养了学生的劳动意识，树立热爱劳动的观念。

中耕措施包括去除杂草和松土，其作用对于农作物具有多项益处，本题具有一定的开放性，学生可选择2点回答：减少杂草对水分、矿质元素和光的竞争；增加土壤氧气含量，促进根系的呼吸作用。施肥同时要浇水，其目的有多种，考生可回答：肥料中的矿质元素只有溶解在水中才能被作物根系吸收。根据题意间作植株的选择要考虑株高和光饱和点的差异性。具有较大差异性的，作物A光饱和点高且长得高，可利用上层光照进行光合作用；作物C光饱和点低且长得矮，与作物A间作后，能利用下层的弱光进行光合作用。本题将不同农业生产措施集中在一起并从多角度考查学生，问题设计也具有一定的开放性，因此本题具有较好的综合性和创新性。

【例5.6】（2022年全国乙卷）

某种植物的花色有白、红和紫三种，花的颜色由花瓣中色素决定，色素的合成途径是：白色 $\xrightarrow{酶1}$ 红色 $\xrightarrow{酶2}$ 紫色。其中酶1的合成由基因A控制，酶2的合

成由基因B控制，基因A和基因B位于非同源染色体上。回答下列问题：

（1）现有紫花植株（基因型为AaBb）与红花杂合体植株杂交，子代植株表现型及其比例为_____；子代中红花植株的基因型是_____；子代白花植株中纯合体占的比例为_____。

（2）已知白花纯合体的基因型有2种。现有1株白花纯合体植株甲，若要通过杂交实验（要求选用1种纯合体亲本与植株甲只进行1次杂交）来确定其基因型，请写出选用的亲本基因型、预期实验结果和结论。

【参考答案】（1）白色：红色：紫色=2：3：3　AAbb、Aabb　1/2

（2）要检测白花纯合体植株甲的基因型，可选用AAbb植株与之杂交，若基因型为aaBB，则实验结果为：aaBB×AAbb→AaBb（全为紫花）；若基因型为aabb，则实验结果为：aabb×AAbb→Aabb（全为红花）。

【解析】本题以生活中某植物花色类型为情境来进行设计。必备知识方面考查杂交、表型、基因型、分离定律、自由组合定律等遗传学概念和基本规律。关键能力方面要求考生具有一定的演绎推理能力，能够根据题意获取有用信息，通过推理、分析、计算得出相关结论，并设计实验方案解决问题。本题实现了对考生理解能力、实验与探究能力、解决问题能力的重点考查。学科素养方面侧重对考生发散思维、模型建构等科学思维的考查。

根据题意，A/a和B/b两对基因遵循自由组合定律，A_B_表现为紫花，A_bb表现为红花，aa__表现为白花。紫花植株（AaBb）与红花杂合体（Aabb）杂交，子代可产生6种基因型及比例为AABb（紫花）：AaBb（紫花）：aaBb（白花）：AAbb（红花）：Aabb（红花）：aabb（白花）=1：2：1：1：2：1。故子代植株表型及比例为白色：红色：紫色=2：3：3；子代中红花植株的基因型有2种：AAbb、Aabb；子代白花植株中纯合体（aabb）占的比例为1/2。白花纯合体的基因型有aaBB和aabb两种。要检测白花纯合体植株甲的基因型，可选用AAbb植株与之杂交，若基因型为aaBB，则实验结果为aaBB×AAbb→AaBb（全为紫花）；若基因型为aabb，则实验结果为aabb×AAbb→Aabb（全为红花）。这样就可以根据子代的表型将白花纯合体的基因型推出。通过上述分析可知题目设计具有综合性和应用性。

【例5.7】（2021年广东卷）

太极拳是我国的传统运动项目，其刚柔并济、行云流水般的动作是通过神经系统对肢体和躯干各肌群的精巧调控及各肌群间相互协调而完成的。如"白鹤亮翅"招式中的伸肘动作，伸肌收缩的同时屈肌舒张。下图为伸肘动作在脊髓水平反射弧基本结构的示意图。

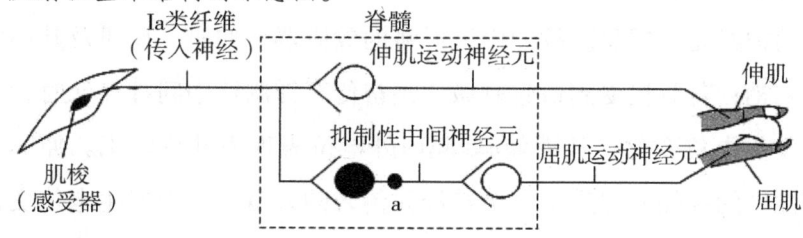

回答下列问题：

（1）图中反射弧的效应器是_____及其相应的运动神经末梢。若肌梭受到适宜刺激，兴奋传至a处时，a处膜内外电位应表现为_____。

（2）伸肘时，图中抑制性中间神经元的作用是_____，使屈肌舒张。

（3）适量运动有益健康，一些研究认为太极拳等运动可提高肌细胞对胰岛素的敏感性，在胰岛素水平相同的情况下，该激素能更好地促进肌细胞_____，降低血糖浓度。

（4）有研究报道，常年坚持太极拳运动的老年人，其血清中TSH、甲状腺激素等的浓度升高，因而认为运动能改善老年人的内分泌功能，其中TSH水平可以作为评估_____（填分泌该激素的腺体名称）功能的指标之一。

【参考答案】（1）伸肌、屈肌　内正外负

（2）该神经元兴奋后释放抑制性神经递质，抑制屈肌运动神经元

（3）对血液中的葡萄糖摄取、利用和储存

（4）垂体

【解析】太极拳是我国非物质文化遗产，有广泛的群众基础。本题以人们耳熟能详的太极拳运动为情境进行设计。必备知识方面考查神经调节、激素调节、血糖平衡等内容。关键能力方面要求考生能够具有一定的推理、归纳等能力，并通过模型分析得出相关结论。学科素养方面引导考生树立稳态与调节观、信息观等学科观念，培养考生热爱运动、热爱生活、热爱健康的生命观念。

反射弧是反射的结构基础，图中有两条反射弧：肌梭（感受器）→传入神经→脊髓→伸肌运动神经元→伸肌；肌梭（感受器）→传入神经→脊髓→屈肌运动神经元→屈肌。故图中反射弧的效应器为伸肌、屈肌及其相应的运动神经末梢；若肌梭受到适宜刺激，兴奋传至抑制性中间神经元时，抑制性神经元发生电位变化，从而使a处膜内外电位表现为外负内正。伸肘时，图中抑制性中间神经元接受上一个神经元传来的兴奋，从而发生电位变化，但释放抑制性神经递质，使屈肌运动神经元无法产生动作电位，使屈肌舒张。胰岛素能加速组织细胞对葡萄糖的摄取、利用和存储，抑制肝糖原的分解和非糖物质的转化，从而降低血糖。太极拳等运动可提高肌细胞对胰岛素的敏感性，在胰岛素水平相同的情况下，该激素能更好地促进肌细胞加速摄取、利用和存储葡萄糖，从而降低血糖浓度。甲状腺激素的分泌存在分级调节，下丘脑分泌促甲状腺激素释放激素（TRH）作用于垂体，促使垂体分泌促甲状腺激素（TSH）作用于甲状腺，从而使甲状腺分泌甲状腺激素（TH）。激素通过体液运输，可通过检测血液中TSH、TH、TRH等激素的含量评估相应分泌器官的功能，从而判断老年人的内分泌功能。其中TSH水平可以作为评估垂体功能的指标之一。本题在情境设计、情境活动要求方面都体现出了综合性。

【例5.8】（2022年全国乙卷）

某研究小组借助空中拍照技术调查草原上地面活动的某种哺乳动物的种群数量，主要操作流程是选取样方、空中拍照、识别照片中该种动物并计数。回答下列问题。

（1）为保证调查的可靠性和准确性，选取样方应注意的主要事项有_____（答出3点即可）。

（2）已知调查区域总面积为S，样方面积为m，样方内平均个体数为n，则该区域的种群数量为_____。

（3）与标记重捕法相比，上述调查方法的优势有_____（答出2点即可）。

【参考答案】（1）随机取样、样方大小要一致、样方数量要适宜

（2）$(S×n)/m$

（3）周期短，对野生动物生活干扰少，操作更简便

【解析】种群数量变化研究对于物种繁衍发展以及生态系统稳定性具有重要意义，本题以草原某哺乳动物种群数量调查为情境进行设计。必备知识方面考查样方选取、种群数量估算等内容。关键能力方面考查考生根据题意和所学知识来解决问题的能力，以及通过与传统方法相比较，分析新技术优势的创新能力。学科素养方面在考查考生科学思维同时引导其树立运用新技术、新方法更有效解决问题的观念，以及减少人类干扰、保护野生动物、热爱自然、热爱生命的责任与意识。

调查植物种群密度常用样方法，样方法是指在被调查种群的分布范围内，随机选取若干个样方，通过计数每个样方内的个体数，求得每个样方的种群密度，以所有样方的种群密度的平均值作为该种群的种群密度估计值。为避免人为因素的干扰，保证调查的可靠性和准确性，选取样方时关键要做到随机取样，要依据调查范围大小来确定样方大小和数量，且样方大小要一致，样方数量要适宜。假设区域内种群数量为N，样方内平均个体数为n，已知所调查区域总面积为S，样方面积为m，则有$N÷S=n÷m$，故$N=(S×n)/m$。

研究小组借助空中拍照技术调查草原上地面活动的某种哺乳动物的种群数

量，与标记重捕法相比，该调查方法周期短，不受不良天气变化的影响，对野生动物生活干扰少，操作更简便，并允许在繁殖季节收集更多的数据。通过以上分析可知本题具有综合性、应用性和创新性。

【例5.9】（2021年河北卷）

葡萄酒生产过程中会产生大量的酿酒残渣（皮渣）。目前这些皮渣主要用作饲料或肥料，同时研究者也采取多种措施拓展其利用价值。

回答下列问题：

（1）皮渣中含有较多的天然食用色素花色苷，可用萃取法提取。萃取前将原料干燥、粉碎的目的分别是_____，萃取效率主要取决于萃取剂的_____。萃取过程需要在适宜温度下进行，温度过高会导致花色苷_____。研究发现，萃取时辅以纤维素酶、果胶酶处理可提高花色苷的提取率，原因是_____。

（2）为了解皮渣中微生物的数量，取10 g皮渣加入90 mL无菌水，混匀、静置后取上清液，用稀释涂布平板法将0.1 mL稀释液接种于培养基上。10^4倍稀释对应的三个平板中菌落数量分别为78、91和95，则每克皮渣中微生物数量为_____个。

（3）皮渣堆积会积累醋酸菌，可从中筛选优良菌株。制备醋酸菌初筛平板时，需要将培养基的pH调至_____性，灭菌后须在未凝固的培养基中加入无菌碳酸钙粉末、充分混匀后倒平板，加入碳酸钙的目的是_____。培养筛选得到的醋酸菌时，在缺少糖源的液体培养基中可加入乙醇作为_____。

（4）皮渣堆积过程中也会积累某些兼性厌氧型乳酸菌。初筛醋酸菌时，乳酸菌有可能混入其中，且两者菌落形态相似。请设计一个简单实验，区分筛选平板上的醋酸菌和乳酸菌。（简要写出实验步骤和预期结果）

【参考答案】（1）有利于萃取剂溶解花色苷、使原料与萃取剂充分接触　性质和使用量　分解　纤维素酶、果胶酶可破坏细胞壁，有利于提高花色苷的提取率　（2）$8.8×10^6$　（3）中性或弱碱性　使培养基不透明，从而使醋酸菌菌落周围出现透明圈　碳源　（4）将平板置于无氧环境下继续培养，观察菌落形态和透明圈大小。若菌落继续生长，且透明圈增大，则为兼性厌氧型的乳酸菌菌落，若菌落不能继续生长，透明圈不再扩大，则为醋酸菌菌落。

【解析】微生物在食品生产、制药、环境保护等人类生产、生活中的应用极其广泛。本题以葡萄酿酒残渣（皮渣）再利用为情境进行设计。必备知识方面考查植物有效成分提取方法以及微生物的筛选、培养与统计等内容。关键能力方面主要考查考生理解能力、利用实验探究来解决问题的能力。学科素养方面在考查考生科学思维的同时帮助考生树立废弃物再利用、发展清洁能源的意识，培养考生保护环境的责任与担当。

天然食用色素花色苷可用萃取法提取，萃取剂与水应不混溶，萃取前将原料干燥，有利于萃取剂溶解花色苷，提高溶解率；粉碎的目的是使原料与萃取剂充分接触。萃取效率主要取决于萃取剂的性质和使用量。萃取过程需要在适宜温度下进行，温度过高会导致花色苷分解。萃取时辅以纤维素酶、果胶酶处理，可破坏细胞壁，有利于提高花色苷的提取率。为了解皮渣中微生物的数量，取10 g皮渣加入90 mL无菌水，混匀、静置后取上清液，用稀释涂布平板法将0.1 mL稀释液接种于培养基上。10^4倍稀释对应的三个平板中菌落数量分别为78、91和95，则三个平板中平均菌落数为88，每克皮渣中微生物数量为8.8×10^6个。醋酸菌属于细菌，制备醋酸菌初筛平板时，需要将培养基的pH调至中性或弱碱性，灭菌后在未凝固的培养基中加入无菌碳酸钙粉末，充分混匀后倒平板，加入碳酸钙可使培养基不透明，醋酸菌产生的醋酸可分解碳酸钙，产生透明圈，根据这一特点可筛选出醋酸菌，在缺少糖源的液体培养基中醋酸菌以乙醇为碳源，先把乙醇氧化为乙醛，再把乙醛氧化为乙酸。醋酸菌为好氧菌，与兼性厌氧型的乳酸菌菌落形态相似，且二者产生的代谢产物均可使碳酸钙分解，为了区分筛选平板上的醋酸菌和乳酸菌，可将平板置于无氧环境下继续培养，观察菌落形态和透明圈大小。若菌落继续生长，且透明圈增大，则为兼性厌氧型的乳酸菌菌落，若菌落不能继续生长，透明圈不再扩大，则为醋酸菌菌落。通过以上问题分析可见本题具有综合性、应用性和创新性。

（蒋文、李杰）

第三节 生物学高考基于"学习探索情境"的命题分析

学习探索情境源于真实的研究过程或实际的探索过程，涵盖探索与科学探究过程中所涉及的问题。解决这类情境问题时，必须根据所学知识开展高层次的智力活动，需要更多地运用创新的思维方式。对于生物学来说，"学习探索情境"主要源于实验和科学探究，是真实的生物学研究的内容以及由这些内容进行知识迁移设定的情境或提出的问题。"学习探索情境"试题对于考生关键能力和学科素养的评价具有重要作用，因此在生物学高考中该类型题目占较大比例。

【例5.10】（2022年全国乙卷）

某种酶P由RNA和蛋白质组成，可催化底物转化为相应的产物。为探究该酶不同组分催化反应所需的条件。某同学进行了下列5组实验（表中"+"表示有，"−"表示无）。

实验组	①	②	③	④	⑤
底物	+	+	+	+	+
RNA组分	+	+	−	+	−
蛋白质组分	+	−	+	−	+
低浓度Mg^{2+}	+	+	+	−	−
高浓度Mg^{2+}	−	−	−	+	+
产物	+	−	−	+	−

根据实验结果可以得出的结论是（　　）

A. 酶P必须在高浓度Mg^{2+}条件下才具有催化活性

B. 蛋白质组分的催化活性随Mg^{2+}浓度升高而升高

C. 在高浓度Mg^{2+}条件下RNA组分具有催化活性

D. 在高浓度Mg^{2+}条件下蛋白质组分具有催化活性

【参考答案】C

【解析】本题以实验探究某种酶的催化条件为情境进行设计。要求考生对实验结果进行分析推理后得出相关结论，其过程也是考生学习探索的过程。必备知识方面考查酶的本质与作用、酶反应条件、实验对照、自变量、因变量等。关键能力方面要求考生根据实验结果数据获取有用信息的能力，通过对比分析作出准确判断的实验与探究能力。学科素养方面考查考生结构与功能观等学科观念。

由表格数据可知，该实验的自变量是酶的组分、Mg^{2+}的浓度，因变量是有没有产物生成，底物为无关变量。第①组中，酶P在低浓度Mg^{2+}条件，有产物生成，说明酶P在该条件下具有催化活性，A错误；第③组和第⑤组对照，无关变量是底物和蛋白质组分，自变量是Mg^{2+}浓度，无论是高浓度Mg^{2+}条件下还是低浓度Mg^{2+}条件下，两组均没有产物生成，说明蛋白质组分无催化活性，B、D错误；第②组和第④组对照，无关变量是底物和RNA组分，自变量是Mg^{2+}浓度，第④组在高浓度Mg^{2+}条件下有产物生成，第②组在低浓度Mg^{2+}条件下没有产物生成，说明在高浓度Mg^{2+}条件下RNA组分具有催化活性，C正确。本题情境新颖，具有较高的复杂性，通过上述分析可见本题具有综合性和创新性。

【例5.11】（2021年广东卷）

保卫细胞吸水膨胀使植物气孔张开。适宜条件下，制作紫鸭跖草叶片下表皮临时装片，观察蔗糖溶液对气孔开闭的影响，下图为操作及观察结果示意图。下列叙述错误的是（　　）

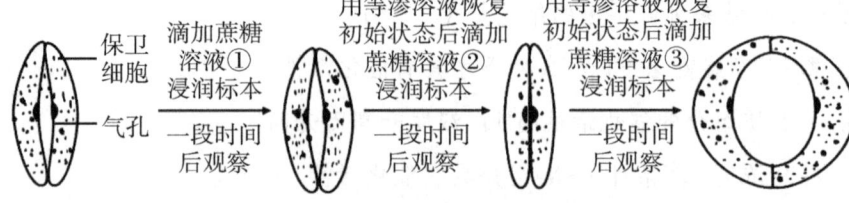

A．比较保卫细胞细胞液浓度，③处理后＞①处理后

B．质壁分离现象最可能出现在滴加②后的观察视野中

C．滴加③后有较多水分子进入保卫细胞

D．推测3种蔗糖溶液浓度高低为②＞①＞③

【参考答案】A

【解析】本题将教材中质壁分离及其复原实验进一步拓展延伸，以保卫细胞与气孔的开闭现象为情境进行设计。必备知识方面考查渗透作用等内容。关键能力方面考查考生对题目的理解能力，在图示中获取信息并多角度思考问题的能力，以及在实验探索中运用多种知识来解决问题的能力。学科素养方面考查考生科学思维、实验与探究，以及结构与功能观等学科观念。

气孔是由保卫细胞围成的空腔，它的奇妙之处在于能够自动开闭。气孔是植物体蒸腾失水的门户，也是植物体与外界进行气体交换的窗口。气孔的张开和闭合受保卫细胞的控制。据图分析可知，滴加蔗糖溶液①后一段时间，保卫细胞气孔张开一定程度，说明保卫细胞在蔗糖溶液①中吸收一定水分；滴加蔗糖溶液②后一段时间，保卫细胞气孔关闭，说明保卫细胞在蔗糖溶液②中失去一定水分，滴加蔗糖溶液③后一段时间，保卫细胞气孔张开程度较大，说明保卫细胞在蔗糖溶液③中吸收水分多，且多于蔗糖溶液①，由此推断三种蔗糖溶液浓度大小为②＞①＞③。①细胞处吸水量少于③处细胞，说明保卫细胞细胞液浓度①处理后＞③处理后，A错误；②处细胞失水，故质壁分离现象最可能出现在滴加②后的观察视野中，B正确；滴加③后细胞大量吸水，故滴加③后有较多水分子进入保卫细胞，C正确；通过分析可知，推测3种蔗糖溶液浓度高低为

②>①>③，D正确。由上述分析可以看出本题体现了综合性和创新性。

【例5.12】（2022年山东卷）

某种干细胞中，进入细胞核的蛋白APOE可作用于细胞核骨架和异染色质蛋白，诱导这些蛋白发生自噬性降解，影响异染色质上的基因的表达，促进该种干细胞的衰老。下列说法错误的是（　　）

A. 细胞核中的APOE可改变细胞核的形态

B. 敲除*APOE*基因可延缓该种干细胞的衰老

C. 异染色质蛋白在细胞核内发生自噬性降解

D. 异染色质蛋白的自噬性降解产物可被再利用

【参考答案】 C

【解析】 本题以干细胞衰老机制为情境进行设计，该情境对于考生来说是较为新颖、复杂的情境。必备知识方面考查细胞衰老特征、溶酶体作用等内容。由于本题素材是考生不熟悉的内容，要通过深刻理解题意并作出合理的推理才能正确得出结论，因此关键能力方面主要考查考生理解能力和综合运用知识解决问题的能力。学科素养方面则考查考生的结构与功能观及科学思维水平。

异染色质是指在细胞周期中具有固缩特性的染色体。细胞自噬是细胞通过溶酶体（如动物）或液泡（如植物、酵母菌）降解自身组分以达到维持细胞内正常生理活动及稳态的一种细胞代谢过程。由"蛋白APOE可作用于细胞核骨架"可知APOE可改变细胞核的形态，A正确；蛋白APOE可促进该种干细胞的衰老，所以敲除*APOE*基因可延缓该种干细胞的衰老，B正确；自噬是在溶酶体（如动物）或液泡（如植物、酵母菌）中进行的，不在细胞核内，C错误；异染色质蛋白的自噬性降解产物是氨基酸，可被再利用，D正确。本题情境复杂，要求学生在陌生的情境中主动思考，并具有推理和论证的能力，体现了题目的综合性和创新性。

【例5.13】（2022年山东卷）

石蒜地下鳞茎的产量与鳞茎内淀粉的积累量呈正相关。为研究植物生长调节剂对石蒜鳞茎产量的影响，将适量赤霉素和植物生长调节剂多效唑的粉末分别溶于少量甲醇后用清水稀释，处理长势相同的石蒜幼苗，鳞茎中合成淀粉的关键酶AGPase的活性如下图所示。下列说法正确的是（　　）

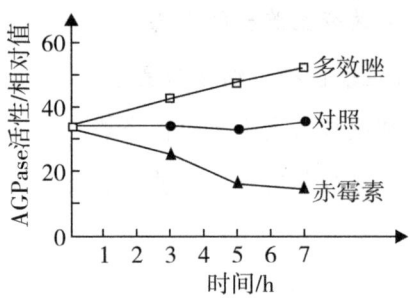

A. 多效唑通过增强AGPase活性直接参与细胞代谢

B. 对照组应使用等量清水处理与实验组长势相同的石蒜幼苗

C. 喷施赤霉素能促进石蒜植株的生长，提高鳞茎产量

D. 该实验设计遵循了实验变量控制中的"加法原理"

【参考答案】D

【解析】本题以植物生长调节剂多效唑和植物激素赤霉素对石蒜地下鳞茎产量的影响实验为情境来进行设计。情境新颖且较为复杂，与生产实践紧密联系。必备知识方面考查激素和植物生产调节剂的作用、实验设计原理等内容。本题要求考生根据题干和图示所提供信息结合所学知识能够推理并作出合理判断，因此关键能力主要考查理解能力、实验探究能力。学科素养方面主要考查科学思维、探究与创新水平。

由图可知，与对照组比较，多效唑可以增强AGPase活性，促进鳞茎中淀粉的合成。但是激素或植物生长调剂不能直接参与细胞代谢，只能间接调节细胞代谢，A错误；由"适量赤霉素和植物生长调节剂多效唑的粉末分别溶于少量甲醇后用清水稀释"可知,对照组应使用等量的甲醇的清水稀释液处理,B错误;赤霉素降低AGPase的活性,进而抑制鳞茎中淀粉的积累,根据石蒜地下鳞茎的产量与鳞茎内淀粉的积累量呈正相关,喷施赤霉素不能提高鳞茎产量,反而使得鳞茎产量减少,C错误;与常态比较,人为增加某种影响因素的实验应用的是"加法原理",用外源激素赤霉素和植物生长调节剂多效唑处理遵循了实验变量控制中的"加法原理",D正确。本题体现了综合性、应用性和创新性。

【例5.14】(2019年全国卷Ⅰ)

将生长在水分正常土壤中的某植物通过减少浇水进行干旱处理,该植物根细胞中溶质浓度增大,叶片中的脱落酸(ABA)含量增高,叶片气孔开度减小,回答下列问题。

(1)经干旱处理后,该植物根细胞的吸水能力_____。

(2)与干旱处理前相比,干旱处理后该植物的光合速率会_____,出现这种变化的主要原因是_____。

(3)有研究表明:干旱条件下气孔开度减小不是由缺水直接引起的,而是由ABA引起的,请以该种植物的ABA缺失突变体(不能合成ABA)植株为材料,设计实验来验证这一结论,要求简要写出实验思路和预期结果。

【参考答案】(1)增强

(2)下降 干旱处理后该植物的叶片气孔开度减小,导致叶片细胞吸收CO_2减少,暗反应减弱

(3)详见解析

【解析】本题以植物干旱条件下生理变化为情境来进行设计。必备知识方面利用情境将渗透作用、光合作用、实验设计等知识巧妙地有机融合在一起进行考查。关键能力方面要求考生根据实验结果分析、推理、解释和表达相关生命现象的发生机制,体现了对理解能力以及实验与探究能力的考查。实验设计

更具创新性,传统的验证性实验的考查一般只要求考生设计一组对照实验即可证明相关结论,而本题要求考生证明两个实验结论,也就要求考生能够设计两组对照实验来解决问题,一组设置自身对照,另一组设置空白对照。这对考生的理解能力、问题解决能力、创新能力都有较高的要求。学科素养方面重点考查了科学思维、探究与创新等素养水平。

经干旱处理后,根细胞的溶质浓度增大,渗透压增大,植物根细胞的吸水能力增强。据题干条件可知,经干旱处理后,该植物的叶片气孔开度减小,导致叶片细胞吸收CO_2减少,暗反应减弱,因此光合速率会下降;根据题意分析可知,实验目的为验证干旱条件下气孔开度减小不是由缺水直接引起的,而是由ABA引起的,故实验应分为两部分:①证明干旱条件下植物气孔开度变化不是缺水引起的;②证明干旱条件下植物气孔开度减小是由ABA引起的。该实验材料为ABA缺失突变体植株(不能合成ABA),自变量应分别为正常条件和缺水环境、植物体中ABA的有无,因变量均为气孔开度变化,据此设计实验:①取ABA缺失突变体植株在正常条件下测定气孔开度,经干旱处理后,再测定气孔开度,预期结果是干旱处理前后气孔开度不变,可说明缺水环境不影响ABA缺失突变体植株气孔开度变化,即干旱条件下植物气孔开度变化不是由缺水引起的;②将上述干旱处理的ABA缺失突变体植株分成两组,在干旱条件下,一组进行ABA处理,另一组作为对照组,一段时间后,分别测定两组的气孔开度,预期结果是ABA处理组气孔开度减小,对照组气孔开度不变,可说明干旱条件下植物气孔开度减小是由ABA引起的。通过上述分析可知本题具有应用性和创新性。

【例5.15】(2017年全国卷Ⅰ)

根据遗传物质的化学组成,可将病毒分为RNA病毒和DNA病毒两种类型。有些病毒对人类健康会造成很大危害。通常,一种新病毒出现后需要确定该病毒的类型。假设在宿主细胞内不发生碱基之间的相互转换,请利用放射性同位素标记的方法,以体外培养的宿主细胞等为材料,设计实验以确定一种新病毒的

类型。简要写出（1）实验思路，（2）预期实验结果及结论。（要求：实验包含可相互印证的甲、乙两个组）

【答案及解析】本题以实验探究病毒类型为情境来进行设计。必备知识方面考查DNA和RNA的结构、病毒的繁殖方式、同位素标记法等内容。高考传统的实验设计类题目一般具有较为明显的指向性，考生能够较容易分析出实验目的和变量来解决问题。本题在自变量、因变量的设计上较为隐晦，因此关键能力方面主要考查考生综合运用知识来解决问题的能力以及创新能力。考生要有扎实的基础知识、严密的逻辑推理能力以及准确全面有序的表达能力才能较好解决问题。学科素养方面主要考查考生科学思维、探究与创新、知识与观念水平。由于DNA和RNA有各自的特有碱基，DNA特有碱基为T，RNA特有碱基为U。先用放射性同位素标记碱基U的培养基中培养宿主细胞，使宿主细胞含有放射性，再用病毒去侵染含放射性的宿主细胞，看子代病毒是否含有放射性，为甲组；先用放射性同位素标记碱基T的培养基中培养宿主细胞，使宿主细胞含有放射性，再用病毒去侵染含放射性的宿主细胞，看子代病毒是否含有放射性，为乙组。若甲组收集的病毒有放射性，乙组无，即为RNA病毒；反之为DNA病毒。从上述分析可知本题情境新颖复杂，要求考生运用已学知识打破思维局限，拓展思维的宽度和深度，抓住现象背后的本质才能够解决问题，将这些看似分散的知识组合起来，运用系统、创新的思维来解决问题。本题体现了综合性和创新性。

【例5.16】（2018年全国卷Ⅰ）

果蝇体细胞有4对染色体，其中2、3、4号为常染色体，已知控制长翅/残翅性状的基因位于2号染色体上，控制灰体/黑檀体性状的基因位于3号染色体上。某小组用一只无眼灰体长翅雌果蝇与一只有眼灰体长翅雄果蝇杂交，杂交子代的表型及其比例如下：

眼	性别	灰体长翅：灰体残翅：黑檀体长翅：黑檀体残翅
1/2有眼	1/2雌	9：3：3：1
	1/2雄	9：3：3：1
1/2无眼	1/2雌	9：3：3：1
	1/2雄	9：3：3：1

回答下列问题：

（1）根据杂交结果，_____（填"能"或"不能"）判断控制果蝇有眼/无眼性状的基因是位于X染色体上还是常染色体上。若控制有眼/无眼性状位于X染色体上，根据上述亲本杂交组合和杂交结果判断，显性性状是_____，判断依据是_____。

（2）若控制有眼/无眼性状的基因位于常染色体上，请用上表中杂交子代果蝇为材料，设计一个杂交实验来确定无眼性状的显隐性（要求：写出杂交组合和预期结果）。

（3）若控制有眼/无眼性状的基因位于4号染色体上，用灰体长翅有眼纯合体和黑檀体残翅无眼纯合体果蝇杂交，F_1相互交配后，F_2中雌雄均有_____种表现型，其中黑檀体长翅无眼所占比例为3/64时，则说明无眼性状为_____（填"显性"或"隐性"）。

【参考答案】（1）不能　无眼　后代中的雌性均出现了有眼和无眼性状，若有眼为显性，则后代中雌雄表现型不同

（2）采用父本和母本均为无眼性状的果蝇杂交，若后代中无眼：有眼=3：1，则无眼为显性性状；若子代全部为无眼，则无眼为隐性性状。

（3）8　隐性

【解析】本题以果蝇三对性状为研究对象进行情境设置。果蝇是高考遗传学题目高频背景材料，究其高频出现的原因大致有以下三个方面：首先，虽然遗传学的发展日新月异，但是经典遗传学实验的地位不可替代。教材中摩尔

根的果蝇实验作为经典遗传学实验之一，通过假说-演绎法证明了基因在染色体上，解决了基因的位置问题，促进了遗传学的发展，也为后续的遗传学研究奠定了基础、指明了方向；其次，果蝇作为遗传学实验材料，目前在各大遗传学实验室、高校和医院等机构仍然应用广泛，以果蝇为试题材料尊重了生活事实，体现了果蝇作为遗传学实验材料的重要性；最后，从地域和学情方面考虑，为了平衡不同省份考生对生物材料的认知水平造成的差异，体现人文关怀，果蝇是很好的选择。

本题必备知识涉及自由组合定律、伴性遗传的内容。本题内容呈现较为传统，如表格中的表现型比例数据9：3：3：1，相对性状显隐关系的判断和分析，还有杂交实验的设计、分析与表达等，这些都是考生在平时训练中常遇到的内容。但从考查形式上看其具有一定的新意，要求考生利用表格来对三对相对性状的数据进行分析，这在以往的题目中非常少见，因此关键能力方面考查考生排除干扰信息，获取有用信息，化繁为简，准确找到关键信息点的能力，这就要求学生具有较强的理解能力和实验探究能力。

本题的三个小题设计巧妙，层层递进。第（1）小题考查的知识点是基因的位置和相对性状的显隐关系。要求考生基于题干信息，能够运用所学知识来演绎推理、准确判断相关结论，并能利用文字归纳、概括和表达自己的观点。根据亲本表现型、子代表现型及比例，有眼/无眼性状的基因位于常染色体和X染色体上均有可能。若位于X染色体，则无眼为显性，因为只有当无眼为显性时，子代雌雄个体中才会出现有眼与无眼性状的分离。第（2）小题是近年来高考典型的实验设计题目，要求考生具有较好的发散思维、创新思维，能够通过信息获取、利用所学内容来进行思考分析，进行实验设计并推理出相应预期结果和结论。可采用父本和母本均为无眼性状的果蝇杂交，若后代中无眼：有眼=3：1，则无眼为显性性状；若子代全部为无眼，则无眼为隐性性状。这类题目一般难度较高，学生要具备知识的迁移运用能力、逻辑推理能力、设计实验的创新能力、全面准确有序的表达能力，才能解决好这类问题。第（3）小题主要考查学生能否运用分离定律和自由组合定律解决实际问题，要求学生具有推理（正推和反推）能力和相应的计算能力。根据推理和计算，F_2中雌雄均有8种表现型，其中黑檀体长翅无眼所占比例为3/64时，则说明无眼性状为隐性。通过上述分析可知本题体现了科学思维、探究思维和创新性。

【例5.17】（2022年全国甲卷）

某同学从被石油污染的土壤中分离得到A和B两株可以降解石油的细菌，在此基础上采用平板培养法比较二者降解石油的能力，并分析两个菌株的其他生理功能。

实验所用的培养基成分如下。

培养基Ⅰ：K_2HPO_4，$MgSO_4$，NH_4NO_3，石油。

培养基Ⅱ：K_2HPO_4，$MgSO_4$，石油。

操作步骤：

①将A、B菌株分别接种在两瓶液体培养基Ⅰ中培养，得到A、B菌液；

②液体培养基Ⅰ、Ⅱ中添加琼脂，分别制成平板Ⅰ、Ⅱ，按图中所示在平板上打甲、乙两孔。

回答下列问题。

（1）实验所用培养基中作为碳源的成分是_____。培养基中NH_4NO_3的作用是为菌株的生长提供氮源，氮源在菌体内可以参与合成_____（答出2种即可）等生物大分子。

（2）步骤①中，在资源和空间不受限制的阶段，若最初接种N_0个A细菌，繁殖n代后细菌的数量是_____。

（3）为了比较A、B降解石油的能力，某同学利用步骤②所得到的平板Ⅰ、Ⅱ进行实验，结果如下表所示（"+"表示有透明圈，"+"越多表示透明圈越大，"−"表示无透明圈），推测该同学的实验思路是_____。

菌株	透明圈大小	
	平板Ⅰ	平板Ⅱ
A	+++	++
B	++	-

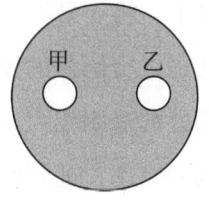

（4）现有一贫氮且被石油污染的土壤，根据上表所示实验结果，治理石油污染应选用的菌株是_____，理由是_____。

【参考答案】（1）石油　DNA、RNA、蛋白质

（2）$N_0 \cdot 2^n$

（3）见解析

（4）A菌株　A菌株降解石油的能力高于B菌株，并且在没有添加氮源的培养基中也能生长

【解析】本题以分解石油微生物的筛选为情境进行设计。必备知识考查微生物培养所需培养基成分和作用、种群数量统计、选择培养基等内容。关键能力方面考查考生根据题目获取信息能力、借助实验与探究运用知识解决问题能力。学科素养方面主要考查学生科学思维探究与创新水平，帮助考生树立利用生物技术手段解决环境污染、保护环境的责任与担当。

微生物培养基的成分有碳源、氮源、无机盐和水等，从组成培养基的物质所含化学元素可知，作为碳源的成分是石油。生物大分子DNA、RNA、蛋白质都含有氮元素，故氮源在菌体内可以参与合成这些物质。由题意"资源和空间不受限制"可知，细菌的种群数量呈"J"形曲线增长，由于细菌进行二分裂，细菌每繁殖一代就是上一代的2倍，根据公式$N_t=N_0 \cdot \lambda^t$，$\lambda=2$，繁殖n代后细菌的数量是$N_0 \cdot 2^n$。分析表中数据可知，实验的结果为：在平板Ⅰ上，A菌株降解石油的能力高于B菌株；在平板Ⅱ上，A菌株仍然能降解石油，而B菌株不能降解，根据实验的单一变量和对照原则，推测该同学的实验思路：在无菌

条件下，将等量等浓度的A菌液和B菌液分别接种到平板Ⅰ的甲和乙两孔处，平板Ⅱ也进行同样的操作，在相同且适宜条件下培养一段时间，比较两个平板的两孔处的透明圈大小并记录，根据透明圈大则降解能力强，透明圈小则降解能力弱的原理，进而比较A、B降解石油的能力。由表中数据可知，在平板Ⅱ（无氮源的培养基）上，A菌株仍然能降解石油，而B菌株不能降解，所以要治理贫氮且被石油污染的土壤，应该选用A菌株，因为A菌株降解石油的能力高于B菌株，并且在没有添加氮源的培养基中也能生长。由上述分析可以看出本题具有综合性、应用性和创新性。

（蒋文、李杰）

第六章
框架：生物学高考改革命题方案"二层双向细目表"的构建

第一节 考试命题方案概述

一、高考命题方案

高考是指高等学校招收新生的考试，这里专指我国普通高等学校招生全国统一考试。命题是在考试目的的导引下、围绕中国高考评价体系、依据一定的规章制度而组织的出题活动及结果；命题是高考正常运行所必不可少的要素，对命题的改进也常常是高考改革这一系统工程的关键环节之一。高考命题方案一般包括命题内容、命题方式、命题原则、命题指导思想和命题要求等（刘亮，2018）。

（一）命题内容

命题内容是指为达到一定的考试目标，命题人有计划、有组织地选取与编排的考查内容。高考命题内容主要涉及"为什么考""怎么考""考什么"的问题，因此可以从宏观、中观、微观的角度进行解析。宏观层面的高考命题内容一般通过命题立意进行表述，如知识立意、能力立意和素养立意等；中观层面的高考命题内容通过考试科目与课程标准或考试大纲得以体现；微观层面的高考命题内容是各学科考卷中各类试题的具体内容。

（二）命题方式

命题方式是指为了实现一定的考试目标，命题人编排试卷时所采用的试题呈现形式、考试科目的设置方式以及管理者组织命题工作的方式。高考命题方式主要涉及"怎么考"和"怎么组织出题"的问题，与命题内容的分类相似，可以从微观、中观和宏观3个层面进行概述。

（1）宏观的高考命题方式是指高考命题的组织及管理体制，可分为国家命题、地方命题和学校命题。国家命题是指教育部为全国所有省（自治区、直辖市）组织的全国统一命题、为部分省份分别组织的统一命题或为某个省份单独组织命题的方式；地方命题是省（自治区、直辖市）教育考试院自主组织命题的方式；学校命题是高校单独组织命题或高校联合组织命题的方式。

（2）中观的高考命题方式是指根据学科类别组配考试科目并据此实施命题的方式。按学科类别及高考科目可分为文史类、理工类、医农类等；不同学科的分值占比不同，同名科目的考查内容也有所差异。按照高考科目的组合方式，高考可分为"3+2""3+X""3+大综合""3+文综/理综""3+3"和"3+1+2"等模式（刘亮，2018）。

（3）微观的高考命题方式是指各考试科目试卷的考查形式及试题编制的方法技术。根据考试方法、技术及工具，可分为口试、笔试、上机操作、实验操作等不同的命题形式。统一高考主要采用笔试，其试题呈现形式可进一步分为主观题、客观题、开放题、半开放题或封闭式题等更加具体的题型。

命题指导思想、命题原则与命题要求是考试命题方案的重要组成部分。各学科的命题工作都需要遵循命题指导思想与基本原则，一般依据各学科的课程标准以及教学大纲，现遵循中国高考评价体系。

二、高考命题方案的演变

自高考建制以来，考试命题方案沿着历史变革的轨迹不断改革与更新，主要体现在宏观与中观层面的命题方式和命题内容上。从宏观层面的命题方式来看，由高考单独命题、高校联合命题过渡到分区命题、国家统一命题，招考命题的组织者由高校逐渐变为政府，经历了由分到统、统分交替、统分结合3个发展阶段。中观层面的命题方式也从中华人民共和国成立初期的不分科、分文理科、"3+2"方案，逐步改革为"3+X""3+3"方案，发展为如今的"3+1+2"方案，科目设置方式更为合理。

从宏观层面的命题内容上看，命题的立意发生了较大转变，主要经历了3个阶段（陈昂等，2015），分别是政治立意向知识立意转变、知识立意向能力立意转变、能力立意向素质立意转变，更凸显对学生核心素养的考查。中观层面的命题内容也从传统的考试大纲转变为更具系统性、科学性和创新性的中国高考评价体系和新课程标准。高考作为我国教育事业的一个重要环节，发挥着立德树人、服务选才与引导教学的作用，而近年来的考试命题方案始终遵循党的十九大所提出的"全面贯彻党的教育方针，落实立德树人根本任务"的要求，不断更新命题方式、内容与原则，以保证考试的区分度和较高的信度与效度，使人才选拔标准更规范、方式更科学。

（何晓彤、黄少旭）

第二节　生物学高考命题方案改革的基本思路

1952年，高考制度正式建立。自那时起，生物学高考发展之路坎坷，在艰难的道路上不断探索前行。胡继飞教授曾将1952—1999年期间生物学高考的发展划分为以下5个时期，分别是受重视期、平等性取消与延缓恢复期、恢复与发展期、歧视性取消期、恢复与改革期（胡继飞，2002）。2000年至今，生物学高考又经历了课程标准的提出与改革、考试大纲的取消、中国高考评价体系的提出等重大实践。高考命题改革不仅仅是教育发展的关键，同时也关系着国计民生。因此，对生物学高考命题方案改革的梳理尤为重要，下文将基于胡继飞教授划分的5个时期，对高考命题方案改革的基本思路进行梳理。

一、受重视时期（1952—1965年）

（一）角色定位

1952年，高考制度正式建立之际，全国高等学校招生委员会成立，确立了全国统一命题，统一规定报考条件、考试科目等要求。在此期间，生物学是医学类和农学类考生的必考科目，以满分100分计入高考总成绩中，与物理、化学在高考中所占比例相等。在此期间，生物学始终是医、农、林学类的必考科目，生物学在此期间受到了足够的重视。

（二）命题依据

1952年6月，教育部颁发了《关于全国高等学校1952年暑期招收新生的规定》，规定要求各科试题由全国高等学校招生委员会统一拟定，并且提出了"试题应着重理解性，内容以基本知识为主，同时要切合实际""试题难易兼备，由浅到深，由易到难"等命题原则，但此时并没有提供明确的高考命题依据。1954年，由于高中毕业生数量增加，为提高生源质量，高等教育部会同教育部颁发了第一版各科考试复习大纲（刘亮和靳培培，2020），此时的考试复习大纲主要是考试内容和范围。该阶段高考命题主要以考试大纲和教科书为依据。

（三）命题特点

1. 命题立意政治倾向逐渐明显

1952—1965年期间，考试命题也经历了考知识还是考能力、考实际还是考书本的争议，这些与当时的政治局势密切相连。1961年，教育部颁布了《关于一九六一年高等学校招生考试命题工作的通知》，通知中对高考命题原则作出了规定，如"根据当前改革精神和各地中学教学实际情况来出题""各科试题应密切联系当前的重要方针、政策和政治、生产斗争实际"。在该背景下，高考命题并非仅仅是技术性问题，而且是具有严肃政治性质的工作。

2. 强调以考查知识为主，试题结构简单，题型较为单一

尽管当时在命题方面强调要考虑切合实际，但由于当时的教育和文化发展水平较低，考试内容远落后于当时生物科学的发展。题型以填空题、名词解释、绘图题和简答题为主，除简答题以外，其他题的答案几乎都是固定的，对于这些题型，学生只需通过识记、背诵即可解决，无法充分考查考生的实际水平。以1952年生物学高考试题（图6.1）为例，全卷考查了考生对知识点的记忆。可以看出，该阶段的生物学高考试题以"考查基础知识"为主要特点。

一、下列八题中，任选五题，但不得过五题。把你所认为适当的答案填在_____上边，每题答对得2分。
  1. _____创立"用进废退"学说。
  2. 植物进行光合作用时，排出的气体是_____。
  3. 蛔虫是雌雄_____体的。
  4. ……

二、下列八题中，任选五题，但不得过五题。说明下列名词的意思。每题答对得4分。
  1. 砧木　2. 春化作用　3. 形成层　4. 受精作用　5. ……

三、绘图表示人体的大循环（体循环）及小循环（肺循环），并注解之。（20分）

四、将正确答案填入下表。（20分）

昆虫名称	繁殖的地方	所传染的疾病(只举一例)	昆虫所传染这种疾病的病原体
蚊			
蝇			
蚤			
虱			

五、从下列两题中选答一题。答案不得少于50字。（30分）
  1. 尝试从胚胎学、比较解剖学与古生物学中各举一具体实例证明达尔文生物进化的理论；
  2. 李森科在苏联的南部种马铃薯时，采用夏季栽种法，其成效如何？这种方法有何理论的根据。

图6.1　1952年生物学高考试题

二、取消时期（1966—1980年）

（一）平等取消阶段（1966—1976年）

1966年7月24日，中共中央、国务院发出《关于改革高等学校招生工作的通知》，正式宣布取消高等学校招生，采取推荐和选拔相结合的办法。这项通知颁布后，全国高等学校停止按计划招生长达6年之久（1966—1971年），1972年大部分高校恢复了招生工作，但直至1977年才恢复统一高考。

（二）延缓恢复阶段（1977—1980年）

1977年，高考制度正式恢复，高考试题由省（自治区、直辖市）拟题，县（区）统一组织考试，各省组织考试、评卷。该阶段的高考分两类，包括文史类和理工类，这两类并不包含生物学高考。1978年改为全国统一命题，由省（自治区、直辖市）组织考试、评卷，但生物学仍然没有恢复原有的高考地位。

三、恢复与发展时期（1981—1992年）

1980年，陈世骧、谈家桢、汤佩松等38位著名生物学家在中国科学技术协会第二次代表大会上联名发出《关于恢复和加强生物教学的倡议》，要求恢复生物学在高考中的地位。在这38位生物学家的倡议下，生物学于1981年才正式恢复为高考科目。

（一）角色定位

1981年，生物学以30分计入高考成绩，占比4.8%；1982年，生物学以50分计入高考成绩，占比7.2%；1986年起，生物学高考总分调至70分，占比9.9%。1991—1992年，湖南、海南和云南三省参加了高考改革试点，由原国家教委考试中心单独为三省命制高考试题，考试科目分为文史组、理工组、化生组和数地组，生物学以150分计入高考成绩中，与其他学科取得了"同等地位"，但是由于种种原因，三省的这项改革并没有坚持下去。生物学高考从无到有，分数占比逐年升高，反映了当时社会对生物学的重视不断提升。

（二）命题依据

1981年后，有了全国统一的教材和教学大纲，便停止编印高考复习大纲。1983年底，教育部下发了《关于1984年高考命题若干问题的通知》，明确了命题原则为："命题范围不得超出中学教学大纲，试题内容的要求不超过中学所用统编教材所能达到的程度。"在这段时期，高考命题是以试行的中学教学大纲和试用的统编教材为命题依据。在多年高考命题的实践中，不少人提出了"遵循教学大纲，但又不拘泥于教学大纲"的建议。

为维持高考内容的一致性，同时确保高考试题质量的稳定性，从1991年开始，高考命题组不仅要完成当年的命题任务，还需要制定各学科的考试说明。考试说明主要包括了考试的目的和性质、考试的内容和范围、考试的方法和形式、样题等内容。1992年3月，原国家教育委员会考试中心颁布了《考试说明》。《考试说明》依据中学教学大纲编制，体现各学科能力考查目标和能力层次，总结能力考查原则和方法，将考查能力科学化、具体化，有利于克服考试工作中的盲目性，实现科学化、标准化，也有利于考生复习备考，减轻盲目的、不必要的负担；有效促进当时高考改革突出能力考查目标的实现，为学科命题提供了依据，为生物学高考走向科学化、标准化、规范化打下了坚实基础。

（三）命题特点

1. 注重考查基础知识和基础技能

1982年下发的《关于一九八二年高等学校招生工作的请示》指出："……着重考查基础知识和基本技能及其运用能力，……有利于中学抓好'双基'。"《考试说明》中对能力和知识的要求分别进行了阐述，相对于之前的高考复习大纲，更加突出了能力的要求。生物学学科《考试说明》中对能力列出了以下5点要求，分别是：①使用恰当的专业术语阐述已学过的生物学概念、事实、方法和原理；②用各种表达形式准确地描述一些生物学现象和事实；③对生物的结构和功能、部分与整体以及生物与环境的一些相互关系进行分析、比较；④正确解释生物个体、环境和社会的一些生物学问题；⑤选用恰当的方法验证简单的生物学事实、对实验进行解释和分析。《考试说明》对能力提出具体要求，有利于促进当时高考改革不断突出能力考查目标的实现。

1981—1992年期间，几乎每年的高考生物试题都会考查实验题。1981—1985年实验题多以问答题的形式出现，着重考查考生对实验操作步骤的掌握情况；1986—1989年，实验题多以填空题的形式出现，着重考查考生对实验的观察、分析和应用的能力；1990—1991年实验题多以简答题的形式出现，重在考查考生分析、概括、综合的能力（林济民，1992）。1990年起，生物学高考题有了较大的改进，除了考查基础知识外，更加侧重能力考查，以1992年生物学高考试题为例（图6.2）。

一、选择题（本大题共28个小题，每小题1分，共28分。在每小题给出的四个选项中，只有一项是符合题目要求的。把所选项前的字母填在括号内）
1. 人体内产生白细胞的器官，除了红骨髓之外，还有（　　）
   A. 淋巴结和肝脏　　B. 脾和扁桃体　　C. 黄骨髓和脾　　D. 扁桃体和肝脏
2. 下列哪项可以称为细胞（　　）
   A. 肌纤维　　　　　B. 胶原纤维　　　C. 神经纤维　　　D. 弹性纤维
   ……
27. 基因型为AaBb的个体，能产生几种配子（　　）
   A. 数目相等的四种配子　　　　B. 数目两两相等的四种配子
   C. 数目相等的两种配子　　　　D. 以上三项都有可能
28. 下列人类系谱中，有关遗传病最可能的遗传方式为（　　）
   A. 常染色体显性遗传　　B. 常染色体隐性遗传
   C. X染色体显性遗传　　D. X染色体隐性遗传

　●女性患者　■男性患者
　○女性正常　□男性正常

二、简答题（本大题共有7个小题，共42分）
29. 下图是眼球结构示意图。请据图回答：（示例：[③]巩膜）（6分）
　（1）看近物时，[　]＿＿＿＿的曲度受[　]＿＿＿＿的调节而增大，从而使物像落在视网膜上。
　（2）物像落在视网膜的[　]＿＿＿＿部分，引起的视觉最清晰。要使物像准确地落在此处，需要有[　]＿＿＿参加活动。
　（3）当光线过强时，通过[　]＿＿＿＿内的平滑肌收缩活动引起[　]＿＿＿＿，从而使入眼的光线减少。
32. 下图是未完成的实验装置，请利用A、B、C三支试管、新鲜叶片和必要的辅助材料，设计一个证明光合作用吸收CO_2与呼吸作用释放CO_2的实验，并预计实验结果。（7分）
　（1）当A管用于证明光合作用吸收CO_2实验时，需＿＿＿＿，指示剂呈＿＿＿＿色。
　（2）当B管用于证明呼吸作用释放CO_2实验时，需＿＿＿＿，指示剂呈＿＿＿＿色。
　（3）C管在实验中起＿＿＿＿作用，指示剂呈＿＿＿＿色。
　（4）用几层纱布包上照光的D管，实验结果表明指示剂颜色没有发生变化，试分析其原因。
　　　注：30、31、33题略……

图6.2　1992年普通高等学校招生全国统一考试（生物学试题）

总体而言，这几年的生物学高考题的变化有以下特点：加强了对实验的重视；扩大试题覆盖面，契合中学生物学教学实际；调整了试题类型；增强了试题的灵活性，引导中学生物学教学克服学生死记硬背的不良现象；试题进一步科学化、标准化，不同难度的题目合理搭配，从易到难，逐步上升，形成一个坡度。

2. 命题逐渐标准化、科学化

统一高考以来，考试命题一直处于经验命题阶段，相对随意。1982年，桑代克（R. L. Thorndike）与哈根（E. P. Hagen）合著的《心理与教育的测量和评价》的翻译稿传入中国，唤起了我国考试工作者对考试理论、考试改革的热情。自那时起，高考命题强调以实现"标准化"和"科学化"为目标，以标准化考试为契机，致力于提高考试内容的科学性。

1989年，原国家教育委员会颁发的《普通高等学校招生全国统一考试标准化实施规划》中将高考标准化定义为："这是一项重要改革，应以教育测量学、教育统计学为指导，利用计算机等手段严格控制考试误差，使考试更科学、更准确地测量考生的知识和能力水平为高等学校择优录取服务，为改进教学提供信息，为教育决策提供依据。"在标准化改革期间，开展了建立各学科命题委员会、研究并制定《考试说明》、制定命题"双向细目表"等工作，推进高考命题规范化、现代化。命题专家开始采用以知识和能力两个维度的双向细目表来分析考试内容的覆盖性。在借鉴国外标准化考试的经验过程中，我国并未照抄照搬，而是结合中国国情进行了调整，例如，与国外全部采用选择题形式不同，我国学者认为不同题型有不同的功能，并且推行主观题与客观题合理搭配的形式（图6.2），全面考查学生学科的知识和能力要求（韩家勋，2009）。

四、二次取消时期（1993—1998年）

1993年原国家教育委员会考试中心出台了新的高考科目设置方案，即为"3+2"方案，其中"3"指文科生和理科生都要考的语文、数学和外语3科，"2"指文科考生考政治和历史2门，理科考生考物理和化学2门，而生物学和地理则被排除在外，这种情况持续到了2000年前后。在这期间，上海市曾实施了"3+1"的高考方案，其中"1"是指从语、数、外3门以外的6门科目中任选1科作为高考科目，但基于当时整个社会背景，选考生物学的人并不多。

五、再次恢复与改革时期（1999—2013年）

（一）角色定位

1999年2月，教育部发布了《关于进一步深化普通高校招生考试制度改革的意见》，提出将"3+X"方案作为今后高考科目方案的改革方向，其中"3"是指必考科目，即语文、数学、外语3门；"X"是指考生根据所报考专业的要求从其他6门文化课中选考一门到若干门。至此，生物学作为选考科目恢复了其高考地位。

（二）命题依据

2001年教育部颁布的《基础教育课程改革纲要（试行）》指出："国家课程标准是教材编写、教学、评估和考试命题的依据，是国家管理和评价课程的基础。"2004年我国推行了新一轮的课程改革，首先在广东、山东、宁夏、海南四省（区）实行，印发了新的课程标准，提出了"知识与技能、过程与方法、情感态度与价值观"的三维课程培养目标。2007年，普通高中实行新的国家课程标准，在研究课程标准的理念、原则和特点的基础上，根据课程标准和高校人才选拔要求编写《考试大纲》，形成实施课程标准后高考的能力成分、考查要求、考查原则和方法，建构新的试卷结构和能力常模（胡传勇和巫阳朔，2017）。

（三）命题特点

1. 侧重考查能力

1999年，中共中央、国务院印发的《关于深化教育改革全面推进素质教育的决定》指出："要求全面贯彻党的教育方针，以提高国民素质为根本宗旨，以培养学生的创新精神和实践能力为重点。"高考内容从注重考查基础知识和基本技能转向考查能力，开始探索考查创新能力和实践能力的方式方法。

在此期间，生物学高考命题紧扣考试大纲考试范围，既注重知识的覆盖面，又重视重点知识的考查；能力要求考查以理解能力、设计和完成实验的能力、分析综合能力为主；命题形式紧密联系生产和生活实际；关注了学科交叉和章节交叉，注重学生的综合分析能力。随着高考对能力考查呼声的增高，生物学高考中非选择题已经很少出现以知识识记为主的试题，取而代之的是以能力考查为核心的、具有情境性的非选择题，试题注重对考生解决问题能力、逻辑思维能力和用生物学语言表达生物学观点的能力的考查（杨帆和吴成军，2017）。

2. 生物学高考试题的新情境和开放性

生物学作为高考科目的地位被确立下来以后，考试内容成为改革的重点和难点，一直以来被推崇的标准化考试受到了极大的挑战，主要问题是客观题无法考查考生的创造性思维，不利于创造力和良好学习习惯的培养（胡继飞，2002）。标准化考试改革期间采用"客观题+主观题"的搭配形式，其中主观题多以简答题形式出现，而简答题多用填空的形式，往往只需填1~2个术语，无法考查考生的思维过程，这种封闭型试题禁锢着考生的思维。应考查能力的要求，一些开放型试题（相对封闭型试题而言）开始出现。当时，广东、上海生物学卷和综合卷中的生物学部分增加了主观性试题，如2001年上海卷生物学试题中问道："有人提出，'吃基因补基因'，你是否赞成这种观点，尝试从新陈代谢角度简要说明理由。"要求学生根据材料分析并推断科学结论，考查了学生的分析与综合能力。

该阶段的生物学高考试题形式大致包括单选题、多选题、背景材料分析题、实验探究题，其中背景材料分析题突显了"新情境"的特点，由于命题材料十分新颖，源于课本而又高于课本，试题灵活性增大、综合性增强，更好地考查了学生对所学知识的迁移应用能力。

六、深化改革时期（2014年至今）

（一）角色定位

2014年，国务院印发了《关于深化考试招生制度改革的实施意见》（下称《意见》），要求依据高校人才选拔要求和国家课程标准，科学设计命题内容，增强基础性、综合性，着重考查学生独立思考和运用所学知识分析问题、解决问题的能力，这标志着新一轮考试招生制度改革全面启动，生物学考试由统一高考科目变为学业水平选择性考试。

2016年，除了江苏、上海、浙江、北京以及天津是自主命题之外，其他省（自治区、直辖市）都将命题工作部分或全部交给了教育部考试中心。在全国卷中，生物学分值为90分，占高考总成绩12%。此后，生物学在高考的地位基本稳定了。2021年起，北京、天津、山东和海南采用"3+3"模式；河北、辽宁、江苏、福建、湖北、湖南、广东、重庆8个省（市）采用"3+1+2"模式；浙江采用"7选3"模式。在以上3种方案中，生物学均以100分计入高考。

（二）命题依据

2017年，教育部印发了《普通高中课程方案和语文等学科课程标准（2017年版）》。2019年6月，国务院办公厅印发了《关于新时代推进普通高中育人方式改革的指导意见》，提出："学业水平选择性考试与高等学校招生全国统一考试命题要以普通高中课程标准和高校人才选拔要求为依据，实施普通高中新课程的省份不再制定考试大纲。"停止发布《考试大纲》后，教育部考试中心发布了《中国高考评价体系》和《中国高考评价体系说明》。中国高考评价体系是评价考生素质的理论体系，是高考命题、评价与改革的理论基础和实践指南，其指出高考的核心功能在于"立德树人、服务选才、引导教学"，明确了高考内容改革坚持的正确方向，彰显了高考的育人功能。

（三）命题特点

1. 素养导向，能力为重，知识为基

2014年教育部颁布的《意见》和《关于普通高中学业水平考试的实施意见》中均指出不仅课程标准要基于核心素养进行设计，学生的学业评价标准和学业水平考试也要围绕核心素养进行设计（王后雄，2018）。2019年，教育部明确提出要立足全面发展育人目标，构建包括"核心价值、学科素养、关键能力、必备知识"在内的高考考查内容体系。建立一个能够完整体现生命现象和生命活动规律的生物学高考的考试内容体系，以便更好地发挥高考的人才选拔功能（杨帆和李秀芹，2017）。2019年发布的《中国高考评价体系》由"一核""四层""四翼"三部分内容组成，回答了"为什么考、考什么、怎么考"的问题，推动生物学高考命题从知识立意、能力立意向素养立意转变。

2. 落实立德树人的根本任务，强化高考育人功能

进入中国特色社会主义新时代，人们对教育质量和教育公平的诉求日益增加。在该背景下，党的二十大报告提出新时代的教育改革任务为："全面贯彻党的教育方针，落实立德树人根本任务，培养德智体美劳全面发展的社会主义建设者和接班人。坚持以人民为中心发展教育，加快建设高质量教育体系，发展素质教育，促进教育公平。"2018年，习近平总书记在全国教育大会上指出要"坚决克服唯分数、唯升学、唯文凭、唯论文、唯帽子的顽瘴痼疾"。高考内容改革要和国家人才培养要求紧密结合，将立德树人作为高考的核心功能，贯穿考试设计、考试命题的全过程。

七、总结

纵观高考制度建立70多年，高考通过公平择优的方式，选拔了亿万名合格的大学生，大量人才成为社会各界的精英，推动着社会的发展。

（一）推动高考改革、发展的驱动因素是综合性的

在一定意义上，现代高考由古代科举演变而来，可见我国具有丰富的考试经验。但由于中华人民共和国成立初期我国社会生产力水平较低，各方面的发展都处于起步状态，高考发展较慢，以借鉴苏联为主；20世纪80年代，我国借鉴国外标准化考试经验并结合我国国情，取得了较大的成就。随着社会的发展，国家在人才培养理念和选拔机制上发生变化，考查内容也会发生变化，以适应社会对人才的需求。

曾有学者根据高考改革的驱动因素，将恢复高考以来高考改革演进的历史划分为3个阶段：①政治（经济）驱动阶段（恢复高考制度—20世纪80年代中期）；②教育与考试自身驱动阶段（20世纪80年代中期—21世纪初）；③文化驱动阶段（21世纪初至今）（边新灿，2019）。高考制度的发展与改革是多种因素综合作用的结果，高考发展既相对独立，又与社会发展相互影响，既受到社会发展的促进作用，也会受到社会的制约。究其根本，高考发展与改革，是为了解决"如何更好发挥高考'立德树人、服务选才、引导教学'的核心功能"的问题。

（二）高考内容改革是高考改革的重点，也是难点

高考考查内容经历了"考查基础知识"阶段、"考查基础知识和基础能力"阶段、"侧重考查能力"阶段，进而发展为考查"核心价值、学科素养、关键能力、必备知识"阶段。现阶段，如何在命题中突出素养立意，通过高考改革引导学生德智体美劳全面发展，是未来高考以及其他各类试题命制的指导方向和原则。本书将基于中国高考评价体系，立足于立德树人的根本任务，构建"二层双向细目表"，以期为命题工作者及一线教师提供参考。

（李钰琪、黄少旭）

第三节 生物学学科理论知识的二层双向细目表

一、二层双向细目表的二层划分

以纸笔测试为主要形式的生物学高考，主要是对学生认知领域方面的评价，而布鲁姆的教育目标分类体系依据认知过程发展的程序和学习的复杂程度，将认知领域的目标划分成识记、理解、应用、分析、评价和创造6个水平（Bloom B S，1956），从识记到创造，认知水平依次升高，它们呈现一个阶梯状的排列次序（刘恩山，2020）。

（1）识记（remembering），是水平最低的认知目标，它是指从长时记忆中提取相关知识，并将该知识调入能够对其进行操作加工的工作记忆系统中。如对生物学专业术语、重大科学史事件、生物学重要概念或理论等的记忆。

（2）理解（understanding），是指相对较低层次的理解，要能够从言语、文字和图形等呈现形式的教学信息中建构意义，以一种表示形式转变为另一种表现形式的严谨性和准确性为依据，对材料进行初步的重新整理与排列，指出材料所包含的意义和趋势。因此理解包括转译（translation）、解释（interpretation）和推断（extrapolation）3个心理过程。

（3）应用（applying），是指在某些特定和具体情境中执行或使用某一程序，或使用抽象概念。这里所说的应用只是对所学知识的初步运用，而非综合的、创造性的运用。这些抽象概念可以是一般的观念、程序的规则或概括化的方法，也可以是那些必须记住和能够运用的特定的原理、观念和理论。

（4）分析（analyzing），是指将材料分解成各种组成要素或组成成分，理清各个要素之间及要素与整体之间的相互关系，或者明确所表达的各种观念之间的关系，阐明材料各要素的组织原理，即对材料内容组合起来的组织、系统和结构的分析。

（5）评价（evaluation），是指为了特定目的，基于一定的准则或标准对观点和方案的价值，及其符合准则的程度作出定量或定性的判断。准则既可以是内在证据，如逻辑上的准确性、一致性等，也可以是外部准则。评价是较高水平的认知目标，是认知行为和情感行为的主要结合点和过渡桥梁。评价通常包括两种类型，一种是基于内部准则判断观点或方案等的内部一致性，如给定研究目的和方案，根据研究目的与研究设计相呼应的原则判断研究方案的科学性。另一种是基于外部准则的评论性判断，如给定有关生物进化的事实，然后根据某种特定的进化观点判断这些事实中哪些可以作为支撑证据。

（6）创造（creating），是认知目标中的最高水平，是将要素组成新颖的、内在一致的整体，或者生成原创性的产品。创造的过程可以分为3个阶段：问题表征、方案计划和方案执行。学习者首先要理解任务要求，通过发散性思维思考各种可能的问题解决方案，然后确定问题解决方案，并将其转变成详细的行动计划，最后根据计划执行方案。在纸笔评价中，通常主要考查问题表征和方案计划这两个环节，而方案执行环节通常需要通过实作评价的方式来考查。

通常，根据布鲁姆教育目标分类学认知领域理论，人们习惯把"认知过程"中的"识记""理解""应用"归于低阶思维；把"分析""评价"和"创造"归于高阶思维（沈之菲，2011）。在心理学中，"低阶思维"又称低效思维，是指缺少辨析与判断或者识别的思维，并且在人的意识或精神上没有任何对于客观情况进行探索的欲求。低阶思维主要体现为对知识的理解，强调的是基础记忆训练和理解应用。"高阶思维"则是指发生在较高认知水平层次上的心智活动或认知能力，是高阶能力的核心，主要指创新能力、问题解决能力、决策能力和批判性思维能力等。高阶思维被视为一种思维方式，超越了识记、理解和应用这些低阶思维，转向对知识或者人工制品进行分析、评价和创造的高阶认知活动，关注问题解决的能力，以及进行批判性和创造性活动的水平。

因此，对学生在生物学学科认知领域范畴的评价可以划分为两个层次：第一个层级为低阶层面的考查，指向布鲁姆教育目标分类学认知过程中的"识记""理解"和"应用"，考查学生面对基本层面的问题情境时调动单一的知识或技能解决问题的能力，对应基础性的考查要求；第二个层次为高阶层面的考查，指向布鲁姆教育目标分类学认知过程中的"分析""评价"和"创造"，考查学生在正确思想观念引领下，面对复杂的问题情境，综合运用生物学知识体系对其进行分析、判断、推理和评价的能力，对应综合性、应用性和创新性的考查要求（表6.1）。

表6.1 高考生物学学科知识考查要求

能力层面	考查要求
低阶	对所列理论知识要知道其含义，能够在试题所给出的相对简单的情境中识别和使用它们
高阶	理解所列理论知识和其他相关知识之间的联系和区别，并能在较复杂的情境中综合运用其进行分析、判断、推理和评价

二、高考生物学学科理论知识考查要求

高考生物学学科理论知识的二层考查要求的侧重点有所不同，但都是评价学生素质高低的基本维度，也是评价高考试题质量优劣的有效途径。低阶能力层次要求是考查即将进入高等学校的学习者是否具备扎实的学识基础，能否在广阔的学科领域中准确理解并熟练掌握主干内容，具备应对生活实践或学习探索问题情境的基本知识、基本能力与基本素养。高阶能力层次要求是考查作为社会主义建设者和接班人的学习者是否具备良好的综合素质，能否综合运用科学的思维方法，合理地组织、调动不同学科的相关知识学以致用的能力，能

否高质量地探索并解决日常生活、学术科研、国家发展乃至人类社会所面临的各种问题的能力。其中，又特别突出对创新型人才的选拔，这类学生应该具备发散思维、逆向思维、批判性思维等思维品质特征（教育部考试中心，2019）。因此，结合布鲁姆教育目标分类学认知领域理论，低阶层次可以进一步划分为"识记""理解"和"应用"3个层次；高阶层次则可划分为"综合分析""综合应用""综合评价"和"综合创新"4个层次。

（一）低阶思维能力考查要求

低阶思维能力的考查关注学科中的主干内容，关注学习者在未来的生活、学习和工作中所必须具备、不可或缺的知识、能力和素养。因此，高考试题中必须尽量涵盖学科的基础性内容。这类试题通常可以采用基本层面的问题情境为考查载体，一般只需要学生能够调动单一的知识或技能便能解决问题。

1. 识记

识记涉及从长时记忆中搜索并提取相关的知识，并把该信息调入能够对其进行操作或加工的工作记忆系统中，从而确定被呈现的新信息是否对应于已学过的知识。如2022年高考全国甲卷第29题的第（1）小题，仅需要学生能够识别记忆教材中有关植物光合作用光反应阶段的产物就可以回答该问题。

【例6.1】（2022年全国甲卷节选）

根据光合作用中CO_2的固定方式不同，可将植物分为C_3植物和C_4植物等类型。C_4植物的CO_2补偿点比C_3植物的低。CO_2补偿点通常是指环境CO_2浓度降低导致光合速率与呼吸速率相等时的环境CO_2浓度。回答下列问题。

（1）不同植物（如C_3植物和C_4植物）光合作用光反应阶段的产物是相同的，光反应阶段的产物是_____（答出3点即可）。

【参考答案】O_2（氧气）、NADPH（还原型辅酶Ⅱ）、ATP

【解析】根据题干可知，不同植物（如C_3植物和C_4植物）光合作用光反应阶段的产物是相同的，光合作用光反应阶段物质变化包括水的光解和ATP合成两个过程，水的光解产物是NADPH和O_2（氧气），所以光反应阶段的产物有O_2（氧气）、NADPH（还原型辅酶Ⅱ）和ATP。

2. 理解

理解需要在将要获得的"新"知识和已有知识之间建立起联系，具体来说，理解是新获得的知识与现有的心理图式和认知框架的整合，它以概念性知识为基础。在试题考查中，还可包括解释、举例、分类、总结、推断、比较和说明等认知过程。如2022年高考全国乙卷第1题，以学生熟知的哺乳动物的细胞分裂为问题情境，需要学生将有丝分裂和减数分裂的有关知识联系起来，比较这两个过程中细胞内染色体行为的变化，并根据问题情境中提供的信息"四分体时期"和"姐妹染色单体分离"判断该哺乳动物细胞分裂的时期。

【例6.2】（2022年全国乙卷）

有丝分裂和减数分裂是哺乳动物细胞分裂的两种形式。某动物的基因型是Aa，若该动物的某细胞在四分体时期一条染色单体上的A和另一条染色单体的a发生了互换，则通常情况下姐妹染色单体分离导致等位基因A和a进入不同细胞的时期是（　　）

A. 有丝分裂的后期　　　　　　B. 有丝分裂的末期

C. 减数第一次分裂　　　　　　D. 减数第二次分裂

【参考答案】 D

【解析】 四分体时期是减数分裂特有的时期，由此可知，该细胞正在进行减数分裂。在减数分裂过程中，姐妹染色单体分离，移向细胞两极发生在减数第二次分裂后期，D正确。

3. 应用

应用涉及使用一定的程序去解决问题，学生必须首先理解遇到的问题情境，以此确定解决问题要运用的知识。当然，由于低阶思维能力只要求学生调动单一的知识或技能，故应用的要求也相对较低，使用的考查载体也常常是学生较为熟悉且简单的问题情境。如2022年高考广东省卷的第9题，它围绕新课标中必修课程重要概念1.2中的一般概念1.2.4"举例说明细胞各部分结构之间相互联系、协调一致，共同执行细胞的各项生命活动"，以人教版高中生物学必修1教材中学生熟知的分泌蛋白的分泌过程为材料，创设简单的问题情境，需要学生首先能够对分泌蛋白的分泌过程所涉及的各个具体环节及场所进行识别记忆，接着理解题干中给出的新信息"酵母菌sec系列基因的突变会影响分泌蛋白的分泌过程，某突变酵母菌菌株的分泌蛋白最终积累在高尔基体中"，并将其简单应用于分泌蛋白的分泌过程中。

【例6.3】（2022年广东高考）

酵母菌sec系列基因的突变会影响分泌蛋白的分泌过程，某突变酵母菌菌株的分泌蛋白最终积累在高尔基体中。此外，还可能检测到分泌蛋白的场所是（　　）

A. 线粒体、囊泡　　　　　　　　B. 内质网、细胞外

C. 线粒体、细胞质基质　　　　　D. 内质网、囊泡

【参考答案】 D

【解析】 分泌蛋白的合成和运输路径为核糖体→内质网→囊泡→高尔基体→囊泡→细胞膜，据题干可知，突变酵母菌菌株的分泌蛋白最终积累在高尔基体中，不能分泌到细胞外，则在细胞内可能检测到分泌蛋白的场所还有内质网、囊泡，故选D。

（二）高阶思维能力考查要求

高阶思维能力的考查要求学生能够触类旁通、融会贯通，理论联系实际，运用整体的知识网络解决实际问题。同时，高阶思维能力的考查也密切关注与创新相关的能力和素养，如独立思考能力、发散思维、逆向思维等，考查学生敏锐发觉旧事物缺陷、捕捉新事物萌芽的能力，考查学生进行新颖的推测和设想并周密论证的能力，考查学生探索新方法、积极主动解决问题的能力，鼓励

学生摆脱思维定式的束缚，勇于大胆创新。因此，高考试题应合理呈现情境，设置新颖的试题呈现方式和设问方式，促使学生主动思考、善于发现新问题、找到新规律、得出新结论。其考查载体应有别于低阶思维能力的考查要求，更注重综合层面的问题情境，涉及具有一定开放性的生活实践或学习探索问题，着重考查学生在正确思想观念引导下，综合运用多种知识或技能来解决生活实践中应用性问题的能力。

1. 综合分析

综合分析涉及将材料分解成它的组成部分，并确定各部分之间的相互关系，以及各部分与总体结构之间的关系。需要学生确定信息的哪部分是相关的或重要的、信息各部分是以什么方式组织在一起的以及信息背后的目的，在教育上可以将分析当作理解的外延，或当作评价、创造的开端。如2022年高考湖南卷第17题第（1）小题，以水稻种子萌发与生长等生理活动创设问题情境，涉及环境因素对植物光合作用和呼吸作用影响的考查，学生需要根据题干给出的信息综合分析水稻种子萌发与生长的环境条件，判断在相应条件下水稻种子是否能够萌发并成苗，并解释相关原因。

【例6.4】（2022年湖南卷节选）

将纯净水洗净的河沙倒入洁净的玻璃缸中制成沙床，作为种子萌发和植株生长的基质。某水稻品种在光照强度为8~10 $\mu mol/(s \cdot m^2)$时，固定的CO_2量等于呼吸作用释放的CO_2量；日照时长短于12小时才能开花。将新采收并解除休眠的该水稻种子表面消毒，浸种1天后，播种于沙床上。将沙床置于人工气候室中，保湿透气，昼/夜温为35 ℃/25 ℃，光照强度为2 $\mu mol/(s \cdot m^2)$，每天光照时长为14小时。回答下列问题：

（1）在此条件下，该水稻种子_____（填"能"或"不能"）萌发并成苗（以株高≥2 cm，至少1片绿叶视为成苗），理由是_____。

【参考答案】不能　当光照强度为2 $\mu mol/(s \cdot m^2)$时，幼苗的净光合速率小于零，萌发后无法正常生长成苗

【解析】种子萌发需要水分、适宜的温度、空气等条件，在题中所给的条件下，种子是可以正常萌发的。但由于光照强度过低，幼苗的净光合速率小于零，不能正常积累有机物，不能长成苗。

2. 综合应用

同低阶思维能力考查要求的"应用"类似，综合应用也涉及使用一定的程序解决问题，但不同的是，学生面对的问题情境相对复杂，更为综合，解决问题时所运用到的也并非单一的知识或技能，而是要结合相关的理论知识网络。如2022年高考湖南卷第18题第（3）小题，以下丘脑体温调节中枢的药物治疗为问题情境，需要学生综合应用实验设计的一般方法和动物生理学科学研究的基本思路解决问题。首先明确实验探究的目的是"探究M是否也具有解热作用并通过影响下丘脑体温调节中枢调控体温"，接着运用动物生理学科学研究的加减法原理补充完善实验方案，最后根据探究目的和实验结果得出相应的实验结论。

【例6.5】（2022年湖南卷节选）

当内外环境变化使体温波动时，皮肤及机体内部的温度感受器将信息传入体温调节中枢，通过产热和散热反应，维持体温相对稳定。回答下列问题：

（3）若下丘脑体温调节中枢损毁，机体体温不能维持稳定。已知药物A作用于下丘脑体温调节中枢调控体温。现获得A的结构类似物M，为探究M是否也具有解热作用并通过影响下丘脑体温调节中枢调控体温，将A、M分别用生理盐水溶解后，用发热家兔模型进行了以下实验，请完善实验方案并写出实验结论。

分组	处理方式	结果
甲	发热家兔模型+生理盐水	发热
乙	发热家兔模型+A溶液	退热
丙	发热家兔模型+M溶液	退热
丁	①_____	发热

②由甲、乙、丙三组实验结果，得出结论：_____。

③由甲、乙、丙、丁四组实验结果，得出结论：_____。

【参考答案】①损毁发热家兔模型的下丘脑体温调节中枢+M溶液

②M具有解热作用

③M与药物A一样具有解热作用并通过影响下丘脑体温调节中枢调控体温

【解析】①本实验的目的是探究M是否也具有解热作用并通过影响下丘脑体温调节中枢调控体温，因此设计的四组实验中，甲、乙是对照组，丙、丁是实验组，其中甲、乙、丙组对照探究的是M是否也具有解热作用，甲、乙、丙、丁组对照探究的是M是否通过影响下丘脑体温调节中枢调控体温，因此丁组处理方式为损毁发热家兔模型的下丘脑体温调节中枢+M溶液；②对比分析甲、乙、丙三组实验结果，可以得出M与A的作用类似，即M具有解热的作用；③对比分析甲、乙、丙、丁四组实验结果，可以得出M通过影响下丘脑体温调节中枢调控体温，进而起到解热的作用。

3. 综合评价

评价是指基于准则和标准作出的判断，最常使用的准则包括质量、效果、效率和一致性等，标准可以是定量的也可以是定性的。综合评价就是考查学生在面对复杂的问题情境时，是否拥有基于外部的准则和标准对相应情况进行判断并进行评论的能力。如2021年高考广东卷第19题，以高尿酸血症的治疗原理为背景，建立高尿酸血症动物模型，创设真实的科学研究情境，在评估相关药物治疗情况的实验设计中，考查学生如何根据高尿酸血症这一事实，从科学研究的角度分析并设计实验的科学思维能力，其中第（3）、（4）小题针对如何评价科研结果的可靠性进行了考查。

【例6.6】（2021年广东卷节选）

E是治疗高尿酸血症或痛风的常用临床药物。为研发新的药物，研究人员对天然化合物F的降尿酸作用进行了研究。给正常实验大鼠（有尿酸氧化酶）灌服尿酸氧化酶抑制剂，获得了若干只高尿酸血症大鼠，并将其随机分成数量相等的两组，一组设为模型组，另一组灌服F设为治疗组，一段时间后检测相关指标。

（3）与空白对照组（灌服生理盐水的正常实验大鼠）相比，模型组的自变量是_____。与其他两组比较，设置模型组的目的是_____。

（4）为进一步评价F的作用效果，本实验需要增设对照组，具体为_____。

【参考答案】（3）尿酸氧化酶活性　和对照组相比，确定模型制备是否成功；和治疗组相比，说明治疗是否有效

（4）对高尿酸血症大鼠灌服适量药物E，检测该组大鼠血清尿酸盐含量

【解析】（3）模型组与空白对照组的区别在于是否对大鼠进行了灌服尿酸氧化酶抑制剂的实验处理，故与空白对照组相比，模型组大鼠患高尿酸血症。模型组大鼠未给予天然化合物F进行治疗，与其他两组比较，说明天然化合物F可以治疗高尿酸血症。

（4）根据题意，药物E是治疗高尿酸血症或痛风的常用临床药物，因此若要评价F的作用效果，需要增设一组阳性对照，即对高尿酸血症大鼠灌服适量药物E，检测该组大鼠血清尿酸盐含量。

4. 综合创新

创新涉及将要素组成内在一致的整体或功能性整体，要求学生在心理上将某些要素或部件重组为不明显存在的模型或结构。创新过程可以被设想为开始于一个发散思维的阶段，在此阶段中，学生试图理解任务，同时仔细思考各种可能的问题解决方案。此后是一个聚合思维的阶段，在此阶段中，学生把问题解决方案转变成一个详细的、逻辑有序的计划。最后，该计划作为学生建构的问题解决方案得以执行。因此，综合创新的能力考查可以涵盖问题的产生、设计计划和实施计划3个具体过程。如2022年高考广东卷第20题的第（4）小题，该题主要结合新课标中选择性必修课程重要概念2.1中的一般概念2.1.6"分析不同群落中的生物具有与该群落环境相适应的形态结构、生理特征和分布特

点",创设较为复杂且极具岭南特色的荔枝园种植问题情境,需要学生综合提取题干提供的信息,应用群落的结构和种间关系等相关理论知识进行荔枝园种植方案的设计创新。

【例6.7】(2022年广东卷节选)

荔枝是广东特色农产品,其产量和品质一直是果农关注的问题。荔枝园A采用常规管理,果农使用化肥、杀虫剂和除草剂等进行管理,林下几乎没有植被,荔枝产量高;荔枝园B与荔枝园A面积相近,但不进行人工管理,林下植被丰富,荔枝产量低。研究者调查了这两个荔枝园中的节肢动物种类、个体数量及其中害虫、天敌的比例,结果见下表。

荔枝园	种类/种	个体数目/头	害虫比例/%	天敌比例/%
A	523	103 278	36.67	14.10
B	568	104 118	40.86	20.40

回答下列问题:

(4)使用除草剂清除荔枝园A的杂草是为了避免杂草竞争土壤养分,但形成了单层群落结构,使节肢动物物种多样性降低。试根据群落结构及种间关系原理,设计一个生态荔枝园简单种植方案(要求:不用氮肥和除草剂、少用杀虫剂,具有复层群落结构),并简要说明设计依据。

【参考答案】种植方案:在荔枝林下种植豆科草本植物。设计依据:与豆科植物共生的根瘤菌能固氮,从而提高土壤氮含量,不用施加氮肥。种植草本植物能通过竞争排除杂草,而不用除草剂。同时,种植草本植物为节肢动物提供生存条件,使天敌比例增加,减少杀虫剂的使用。

【解析】生态园的设计要根据群落结构及种间关系原理,同时满足不用氮肥和除草剂、少用杀虫剂,具有复层群落结构的要求。根据群落结构和种间关系原理,在荔枝林下种植大豆等固氮作物,可以为果树提供氮肥,并通过竞争关系减少杂草的数量,避免使用除草剂;同时通过种植良性杂草或牧草,繁殖天敌来治虫,可减少杀虫剂的使用。

三、生物学学科理论知识二层双向细目表

生物学是研究生命现象与生命活动规律的一门学科,"生命"是生物学研究的对象。从当前世界范围来看,关于生物学学科理论知识的核心指向认识生命世界。教育界使用了"生命观念"用来概括和澄清这一问题。观念是人脑中的一种高级反映形式,是在众多概念基础上,通过抽象、推理等思维过程,升华为对事物更本质的认识,是概念充分发展的形式。因此,生物学概念是生物学理论知识学习的核心内容,可以结合理论概念(见新课标)建构生物学理论知识的二层双向细目表(表6.2)。

表6.2 生物学理论知识的二层双向细目表样表

理论知识			考查要求						
			Ⅰ			Ⅱ			
			识记	理解	应用	综合分析	综合应用	综合评价	综合创新
必修	概念1	1.1	1.1.1						
			1.1.2						
			1.1.3						
			1.1.4						
			1.1.5						
			1.1.6						
			1.1.7						
		1.2							
		1.3							

（续表）

理论知识			考查要求						
			I			II			
			识记	理解	应用	综合分析	综合应用	综合评价	综合创新
必修	概念2	2.1							
		2.2							
		2.3							
	概念3	3.1							
		3.2							
		3.3							
	概念4	4.1							
		4.2							
选择性必修	概念1	1.1							
		1.2							
		1.3							
		1.4							
		1.5							
		1.6							
	概念2	2.1							
		2.2							
		2.3							
		2.4							
	概念3	3.1							
		3.2							
	概念4	4.1							
		4.2							
		4.3							
	概念5	5.1							
		5.2							
	概念6	6.1							
		6.2							
		6.3							

（谢宏妮、李雪峰）

第四节 生物学学科实验内容的二层双向细目表

一、实验考查的二层划分

实验是生物学的治学之本,在生物学的发展中起着极其重要的作用,培养学生实验能力和科学探究精神是生物学教学的重要内容,也是生物学学科考试的重要内容。纵观高考改革与高考命题,对实验内容的考查逐渐脱离了单一情境,在兼顾基础性的同时,又将考查内容逐步融入多元的生活、学习和科研情境中,注重综合性、应用性与创新性。从注重"知识"到关注"能力","更上一层楼"的高考改革也推动着教育评价的改革。双向细目表是教育评价中常用的工具,是考查目标(能力)和考查内容之间的关联表。随着高考改革的深入,在实验内容方面,以往的双向细目表在"能力"的划分与设置方面较为简略,不能对考生的能力作出恰当的区分,现已不再适用于新的命题规律。

布鲁姆的教育目标分类体系依据认知过程发展的程序和学习的复杂程度,将认知领域的目标划分成识记、理解、应用、分析、评价和创造6个水平,从识记到创造,认知水平依次升高,呈现出阶梯状的排列次序。相对而言,识记、理解、应用属于低阶思维,分析、评价和创造属于高阶思维,与思维能力相对应的学习能力要求也由浅到深。

遵循这一认知规律,生物学学科实验内容考查的评价可以划分为两个能力层面(表6.3),第一个层面为低阶思维的考查,与布鲁姆教育目标分类学认知过程中的"识记""理解"和"应用"等认知目标相对应,考查学生面对简单问题情境时调动单一的知识或技能解决问题的能力,可被描述为"对所列知识点要知道其含义,能够在试题所给予的相对简单的情境中识别和使用它们",这一层面指向高考"基础性"的考查要求;第二个层面为高阶思维的考查,与布鲁姆教育目标分类学认知过程中的"分析""评价"和"创造"等认知目标相对应，考查学生在正确思想观念引领下，面对复杂的问题情境综合运用生物学知识体系对其进行分析、判断、推理和评价的能力，可以描述为"理解所列知识和其他相关知识之间的联系和区别，并能在较复杂的情境中综合运用其进行分析、判断、推理和评价"，高阶思维指向高考"综合性""应用性"和"创新性"的考查要求。

表6.3 能力层面的划分及其描述

能力层面	描述
低阶	对所列知识点要知道其含义，能够在试题所给出的相对简单的情境中识别和使用它们
高阶	理解所列知识和其他相关知识之间的联系和区别，并能在较复杂的情境中综合运用其进行分析、判断、推理和评价

二、实验考查中的认知操作

高考对实验考查的深化体现了新一轮课程改革中"科学探究"的地位，科学探究是培养学生实践能力、科学素养和科学精神的重要手段。20世纪初，杜威（Dewey）等人开始提倡重视科学探究，但是如何对科学探究的程度进行评价一直是棘手的问题。20世纪60年代，美国教育学家施瓦布（Schwab）在美国中小学开展了关于"探究水平"的相关研究，提出依据探究主体将科学探究水平划分为3种差异显著的特征水平，分别为：①水平1，最简单的水平，学生通过实验手册的指导即可完成相关的实验探究任务；②水平2，教师或教材的引导相对较少，仅提出问题，由学生进行实验的设计、方法的选择与运用以及获得结论；③水平3，学生面对一种"原始的现象"，从问题提出到方法设计和结论的获得都需要学生来完成。施瓦布所提出的探究水平为后来的研究提供了一种范式，为探究水平问题的研究打下了基础。1971年，赫伦（Herron）在施瓦布的基础上增加了一个探究水平0。在这一水平上，从提出问题到得出结论，全部由教师或教材提供。

施瓦布在研究科学探究水平时，将活动过程分为3个认知操作过程，分别是提出问题、设计方案、得出结论。萨特曼（Sutman）于1995年在修订施瓦布和赫伦的探究水平分类时，在保留原有认知操作水平的基础之上，增加了"实施方案"这一认知操作，对探究过程中的认知操作作出了更为细致的划分（见表6.4）。

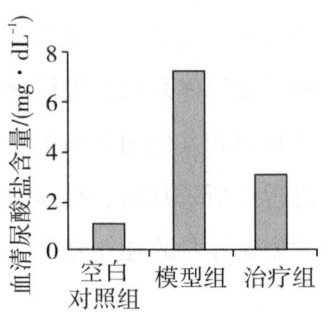

各组大鼠血液尿酸盐含量检测

表6.4 科学探究水平分类

主体	认知操作			
	提出问题	设计方案	实施方案	得出结论
水平0	教师/教材	教师/教材	教师/教材	教师/教材
水平1	教师/教材	教师/教材	教师/教材	学生
水平2	教师/教材	教师/教材	学生	学生
水平3	教师/教材	学生	学生	学生
水平4	学生	学生	学生	学生

三、实验二层划分中的认知操作

将20世纪课程教育专家们对科学探究水平的分类迁移到对实验内容的考查评价中，根据考查内容中学生作为认知操作主体的参与程度与结论的开放程度，不难发现，水平0和水平1与"对所列知识点要知道其含义，能够在试题所给予的相对简单的情境中识别和使用它们"的能力层面是相匹配的，即考查学生的低阶思维能力。此时题目中大部分的信息来自学生已有的生活和学习经验，换言之，试题此时替换了教师或教材的角色，已经为学生提供了较为完整的探究过程，学生仅需根据记忆和对以往学习内容的理解，作出较为单一的回答即可。而水平2~4则指向了"理解所列知识和其他相关知识之间的联系和区别，并能在较复杂的情境中综合运用其进行分析、判断、推理和评价"的高阶思维能力。在这一层次上，试题并非单一或经典的教学或实验情境，而是融合了学生相对不了解的生活、科研情境，同时在题目设置上，在提供必要信息的基础上将认知操作的主体地位交还给学生，从而实现学生的认知水平和探究水平能力的考查。

在此基础上，为简化表格的呈现，提高实用性，探究水平落实在实验考查的二层划分中时，需要区分低阶和高阶思维能力中对认知操作的描述（表6.5）。基于不同层面的认知特点，在以学生为主体的认知操作即对高阶思维能力的考查中，保留"提出问题""设计方案""实施方案"和"得出结论"的描述，同时增加"讨论结果"这一内容，细化考查内容与评价角度；对教师或教材为主体的认知操作，即对低阶思维能力的考查中，将"提出问题""设计方案""实施方案"和"得出结论"依次转变为"了解目的""理解原理""掌握方法"和"明确结果"等描述。"了解""理解""掌握""明确"等行为基于识记、理解和应用等低阶思维认知目标即可实现，而"提出""设计""实施""讨论"和"得出"等行为需要在达成分析、评价和创造的认知目标后才可实现。下文将结合实例进行说明。

表6.5 二层划分中的认知操作与对应认知目标

能力层面	认知操作	对应认知目标
低阶	了解目的	识记、理解
	理解原理	识记、理解
	掌握方法	识记、理解、应用
	明确结果	识记、理解、应用
高阶	提出问题	分析、创造
	设计方案	分析、创造
	实施方案	应用、分析
	讨论结果	分析、评价
	得出结论	分析、评价

（一）指向低阶思维能力的考查

施瓦布认为，实验探究活动应该具有双重目标：探究、质疑、获得既定科学知识（包括学习知识的方法等）与学会创造新知识。获得知识和创造知识是不同层次的能力，创造知识所需的认知水平远在获得知识所需的认知水平之上。但知识不能凭空创造，若没有已有的知识作为基础，遵循普遍认可的自然规律，创造出来的知识也是不可信的。从获得知识到创造知识，分别对应着低阶思维能力和高阶思维能力。

学生对既定科学知识的掌握情况是指向低阶思维考查的目标。在实验探究活动中，对某一"既定的科学知识"的教学和评价往往以实验目的、实验原理、实验方法和实验结果4个内容为抓手展开。

在获取知识阶段，知识的主体是教师或教材，对学生认知要求在识记、理解和应用的水平上。因此，总体来看，指向低阶思维的考查具有如下特点：①基于教材情境展开考查；②围绕单一知识点展开考查；③提问的开放性较低，答案明确。

1. 了解目的

实验往往是针对某一具体需要解答的问题展开的。实验前明确实验的目的是十分必要的。在指向低阶思维能力的考查中，对实验目的的考查会从教材中的内容和情境出发，基础性较强，其所对应的认知目标在识记和理解的范围内，考查内容较为基础，因此不适合通过单独的题目对这一认知操作展开考查，而常见于选择题的某一选项或非选择题的某一小问中。在近年各省（市）的高考试题中，对该认知操作的考查频次较低。

2022年高考浙江卷第26题的第（1）小题就是指向"了解目的"的考查，直接依据情境"森林生态系统中的研究工作"对使用"标记重捕法"的目的进行提问，考生仅需通过回忆教材知识即可作出回答——对某种鼠进行标记重捕的主要目的是研究该鼠的种群密度，该题的认知目标处于识记水平。

【例6.8】（2022年浙江卷节选）

科研小组在一个森林生态系统中开展了研究工作。回答下列问题：

（1）对某种鼠进行标记重捕，其主要目的是研究该鼠的_____。同时对适量的捕获个体进行年龄鉴定，可绘制该种群的_____图形。

【参考答案】种群密度　年龄金字塔

【解析】标记重捕法是研究种群密度的方法之一，适用于鼠这种活动能力强、活动范围大的动物。通过对捕获个体进行年龄鉴定，可以绘制种群的年龄金字塔图形。

2. 理解原理

实验基本原理是实验设计所依据的理论根据，指导与统领着实验的每一个环节。实验原理也是建立在大量观察、科学实验和实践的基础上，经分析、推理、归纳、概括得到的。对实验原理的考查可以通过多种形式展开，一是直接考查学生对实验原理的记忆和理解情况，如2020年新课标卷Ⅱ第3题，以选择题的形式考查了教材中多个经典生物学实验的原理；二是基于经典情境，要求学生运用原理解释原因，如2021年全国甲卷第37题，以探究加酶洗衣粉的洗涤效果为情境，意在考查学生对酶的作用、蛋白质的原理和固定化酶相关知识的识记理解能力。

【例6.9】（2020年新课标卷Ⅱ）

下列关于生物学实验的叙述，错误的是（　　）

A. 观察活细胞中的线粒体时，可以用健那绿染液进行染色

B. 探究人体红细胞因失水而发生的形态变化时，可用肉眼直接观察

C. 观察细胞中RNA和DNA的分布时，可用吡罗红甲基绿染色剂染色

D. 用细胞融合的方法探究细胞膜流动性时，可用荧光染料标记膜蛋白

【参考答案】B

【例6.10】（2021全国甲卷节选）

加酶洗衣粉是指含有酶制剂的洗衣粉。某同学通过实验比较了几种洗衣粉的去渍效果（"+"越多表示去渍效果越好），实验结果见下表。

项目	加酶洗衣粉A	加酶洗衣粉B	加酶洗衣粉C	无酶洗衣粉（对照）
血渍	+++	+	+++	+
油渍	+	+++	+++	+

根据实验结果回答下列问题：

（2）表中不宜用于洗涤蚕丝织物的洗衣粉有_____，原因是_____。

（3）相对于无酶洗衣粉，加酶洗衣粉去渍效果好的原因是_____。

【参考答案】（2）加酶洗衣粉A和C　加酶洗衣粉A和C中的蛋白酶可将蚕丝织物中的蛋白质水解，对蚕丝织物造成破坏

（3）加酶洗衣粉中的酶制剂可将污渍中的蛋白质、脂肪等大分子水解为可溶性小分子，使污渍更容易从衣物上脱落

【解析】（2）蚕丝的主要成分是蛋白质，不能用添加碱性蛋白酶的洗衣粉来洗涤，因为碱性蛋白酶可将含有蚕丝蛋白水解为可溶性氨基酸和小分子肽，对蚕丝织物造成破坏。根据表格信息，加酶洗衣粉A和C都对血渍的洗衣效果很好，所以它们添加的酶中都含有碱性蛋白酶，所以加酶洗衣粉A和C不宜用于洗涤蚕丝织物。（3）相对于无酶洗衣粉，加酶洗衣粉去渍效果好的原因是加酶洗衣粉中的酶制剂可将污渍中的蛋白质、脂肪等大分子水解为可溶性小分子，使污渍更容易从衣物上脱落。

3. 掌握方法

实验方法的选取直接决定着实验结果的有效性。实验方法包括两方面的内容：一是设计实验时具有指导意义的逻辑方法，如归纳推理法或演绎推理法；二是能够观察到某一确定结果的实验操作方法，如显微镜观察法、还原糖检测法等。在指向低阶思维的考查中，对实验方法的考查多以后者为主，学生运用

低阶的认知能力即可作出解答。如2022年广东卷第4题，该选择题就以观察细胞有丝分裂临时装片为情境，考查了学生对细胞有丝分裂临时装片制作方法与步骤、显微镜操作方法的识记情况。对实验方法的考查也常见于非选择题，如2022年全国乙卷第37题的第（1）小题，考查了学生对实验器皿灭菌方法的识记情况。

【例6.11】（2022年广东卷）

用洋葱根尖制作临时装片以观察细胞有丝分裂，如图为光学显微镜下观察到的视野。下列实验操作正确的是（　　）

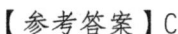

A. 根尖解离后立即用甲紫溶液染色，以防解离过度

B. 根尖染色后置于载玻片上捣碎，加上盖玻片后镜检

C. 找到分生区细胞后换高倍镜并使用细准焦螺旋调焦

D. 向右下方移动装片可将分裂中期细胞移至视野中央

【参考答案】C

【解析】观察细胞有丝分裂实验的步骤：解离（解离液由盐酸和酒精组成，目的是使细胞分散开来）、漂洗（洗去解离液，便于染色）、染色（用碱性染料）、制片（该过程中压片是为了将根尖细胞压成薄层，使之不相互重叠影响观察）和观察（先低倍镜观察，后高倍镜观察）。

【例6.12】（2022年全国乙卷节选）

化合物S被广泛应用于医药、食品和化工工业。用菌株C可生产S，S的产量与菌株C培养所利用的碳源关系密切。为此，某小组通过实验比较不同碳源对菌体生长和S产量的影响，结果见表。

碳源	细胞干重/($g \cdot L^{-1}$)	S产量/($g \cdot L^{-1}$)
葡萄糖	3.12	0.15
淀粉	0.01	0.00
制糖废液	2.30	0.18

回答下列问题。

（1）通常在实验室培养微生物时，需要对所用的玻璃器皿进行灭菌，灭菌的方法有_____（答出2点即可）。

【参考答案】干热灭菌、湿热灭菌（或高压蒸汽灭菌）

【解析】防止杂菌污染是获得纯净的微生物培养物的关键，需对所用的玻璃器皿进行灭菌，灭菌的方法有干热灭菌、湿热灭菌、高压蒸汽灭菌（湿热灭菌中效果最好的方法）。

4. 明确结果

对实验结果的考查可以依据认知水平展开，一是基于识记和理解水平的考查，如2022年广东卷第5题，该题看似是对科学史的考查，而科学史本质上是由科学家们经典的实验结果组成的，因此该题考查的是学生对经典生物学实验结果的识记和理解情况；二是基于理解和应用水平的考查，如2020年新课标卷Ⅱ第30题第（3）小题，基于简单的情境，改变某一实验条件，考查学生应用所学知识和已有条件得出结论的能力——学生需根据"类囊体膜是H_2O分解释放O_2的场所"这一原理来答题，若叶绿体膜破裂但类囊体膜完整，即使条件改变，也不影响类囊体膜的功能，从而明确实验结果为仍有氧气释放。

【例6.13】（2022年广东卷）

下列关于遗传学史上重要探究活动的叙述，错误的是（   ）

A．孟德尔用统计学方法分析实验结果发现了遗传规律

B．摩尔根等基于性状与性别的关联证明基因在染色体上

C．赫尔希和蔡斯用对比实验证明DNA是遗传物质

D．沃森和克里克用DNA衍射图谱得出碱基配对方式

【参考答案】D

【解析】（1）孟德尔发现遗传定律用了假说-演绎法，其基本步骤：提出

问题→作出假说→演绎推理→实验验证（测交实验）→得出结论。

（2）萨顿运用类比推理的方法提出基因在染色体的假说，摩尔根运用假说-演绎法证明基因在染色体上。

（3）赫尔希和蔡斯进行了T2噬菌体侵染细菌的实验，实验步骤：分别用^{35}S或^{32}P标记噬菌体→噬菌体侵染未被标记的细菌→在搅拌器中搅拌，然后离心，检测上清液和沉淀物中的放射性物质，证明了DNA是遗传物质。

（4）沃森和克里克用建构物理模型的方法研究DNA的结构。

【例6.14】（2020年新课标卷Ⅱ节选）

为了研究细胞器的功能，某同学将正常叶片置于适量的溶液B中，用组织捣碎机破碎细胞，再用差速离心法分离细胞器。回答下列问题：

（3）将分离得到的叶绿体悬浮在适宜溶液中，照光后有氧气释放；如果在该适宜溶液中将叶绿体外表的双层膜破裂后再照光，_____（填"有"或"没有"）氧气释放，原因是_____。

【参考答案】有 类囊体膜是H_2O分解释放O_2的场所，叶绿体膜破裂不影响类囊体膜的功能

【解析】本题结合具体实例考查光合作用、呼吸作用和细胞器的相关内容，掌握光合作用和呼吸作用的场所、细胞器的功能是解题的关键。

由于类囊体膜是H_2O分解释放O_2的场所，叶绿体膜破裂不影响类囊体膜功能，故有O_2释放。

（二）指向高阶思维能力的考查

在高阶思维层次中，知识的主体由教师或教材转变为学生，知识由学生参与创造，对学生认知水平的要求也提升至了分析、评价和创造上。在评价学生探究水平时，施瓦布划分出了"提出问题""设计方案"和"得出结论"3个要素，大致提出了一个可供后人参考的框架。但施瓦布忽略了实施和分析的环节，后人在其理论基础上逐步将探究活动的要素增加为"提出问题""设计方

案""实施方案""讨论结果"和"得出结论"5个要素,便于从更全面和完善的角度对学生的探究水平进行考查和评价。

在新高考中,指向高阶思维考查的题目比重有所增加,题目整体上的特点有:①情境取材于真实的生活、科研问题;②综合多个知识点进行设问;③答案具有多种可能性。

1. 提出问题

上文已阐明,实验往往是针对某一具体需要解答的问题展开的。对"提出问题"这一认知操作进行考查的方式有2种,一是由考生独立提出问题;二是在给予一定的情境、实验方案和实验结果后,要求考生思考该实验可以用于解决何种具体的问题。前者是正向的思维路径,符合发现问题到解决问题的行为模式,适用于真实的生活和科研情境;而后者则是逆向的思维路径,虽然不是直接提出问题,但同样能够考查学生对实验目的的理解。

生物学高考多以纸笔测验为主,受材料和评分规范的限制,试题往往需要提供确定的实验情境和实验目的,因此在高考试题中,针对"提出问题"这一认知操作的考查往往都是以第二种方式呈现。如2020年新课标卷Ⅰ第31题,就是在呈现和考查了完整的实验内容后,才在第(4)小题针对该实验的目的或研究意义作出考查——构建并获得了实验动物模型,即糖尿病小鼠模型,可作为实验材料研发治疗这类糖尿病的药物。

【例6.15】(2020年新课标卷Ⅰ)

某研究人员用药物W进行了如下实验:给甲组大鼠注射药物W,乙组大鼠注射等量生理盐水,饲养一段时间后,测定两组大鼠的相关生理指标。实验结果表明:乙组大鼠无显著变化;与乙组大鼠相比,甲组大鼠的血糖浓度升高,尿中葡萄糖含量增加,进食量增加,体重下降。回答下列问题:

(1)由上述实验结果可推测,药物W破坏了胰腺中的_____细胞,使细胞失去功能,从而导致血糖浓度升高。

(2)由上述实验结果还可推测,甲组大鼠肾小管液中的葡萄糖含量增加，导致肾小管液的渗透压比正常时的_____，从而使该组大鼠的排尿量_____。

（3）实验中测量到甲组大鼠体重下降，推测体重下降的原因是_____。

（4）若上述推测都成立，那么该实验的研究意义是_____（答出1点即可）。

【参考答案】（1）胰岛B

（2）高　增多

（3）甲组大鼠胰岛素缺乏，使机体不能充分利用葡萄糖来获得能量，导致机体脂肪和蛋白质的分解增加

（4）获得了因胰岛素缺乏而患糖尿病的动物，这种动物可以作为实验材料用于研发治疗这类糖尿病的药物

【解析】本题通过实验探究考查药物与血糖调节、水盐调节之间的关系，意在通过提取实验信息，结合教材所学内容，考查学生的综合运用能力。

（1）据题意可知，药物W使大鼠血糖升高，因而破坏的是大鼠胰腺中的胰岛B细胞，使细胞不能正常分泌胰岛素，导致大鼠的血糖浓度升高。

（2）甲组大鼠肾小管液中的葡萄糖浓度含量增加，导致肾小管液的渗透压比正常的高，因而大鼠的排尿量增加。

（3）实验中测量到甲组大鼠体重下降，推测体重下降的原因：甲组大鼠胰岛素缺乏，使机体不能充分利用葡萄糖来获得能量，导致机体脂肪和蛋白质的分解增加。

（4）若上述推测都成立，那么该实验的研究意义是获得了因胰岛素缺乏而患糖尿病的动物，这种动物可以作为实验材料用于研发治疗这类糖尿病的药物。

2. 设计方案

设计实验方案是为实验目的而服务的，包括实验材料、实验方法的选择。

以设计方案为核心展开的考查，对学生有着较高的认知水平和思维能力要求。在纸笔测验中，这一类考查常有两种形式：一是需要学生根据材料补全实验方案，二是需要学生根据题目所给定的研究目的独立完成实验方案的设计。

前者如2022年广东卷第18题第（3）小题，分析题意可知，该实验目的是探究B组条件下是否提高作物产量，该实验自变量为玉米遮光程度，因变量为作物产量，可用籽粒重量表示；实验设计应遵循对照原则、单一变量原则、可重复原则等，无关变量应保持相同且适宜，故实验设计如下：选择前期光照条件一致、生长状态相似的某玉米品种幼苗90株，按图a所示条件，分为A、B、C三组培养玉米幼苗，每组30株，其中以A组为对照，并保证除遮光条件外其他环境条件一致，收获后分别测量各组玉米的籽粒重量。后者则如2021年全国乙卷第29题第（3）小题，由题干知，植株甲晚上气孔打开吸收CO_2生成苹果酸并储存在液泡中，白天气孔关闭，液泡中储存的苹果酸释放CO_2可用于光合作用，因此植株甲晚上液泡中CO_2浓度高，白天液泡中CO_2浓度低，由此可知植株甲白天液泡内的pH高于夜间植株液泡内的pH。故可通过分别测定植株甲白天和晚上液泡内的pH来判定植物甲在干旱环境中是否存在这种特殊的CO_2固定方式。为了减小实验误差，使实验结果更准确，可做重复实验。

【例6.16】（2022年广东卷节选）

研究者将玉米幼苗置于三种条件下培养10天后（图a），测定相关指标（图b），探究遮阴比例对植物的影响。

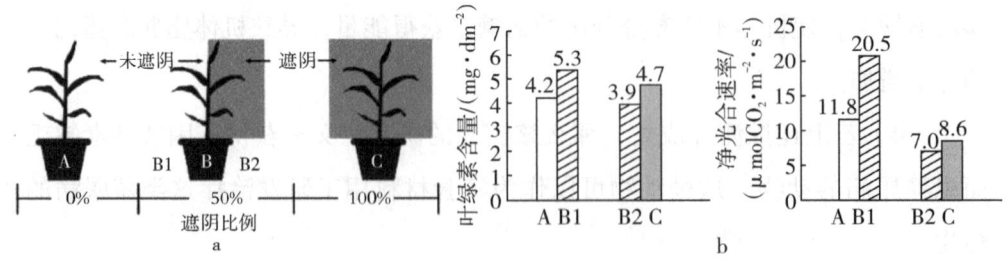

回答下列问题：

（3）某兴趣小组基于上述B组条件下玉米生长更快的研究结果，作出该条件可能会提高作物产量的推测，由此设计了初步实验方案进行探究：

实验材料：选择前期_____一致、生长状态相似的某玉米品种幼苗90株。

实验方法：按图a所示的条件，分A、B、C三组培养玉米幼苗，每组30株；其中以_____为对照，并保证除_____外其他环境条件一致。收获后分别测量各组玉米的籽粒重量。

结果统计：比较各组玉米的平均单株产量。

分析讨论：如果提高玉米产量的结论成立，下一步探究实验的思路是_____。

【参考答案】光照条件　A组　遮光程度　探究能提高作物产量的具体的最适遮光比例是多少

【解析】分析题意可知，该实验目的是探究B组条件下能否提高作物产量。该实验自变量为玉米遮光程度，因变量为作物产量，可用籽粒重量表示。实验设计应遵循对照原则、单一变量原则、可重复原则等，无关变量应保持相同且适宜，故实验设计如下。实验材料：选择前期光照条件一致、生长状态相似的某玉米品种幼苗90株。实验方法：按图a所示条件，分为A、B、C三组培养玉米幼苗，每组30株；其中以A组为对照，并保证除遮光程度外其他环境条件一致。收获后分别测量各组玉米的籽粒重量。结果统计：比较各组玉米的平均单株产量。分析讨论：如果B组遮光条件下能提高作物产量，则下一步需要探究能提高作物产量的具体的最适遮光比例是多少。

【例6.17】（2021年全国乙卷节选）

生活在干旱地区的一些植物（如植物甲）具有特殊的CO_2固定方式。这类植物晚上气孔打开吸收CO_2，吸收的CO_2通过生成苹果酸储存在液泡中；白天气孔关闭，液泡中储存的苹果酸脱羧释放的CO_2可用于光合作用。回答下列问题：

（3）若以pH作为检测指标，请设计实验来验证植物甲在干旱环境中存在这种特殊的CO_2固定方式。（简要写出实验思路和预期结果）

【参考答案】实验思路：选取健康的植株甲在干旱的环境条件下培养，且其他环境条件相同且适宜。在相同时间内测定植株甲白天和晚上液泡内的pH值，在上述条件下，重复实验三次，记录实验结果。

【解析】由题干知，植株甲晚上气孔打开吸收CO_2生成苹果酸并储存在液泡中，白天气孔关闭，液泡中储存的苹果酸释放CO_2可用于光合作用。因此植株甲晚上液泡中CO_2浓度高，白天液泡中CO_2浓度低，由此可知植株甲白天液泡内的pH高于夜间植株液泡内的pH。故可通过分别测定植株甲白天和晚上液泡内的pH来判定植物甲在干旱环境中是否存在这种特殊的CO_2固定方式。为了减小实验误差，使实验结果更准确，可做重复实验。

3. 实施方案

实施方案一般指根据实验方案进行实验操作，在传统的纸笔测验中，无法实现对真实操作的考查，但能通过实验原理和实验设计中的具体步骤对学生执行和实施方案的能力，以及应对实验突发情况和实验失误补救的能力进行评价。如2021年江苏卷第19题，其围绕数据获取方法，考查学生对标记重捕法、血细胞计数板计数法、疾病调查方法和实验梯度设置等内容的原理和具体操作的掌握，学生需依据题目所给情境和实验目的进行具体的分析。

【例6.18】（2021年江苏卷）

数据统计和分析是许多实验的重要环节，下列实验中获取数据的方法合理的是（　　）

编号	实验内容	获取数据的方法
①	调查某自然保护区灰喜鹊的种群密度	使用标记重捕法，尽量不影响标记动物正常活动，个体标记后即释放
②	探究培养液中酵母菌种群数量的变化	摇匀后抽取少量培养物，适当稀释，用台盼蓝染色，血细胞计数板计数
③	调查高度近视（600度以上）在人群中的发病率	在数量足够大的人群中随机调查
④	探究唾液淀粉酶活性的最适温度	设置0 ℃、37 ℃、100 ℃三个温度进行实验，记录实验数据

A. 实验①　　　B. 实验②　　　C. 实验③　　　D. 实验④

【参考答案】ABC

【解析】（1）估算培养液中酵母菌种群的数量可以采用抽样检测的方法：先将盖玻片放在计数室上，用吸管吸取培养液，滴于盖玻片边缘，让培养液自行渗入，多余培养液用滤纸吸去，稍待片刻，待酵母菌细胞全部沉降到计数室底部，将计数板放在载物台的中央，计数一个小方格内的酵母菌数量，再以此为依据，估算试管中的酵母菌总数。

（2）调查人类遗传病时，最好选取群体中发病率相对较高的单基因遗传病，如色盲、白化病等。若调查的是遗传病的发病率，则应在群体中抽样调查，选取的样本要足够多，且要随机取样；若调查的是遗传病的遗传方式，则应以患者家庭为单位进行调查，然后画出系谱图，再判断遗传方式。

4. 讨论结果

在生物学实验中，数据经处理后所得的结果多以图表的形式呈现，针对实验结果分析和讨论的考查，既能够实现对学生实验理论的掌握情况的考查，还能够实现对学生读图、识图能力和数据分析能力的考查，因此，这一部分的内容往往是生物学试题中的"常客"。以图表呈现的实验结果内容各异，但均指向对学生分析与评价等高阶思维能力和认知水平的考查。如2022年山东卷第21题以探索油菜素内酯（BR）对光抑制的影响机制为情境，考查了学生对实验结果的分析能力，学生需依据材料明确自变量是对幼苗不同的处理，因变量为光合作用强度，从而由曲线分析得出BR可能通过促进光反应关键蛋白的合成来减弱光抑制现象这一实验结果。

【例6.19】（2022年山东卷节选）

强光条件下，植物吸收的光能若超过光合作用的利用量，过剩的光能可导致植物光合作用强度下降，出现光抑制现象。为探索油菜素内酯（BR）对光抑制的影响机制，将长势相同的苹果幼苗进行分组和处理，如下表所示，其中试剂L可抑制光反应关键蛋白的合成。各组幼苗均在温度适宜、水分充足的条件下用强光照射，实验结果如图所示。

分组	处理
甲	清水
乙	BR
丙	BR+L

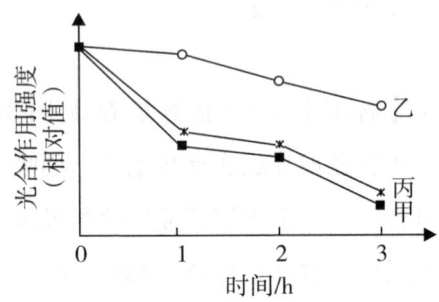

（2）强光照射后短时间内，苹果幼苗光合作用暗反应达到一定速率后不再增加，但氧气的产生速率继续增加。苹果幼苗光合作用暗反应速率不再增加，可能的原因有_____、_____（答出2种原因即可）；氧气的产生速率继续增加的原因是_____。

（3）据图分析，与甲组相比，乙组加入BR后光抑制_____（填"增强"或"减弱"）；乙组与丙组相比，说明BR可能通过_____发挥作用。

【参考答案】（2）五碳化合物供应不足　CO_2供应不足　强光照射后短时间内，光反应速率增强，水光解产生的氧气速率增强

（3）减弱　促进光反应关键蛋白的合成

【解析】（2）影响光合作用的外部因素有光照强度、CO_2的含量、温度等；内部因素有酶的活性、色素的数量、五碳化合物的含量等。强光照射后短时间内，苹果幼苗光合作用暗反应达到一定速率后不再增加，可能的原因有五碳化合物供应不足、CO_2供应不足；氧气的产生速率继续增加的原因是强光照射后短时间内，光反应速率增强，水光解产生的氧气速率增强。

（3）据图分析，与甲组相比，乙组加入BR后光合作用强度较高，说明加入BR后光抑制减弱；乙组用BR处理，丙组用BR和试剂L处理，与乙组相比，丙组光合作用强度较低，由于试剂L可抑制光反应关键蛋白的合成，说明BR可能通过促进光反应关键蛋白的合成发挥作用。

5. 得出结论

能够基于实验结果，准确、简洁地描述实验结论，这要求学生具有一定的分析和表达能力。结论不是具体实验结果的再次罗列，而是针对这一实验所能验证的概念、原则或理论的简明总结，是从实验结果中归纳出的一般性、概括性的判断，要求简练、准确、严谨、客观。"得出结论"这一认知操作需要基于上述多种探究活动中的认知操作才能完成，结论的得出离不开对实验问题的理解、对实验设计和实施的明确以及对实验结果的分析，它需要一种综合且具有创造性的能力。

在高考试题中，在对得出结论进行考查时，往往会综合多个情境或材料，如2022年湖南卷第18题第（3）小题，学生需从题干和表格中提取实验目的、实验原理、实验设计和实验结果的相关信息，从而结合实验目的和实验结果得出实验结论。

【例6.20】（2022年湖南卷节选）

当内外环境变化使体温波动时，皮肤及机体内部的温度感受器将信息传入体温调节中枢，通过产热和散热反应，维持体温相对稳定。回答下列问题：

（3）若下丘脑体温调节中枢损毁，机体体温不能维持稳定。已知药物A作用于下丘脑体温调节中枢调控体温。现获得A的结构类似物M，为探究M是否也具有解热作用并通过影响下丘脑体温调节中枢调控体温，将A、M分别用生理盐水溶解后，用发热家兔模型进行了以下实验，请完善实验方案并写出实验结论。

分组	处理方式	结果
甲	发热家兔模型+生理盐水	发热
乙	发热家兔模型+A溶液	退热
丙	发热家兔模型+M溶液	退热
丁	①	发热

②由甲、乙、丙三组实验结果，得出结论：_____。

③由甲、乙、丙、丁四组实验结果，得出结论：_____。

【参考答案】①损毁下丘脑的发热家兔模型+M溶液

②M与药物A一样具有解热作用

③M与药物A一样具有解热作用并通过影响下丘脑体温调节中枢调控体温

【解析】"探究M是否也具有解热作用并通过影响下丘脑体温调节中枢调控体温"要探究2个问题：①M是否也具有解热作用；②M是否通过影响下丘脑体温调节中枢调控体温。

在炎热的环境中，皮肤中的热觉感受器受到刺激后，将兴奋传递至下丘脑的体温调节中枢，通过中枢的调节，使皮肤中的毛细血管舒张，皮肤血流量增多，同时也使汗液的分泌增多等，从而增加散热。机体产热和散热达到平衡时的温度即体温调定点，此时产热量和散热量相等，生理状态下人体调定点为37 ℃。病原体感染后，机体体温升高并稳定在38.5 ℃时，与正常状态相比，调定点上移，但机体产热量和散热量仍然相等，因此，产热量和散热量均增加。

由题干信息可知，甲组为空白对照，发热家兔模型会出现发热的症状；乙组加了等量用生理盐水溶解的A溶液，已知药物A作用于下丘脑体温调节中枢调控体温，因此发热家兔模型会退热；丙组加了等量生理盐水溶解的M溶液，也出现退热现象，说明M与药物A一样具有解热作用；丁组小鼠出现发热症状，由于要探究M通过影响下丘脑体温调节中枢调控体温，实验需要遵循单一变量原则，与丙组相比，丁组的处理是损毁下丘脑的发热家兔模型+M溶液，损毁了下丘脑体温调节中枢后，M不能起到调控体温的作用。由甲、乙、丙3组实验结果，得出结论：M与药物A一样具有解热作用。由甲、乙、丙、丁4组实验结果，得出结论：M与药物A一样具有解热作用并通过影响下丘脑体温调节中枢调控体温。

四、实验内容二层双向细目表的建构

综上所述，可将反映试题实验内容考查情况的二层双向细目表设计如下（表6.6）。

表6.6 实验内容二层双向细目表样表

层面	认知操作	考查内容
低阶	了解目的	
	理解原理	
	掌握方法	
	明确结果	
高阶	提出问题	
	设计方案	
	实施方案	
	讨论结果	
	得出结论	

与传统的双向细目表相比，二层双向细目表在反映实验内容的考查方面有着一定的优势。一方面，在没有区分低阶和高阶的传统双向细目表中，往往会将"了解目的"和"提出问题"、"明确结果"和"讨论结果""得出结论"视作同样的认知目标，忽视了它们之间对学生认知水平和探究能力的不同要求。另一方面，二层双向细目表有助于试题的命制与分析，它能直观地反映出试题所考查的能力层次以及题目与题目之间难度层次的变化与过渡，进而整体地反映出试卷考查的落脚点是侧重于基础性还是侧重于综合性、应用性和创新性，以及如何在这些方面取得平衡，从而为更有效地立德树人、服务选才、引导教学提供抓手。

（高倩倩、李雪峰）

第五节 生物学高考命题的二层双向细目表的构建

一、生物学学科二层双向细目表构建的意义和原则

二层双向细目表是命题的蓝图，在试题、试卷命制中发挥着导向、监控、检验与评估的作用，对落实高考核心功能、实践评价理念、示范评价模式都发挥着重要作用。

（一）二层双向细目表的构建契合中国高考评价体系的精神追求

二层双向细目表的构建依托中国高考评价体系的顶层设计，将中国高考评价体系的考查内容、考查要求和考查载体进行学科化设计，以实现生物学学科评价目标和素质教育目标的内在统一，实实在在地将生物学高考命题打造成为立德树人的重要载体和素质教育的关键环节。

（二）二层双向细目表的构建对标中国高考评价体系的内容要求

二层双向细目表的构建是在深度解读中国高考评价体系的基础上，创造性地将中国高考评价体系中的"一核""四层""四翼"与生物学学科知识、能力、素养要求结合，将中国高考评价体系中的国家和高校的选才需求与素质教育育人目标进行具体化设计，重视"招—考—教—学"全过程各环节的无缝衔接与良性互动，实现全面、客观、准确地测量和评价学生综合素质的评价体系的落地，推动深化命题改革的进行。

（三）二层双向细目表的构建关注中学生物学课程的育人取向

二层双向细目表的构建，贯彻中国高考评价体系对教育领域综合改革纵深推进的育人取向，依据高中生物学课程改革理念，着眼于生物学学科内容组成体系，关注机械重复训练、忽视高阶能力培养、实验教学和实践教育不足等课堂教学实际，意欲打破"唯分数"的单一评价模式，积极促进生物学学科核心素养教育正向导向作用的发挥。

构建具有生物学学科特色的二层双向细目表，重点遵循了以下5个原则。

1. 突出方向性

二层双向细目表的构建，契合中国高考评价体系的精神追求和学科命题指向，始终坚持以习近平新时代中国特色社会主义思想为指导，全面贯彻党的教育方针，以《国务院关于深化考试招生制度改革的实施意见》为政策依据，从培养德智体美劳全面发展的社会主义建设者和接班人出发，将立德树人的实际需求与学科内容体系、学科命题结合。

2. 彰显学科性

二层双向细目表的构建，以"价值引领、素养导向、能力为重、知识为基"作为评价理念，立足于高考的核心功能、考查内容和考查要求三要素之间的关系，兼顾考查载体——情境在命题中的作用，结合新课标对生物学学科核心素养的概括，以及专家学者对关键能力学科化的研究成果，并根据生物学学科内容系统进行分类并制定由低阶至高阶的认知操作进阶考查目标，实现中国高考评价体系的精神追求及内容要求的学科化。

3. 坚持科学性

二层双向细目表的构建，基于中国高考评价体系的理论基础和方法论基础，依据新课标，科学把握生物学学科内容体系组成及学生认知操作的阶层，有效提高高考命题的效度。二层双向细目表的构建，广泛汲取教育发展及评价测量等领域成果，采用理论基础研究和实证分析相结合的方法，坚持理论联系实际、实践检验理论，以确保其内容的科学性。

4. 反映时代性

长期以来，在《考试大纲》等规范性文件的指导下，根据命题需要，以往的双向细目表的内容构建主要围绕知识掌握程度和应用水平方面，无论从践行立德树人的根本任务，还是从对接新时代教育发展要求来看，都存在一定的局限。二层双向细目表对接具有中国特色的、理念先进的、面向未来的中国高考评价体系，充分考虑高考命题的价值追求和育人需要，具有时代性。

5. 体现普适性

二层双向细目表的构建，承接了中国高考评价体系的公共性，坚持了中国高考评价体系服务于国家的人才储备战略和现代化建设目标，充分考虑社会环境和考试文化带来的多元化的现实期待和命题需求，并关注高中课程改革理念、育人方式以及评价方式。二层双向细目表的构建既能满足人民群众对不同高考方案下生物学命题的公平性诉求，又能确保高考命题与高中生物学课程的育人目标相一致。

二、生物学学科二层双向细目表的框架构建

生物学学科二层双向细目表整体呈现"卜"形（似"人"字），由题型和题序、认知操作层、多项考查层及空白单元格四部分组成（具体见表6.7）。其中，题型和题序组成横分隔轴（见表6.7中的①横轴），认知操作层（见表6.7中的②认知操作层）、多项考查层（见表6.7中的③多项考查层）分别位于竖上、下半轴，空白单元格（见表6.7中的④空白单元格）用于填写试题的属性（除考查内容、分值、难度、区分度用文字或数字填写外，其他行均可采用画"√"的形式填写）。

生物学学科的二层双向细目表有"二层同现"的特点：认知操作层和多项考查层隔轴而立，且认知操作层对理论知识和实验内容两个部分都进行了低阶层和高阶层的具体划分。认知操作层主要用于明确试题的类型及思维含量，或者题目的考查是否有认知进阶的设计（这方面主要是针对含有多个小题的非选择题）；多项考查层则是涵盖了中国高考评价体系中的考查载体、考查内容及考查要求，并且增加试题的测量属性项目——分值、难度、区分度，以保证中国高考评价体系的精神追求和内容要求的落地。

值得指出的是，认知操作层与多项考查层之间互为支持、互为验证。例如，某道题目归属于"认知操作"中的"理论知识"的"识记"层次，那么，在多项考查层中，其考查内容就应为相关理论知识点，题目所创设的问题情境应比较简单，"四翼"要求层级应为"基础性"，试题难度应为"易"等。反过来，也可

以根据多项考查层中的相关情况判断某道题目所属的试题类型及思维含量。

"二层同现"是此细目表不同于以往双向细目表的地方，旨在突破关注机械重复训练、忽视高阶能力培养、实验教学和实践教育不足等生物学学科的实际教学难题，促进基础教育的生物学课堂教学改革，并且帮助命题人关注命题的全面性和适切性，合理安排试卷相关方面的考查和难度等，达到服务选才的目的，最终实现高考的核心功能。

二层双向细目表可用于判断试卷的用途、协助命题以达到全面性及平衡性等。在判断试卷的用途方面，如果认知操作层次低的题目所占比例高，则试卷偏向于合格性考试；相反，如果认知操作层次高的题目所占比例高，则试卷偏向于选择性考试。而在协助命题达到全面性及平衡性方面，利用该二层双向细目表，命题人可以在考查内容的类型［理论知识和（或）实验内容］，考查的具体内容，问题情境的创设，试题应达到的考查要求，考查的核心价值、学科素养、关键能力、分值、难度、区分度等方面有一个全方位立体的考量。

那么如何协助命题以达到全面性及平衡性呢？如在一般测验中，由于试题主要从已有题库中选取、改编，且命题人数较少甚至只有一位，则可以先利用二层双向细目表进行全面的命题统筹、安排后，再着手试卷的编制；而在讲究原创性的、大规模的甚至是高利害的考试中，由于命题人数较多，遵循先难后易的原则，一般会先命制非选择题、后根据非选择题未涉及的知识点命制选择题，再将命制的所有题目的情况填写在二层双向细目表，根据二层双向细目表评估试卷总体的结构效度及内容效度进行调整，以此达到命题的全面性及平衡性。值得一提的是，由于"二层同现"，可以更直观地评价非选择题及选择题各小题设置的认知水平的衔接性和内容考查的丰富度、合理性，从而对命题质量可以有更理性、基于实证的判断。

二层双向细目表是中国高考评价体系的理论和实践成果中的组成成分，它也将在生物学教育、教学实践中接受检验并不断发展、完善，从而助力立德树人的落实、德智体美劳全面发展的育人目标的实现。

表6.7　生物学学科二层双向细目表

② 认知操作层	理论知识	低阶	识记										④ 空白单元格
			理解										
			应用										
		高阶	综合分析										
			综合应用										
			综合评价										
			综合创新										
认知操作	实验内容	低阶	了解目的										
			理解原理										
			掌握方法										
			明确结果										
		高阶	提出问题										
			设计方案										
			实施方案										
			讨论结果										
			得出结论										
① 横轴		题型		选择题					非选择题				
		题序	1	2	3	…		7	8	9	…		
	考查的具体内容												④ 空白单元格
问题情境	简单												
	复杂	生活、学习和实践											
		科学实验和科学探究											
		生命科学史											
四翼	基础性												
	综合性												
	应用性												
	创新性												
核心价值	政治立场和思想观念												
	世界观和方法论												
	道德品质和综合素质												
学科素养	生命观念												
	科学思维												
	科学探究												
	社会责任												
关键能力	理解能力												
	实验探究能力												
	解决问题能力												
	创新能力												
③ 多项考查层	分值												
	难度												
	区分度												

（高益洵、黄少旭）

第七章
基于"二层双向细目表"的命题编码与试卷分析

第一节 生物学高考试题编码系统建构方式

高考改革整体理念：构建"一核""四层""四翼"的高考评价体系，通过确立"立德树人、服务选才、引导教学"这一高考核心功能，回答"为什么考"的问题；通过确定"必备知识、关键能力、学科素养、核心价值"四层考查目标，回答高考"考什么"的问题；通过明确"基础性、综合性、应用性、创新性"四个方面的考查要求，回答高考"怎么考"的问题（教育部考试中心，2019）。

在宏观层面上，"一核""四层""四翼"的高考内容改革整体理念是具有宏观性和纲领性的，体现党和国家对高考改革的要求。在中观层面上，高考评价体系建构整体评价体系与生物学高考的衔接方案，将整体理念具体化、系统化，形成与应用层面衔接的理论与操作体系（教育部考试中心，2019）。在应用层面上，高考评价体系有助于生物学高考与命题方式的确立，可以指导教学工作者分析每年生物学高考的命题取向、特点与规律，分析本单位学生学习的优势与薄弱环节，以促进教学与学习质量的提高。

一、二层双向细目表命题框架的构建

想要完成生物学试题编码系统的构建，首先需要完成"二层双向细目表命

题框架"的构建,"二层双向细目表命题框架"有助于整体评价体系与生物学高考衔接方案的建构。"二层双向细目表命题框架"包括"高阶双向细目表"和"低阶双向细目表"。在建构"二层双向细目表"时,要先将"高阶双向细目表"确定下来,再依据"高阶双向细目表"确定"低阶双向细目表"。

构建"二层双向细目表"的具体做法:第一步,基于学科素养构建综合层面的"高阶双向细目表",对"学科素养的典型情境活动"进行分析,确定进行这些情境活动相关的综合性的"学科知识""认知活动"和"关键能力",建立"(高阶)知识"与"(高阶)认知操作"的综合层面的"高阶双向细目表";第二步,基于综合层面活动构建基本层面的"低阶双向细目表",对"高阶双向细目表"的综合活动进行分析,确定进行这些综合活动所必须具备的下位的基础性的"学科知识""认知活动"和"关键能力",建立相对应的"(低阶)知识"与"(低阶)认知操作"的基础层面的"低阶双向细目表";第三步,将"高阶双向细目表"和"低阶双向细目表"两个层面的二维平面双向细目表整合为三维立体的二层双向细目表命题框架,将作为测评或考试命题使用的传统二维平面双向细目表命题框架改变为新高考基于学科素养的"三维命题框架"。生物学学科二层双向细目表包括"生物学学科理论知识的二层双向细目表"(见第六章第三节)和"生物学学科实验内容的二层双向细目表"(见第六章第四节)。

二、编制试题的基本要求

生物学高考试题编码系统的建构要贴合生物学学科试题编制的基本要求,包括以下四点:第一,根据"三维立体命题框架",确定试题的"四层"内容类型;第二,根据"四翼"的考查要求,确定试题的考核目标类型;第三,根据生物学考题的性质与考查目标,确定试题的题型;第四,根据测量学的要求,确定试题的难度分布。

根据"三维立体命题框架",确定试题的"四层"内容类型,"四层"包括核心价值、学科素养、关键能力和必备知识。生物学学科的核心价值包括生命观、人生观、价值观;学科素养包括知识与观念、科学思维、探究与创新、责任与担当;关键能力包括理解能力、实验探究能力、解决问题能力、创新能力;必备知识的知识内容包括高中生物学两大必修模块(分子与细胞、遗传与进化)、三大选择性必修模块(稳态与调节、生物与环境、生物技术与工程)和三大选修模块(现实生活应用、职业规划前瞻、学业发展基础)。

根据"四翼"的考查要求,确定试题的考核目标类型,"四翼"包括基础性、综合性、应用性、创新性。生物学试题必须包含以下四种类型:第一,必须有考核必备知识与关键能力的题目,这类题目主要是考核构成学科素养的必备知识与关键能力,是考核"基础性"的单项考题;第二,必须有考查在学习探索问题情境中运用知识能力去解决问题的综合性题目,这类题目是考核"综合性"的题目;第三,必须有考查在生活实践问题情境中运用知识能力去解决实际问题的题目,考查学生应对实践问题的素养,这类题目是考核"应用性"的题目;第四,必须有考查在生活实践问题情境或学习探索问题情境中创新地运用知识和技能去解决开放性问题的题目,这类题目是考核"创新性"的题目。总的来说,第一类题目是考查基本情境活动的学科知识能力题目,第二类题目是考查学习探索情境活动的学科素养题目,第三类题目是考查生活实践情境活动的学科素养题目,第四类题目是考查生活实践与学习探索情境活动的创新性学科素养的题目。

根据生物学考题的性质与考查目标,确定试题的题型。生物学试题主要包括客观题和主观题,客观题主要为选择题,主观题可细分为填空题、简答题、闭合性论述题(有唯一正确答案)和开放性论述题(无唯一正确答案),根据生物学学科具体考查内容采用适切的试题形式,灵活处理。试题的难度是衡量一套试卷是否合格的重要指标,那么如何确定试题的难度分布呢?根据测量学的要求,试题的难度分布要符合正态分布的特点,较高难度的题目和较低难度的题目都不要过多,各占20%左右,题目主要是中等难度的题目,占60%左右。

三、试题编码系统的构建

试题编码系统类似图书馆的图书编号系统,图书编号系统是为了能又好又快地对书籍进行编码和查找,对图书进行归类;试题编码系统也有类似的功能,能又好又快地对试题进行编码,便于试题分析并有利于命题指导。

试题编码系统的构建主要包含两部分:一是内容属性编码,根据"一核""四层""四翼"确定各个试题的内容属性;二是测量属性编码,根据测量学的要求确定各个试题的测量学属性。由此可见试题编码系统包括内容属性和测量属性两大部分,其中内容属性包括层面、情境、知识内容、认知操作、考查要求、核心价值、学科素养和关键能力8种属性,测量属性包括题型、权重、难度和区分度4种属性。

(一)内容属性说明及其编码

内容属性包括层面、情境、知识内容、认知操作、考查要求、核心价值、学科素养和关键能力8种属性(杨帆和郭学恒,2019)。

试题层面包括低阶层面和高阶层面。低阶层面的题目要求在简单的问题情境中调动单一的知识或技能解决问题,对应认知操作属性的低阶属性。高阶层面的题目要求在复杂的问题情境中综合运用多种知识或技能解决问题;在复杂的问题情境中综合运用多种知识或技能来解决生活实践中的应用性问题;在复杂的问题情境中创造性地解决问题,形成创造性的结果或结论,对应认知操作属性的高阶属性。在对层面属性进行编码时采用单个英文字母作为识别符号,例如,A低阶层面,B高阶层面。

情境包括简单情境活动和复杂情境活动。题目无情境活动,情境活动单一、复杂度较低,情境直接取自教材或对教材情境稍加改进等都可以称为简单情境活动。题目情境活动复杂程度高，与问题联系紧密，对学生而言相对陌生的情境等都可以称为复杂情境活动，此类情境涉及的是复杂的认知活动。生物学学科复杂情境活动主要有三类：生活、学习和实践情境，科学实验和探究情境，生命科学史情境。生活、学习和实践情境是指学生在日常生活中或社会实践中常见的生物学相关现象或问题。例如，劳动或运动时对机体水分、盐分的调节，动物机体遇到刺激后的反射，营养物质、激素、抗生素等物质与人体健康的关系，利用这些熟悉的生物学现象或事实作为试题的情境，提出问题，引发学生思考，有助于学生树立热爱生活、珍爱生命、热爱自然、崇尚科学的意识。科学实验和探究情境是指以生物学知识开展的实验作为试题情境，这些情境可以来自课本实验、拓展实验，也可以来自学术期刊中的科学实验。例如，根据细菌转化证明DNA是遗传物质的实验，建立其与现代基因工程概念的关联；根据遗传学普适性规律，对生产实践中的特定品种需求提出研究方案；对于动植物的性状作出预测，利用这些学生学习过的现象或问题作为试题情境，有助于激发学生科学探究的热情，培养其严谨的科学态度和勇于探索的科学精神。生命科学史述说生物学发展的脉络轨迹，是高中生物学课程的重要内容，包含重要的生物学知识、科学思维与方法以及独特的教育价值。例如，DNA双螺旋的发现使生物学研究进入分子生物学时代，在认识自然的历程中迈出重要的一步，利用这些生物科学史情境，可以启迪学生探索生命科学过程的研究方法和科学研究精神，使学生在继承中学会创新。对情境属性进行编码：所属层面的识别号+一级情境的识别号（字母C/D/E）+二级情境的识别号（数字序号）；"Z*"表示多种情境综合。例如，AC1表示简单情境，BD1表示生活、学习和实践情境，BD2表示科学实验和探究情境，BD3表示生命科学史情境，ZD表示综合情境。

知识内容是指生物学学科必备知识，新高考生物学学科的必备知识根据新课标规定的必修内容（分子与细胞、遗传与进化）、选择性必修内容（稳态与调节、生物与环境、生物技术与工程）和选修内容（现实生活应用、职业规划前瞻、学业发展基础），参照学业水平等级性考试对知识内容的要求进行选取。对知识内容属性进行编码：一级知识内容的识别号（用英文字母G/H/K，其中G表示必修模块、H表示选择性必修模块、K表示选修模块）+二级知识内容的识别号（数字序号）；"Z*"表示多种知识综合。例如，G1表示分子与细胞，H1表示稳态与调节，K1表示现实生活应用。（详见第三章第四节）

依据生物学学科的二层双向细目表："生物学学科理论知识的二层双向细目表"（详见第六章第三节）和"生物学学科实验内容的二层双向细目表"（详见第六章第四节），生物学学科认知操作属性包括针对理论知识的认知操作和实验内容的认知操作，本学科的认知操作属性如表7.1所示。对认知操作属性进行编码：所属情境的识别号+一级认知操作的识别号（字母L/M/N）；"Z*"表示多种认知操作综合。例如，AL1表示基础知识识记，BM1表示综合分析，ZBM4M7表示综合创新实施方案。

表7.1 认知操作属性

情境	模块	认知操作
简单情境	理论知识	AL1基础知识识记
		AL2基础知识理解
		AL3基础知识应用
	实验内容	AL4了解目的
		AL5理解原理
		AL6掌握方法
		AL7明确结果
复杂情境	理论知识	BM1综合分析
		BM2综合应用
		BM3综合评价
		BM4综合创新

（续表）

情境	模块	认知操作
复杂情境	实验内容	BM5提出问题
		BM6设计方案
		BM7实施方案
		BM8讨论结果
		BM9得出结论

考查要求包含基础性、综合性、应用性和创新性4个维度。基础性考查要求考生用生物学基本概念、基本规律、基本方法和基本技术等陈述性知识和程序性知识对相关的生物学问题作出解释或进行推理和判断，并能运用这些原理和方法解决相关的问题。综合性考查要求考生在给定条件下，综合运用生物学基本知识和基本方法，解决与生命科学相关的问题。应用性考查要求考生综合运用所学知识解决生活、生产实践及科学探究等情境中的问题。创新性考查要求考生能在新颖的情境中积极思考，完成探究性或开放性的任务，能够综合运用批判性思维和创新思维等方法，创造性地提出解决生活生产实践及科学探究中实际问题的新思路、新方法。对考查要求属性进行编码：所属层面的识别号+各个目标的识别号（R/S/T/U）；"ZV"表示多种目标综合。例如，AR表示基础性，BS表示综合性，BT表示应用性，BU表示创新性，ZV表示多个考查要求。

核心价值是指即将进入高等学校的学习者应当具备的良好政治素质、道德品质和科学思想方法的综合，是在各学科中起着价值引领作用的思想观念体系，是学生面对现实问题情境时应当表现出来的正确的情感态度和价值观的综合。生物学高考依托学科内容，以立德树人为导向，弘扬和渗透社会主义核心价值观，旨在基于学科特质，引导考生正确理解生命的价值，尊重和热爱生命，养成健康的生活方式，助力选拔具有正确生命观、人生观、价值观的人才。生物学学科核心价值包括政治立场和思想观念、世界观和方法论、道德品质和综合素质3个方面。对核心价值属性进行编码：用英文字母加数字序号（W+1/2/3）作为识别符号；"ZW"表示多种价值综合。例如，W1表示政治立场和思想观念，W2表示世界观和方法论，W3表示道德品质和综合素质；ZW表示多种价值综合。

生物学学科素养作为考查内容，是将高考评价体系中学科素养的架构赋予生物学的学科特色，渗透新课标核心素养内容与目标的有机融合。生物学高考考查的学科素养主要包括知识与观念、科学思维、探究与创新、责任与担当4个方面。知识与观念是指学生在高中阶段所学的生物学知识以及在这些知识的基础上进一步抽象和概括后所形成的观点和思想方法。科学思维是思维方法的呈现，是从生物学视角对生命现象和生命活动规律的认知方式，是分析与综合、归纳与演绎等科学方法的具体运用，是基于事实的抽象和概括过程，是基于事实、证据，运用科学推理的方法对不同观点质疑、批判，进而提出创造性见解的能力和品格。探究与创新是实践和探索素养方面的体现。探究是指在观察和实验的基础上提出生物学问题、形成猜想并作出假设、设计实验或制订方案、进行实验或完成方案、得出结论的过程。责任与担当是思想观念方面的表现，是指基于生物学的认识，具有尊重生命、热爱生命、健康生活、关爱他人、保护环境等责任意识，也包括积极参与个人与社会事务的讨论，作出理性的解释和判断。对学科素养属性进行编码：用英文字母加数字序号（X+1/2/3……）作为识别符号；"ZX"表示多种素养综合。例如，X1表示知识与观念，X2表示科学思维，X3表示探究与创新，X4表示责任与担当；ZX表示多种素养综合。

生物学学科关键能力是指即将进入高等学校的学习者在面对与生物学相关的生活实践或学习探索问题情境时，有效地认识问题、分析问题、解决问题所必须具备的能力。新高考生物学学科关键能力包括理解能力、实验探究能力、解决问题能力、创新能力。理解能力要求深入了解必备知识的内涵并形成知识的网络结构，将单一、零散的知识构建成系统的知识网络体系，作为能力培养与素养发展的基石。实验探究能力是生物学自然科学属性的鲜明体现，通过对新课标、《中国高考评价体系》、中学教学实际、高中学生认知水平的充分考量，学生要具备实验探究能力，即在对所学实验进行实践后，能够对相关生物学问题进行科学探究，如分析问题、设计实验、预测结果并得出结论或作出解释，掌握科学探究的整个流程。解决问题能力是学有所用、学以致用理念的体现，反映了生物学与生产生活的密切联系，要求学生能够运用生物学知识解释或解决与生物学相关的生活生产实践等情境中的问题。创新能力要求学生面对生活生产实践等情境中的问题时，能够运用知识、经验、获取的相应信息，提出新解释、新方法、新思路或得出新结论。对关键能力属性进行编码：用单个英文字母Y+1/2/3……作为识别符号；"ZY"表示多种能力综合。例如，Y1表示理解能力，Y2表示实验探究能力，Y3表示解决问题能力，Y4表示创新能力；ZY表示多种能力综合。

（二）测量属性说明及其编码

测量属性包括题型、权重、难度和区分度4种属性。

题型可分为客观题和主观题两种。客观题是指评分不受评卷人主观因素（如情感、好恶、疲劳等）影响的试题，包含选择题、填充题、简答题（据要点回答的试题）。主观题是指考生得分会受评卷人主观因素影响或控制的试题，如论述题、分析题等。广东省新高考生物学学科题型包括选择题和非选择题两种，选择题为单选题，且分为两档，即1~12题（单选题，每题2分）和13~16题（单选题，每题4分）；非选择题包括填空题、简答题和实验题。对题型属性进行编码：用字母P/Q作为客观/主观题的识别符号，用数字序号作为第二层次识别符号。"ZPQ"表示多种题型综合。例如，P1表示选择题，Q1表示非选择题，ZPQ表示多种题型综合。

试题权重表示题目分值占整卷分数比例的百分数，在统计权重属性时可直接填题目分数所占比例的百分数。

难度是指试题或考卷的难易程度，是考生对试题或考卷是否适应的指标。在一个考生群体里总有上、中、下各水平的考生。试题太难，不同水平的考生都做不出来，表明考生对试题不适应。试题太容易，不同水平的考生得分都差不多，也是一种不适应。可见，试题太难或太易都无法反映考生的实际水平。在高考中试题或考卷难度以适中为宜（试题以0.30～0.70为佳、整卷以0.50～0.60为佳）。难度计算公式为

$$P = \frac{\overline{X}}{W} \tag{7.1}$$

式（7.1）中：P是难度；W是某题的满分值；$\overline{X}$是考生在该题得分的平均分。从式（7.1）中可见，难度也就是平常俗称的得分率。

在统计难度属性时可直接填该题目的难度系数。如果该题目有多个小题，可以先填写每个小题的难度，再通过加权综合，得出该题目的总难度。值得注意的是，在试题编制结束之后，往往不能第一时间得到该题目或者该考卷的难度，此时，如果未能通过测试数据得到该考卷的各题难度，可以填入估计的难度。

区分度是指试题对不同知识和能力水平考生的鉴别程度。总分高分考生比总分低分考生多得分的试题，区分性能好，反之则其区分性能差；总分高分考生与总分低分考生得分都差不多，则表示试题区分能力不大或零区分。区分度计算公式为

选择题：

$$D = P_H - P_L \tag{7.2}$$

非选择题：

$$D = \frac{n\sum_{i=1}^{n} x_i y_i - \sum_{i=1}^{n} x_i \sum_{i=1}^{n} y_i}{\sqrt{n\sum_{i=1}^{n} x_i^2 - \left(\sum_{i=1}^{n} x_i\right)^2} \cdot \sqrt{n\sum_{i=1}^{n} y_i^2 - \left(\sum_{i=1}^{n} y_i\right)^2}} \tag{7.3}$$

式（7.2）中：D是区分度；P_H和P_L分别是全体考生中总分前27%和后27%的

考生答对该试题的比例（即得分率）。式（7.3）中：n是样本总数；x_i，y_i分别是样本（考生）在该试题的得分和该科目的得分。区分度小于0.2的题可以被淘汰，大于0.2小于0.3的题良好，大于0.4的题区分度很高。在高考中一般要求区分度在0.30以上，表示高分考生比低分考生能多得30%的分数，这样的区分度较佳。在统计区分度属性时直接填题目区分度。

试题编码系统包含内容属性和测量属性两部分。根据试题编码系统可以对具体的某一道试题进行分析，也可以对整套试卷进行分析，除此之外，试题编码系统对命题还有指导作用，可根据试题编码系统查找已经命好的题目，也可以查漏补缺，补充在命题时没有兼顾到的考查内容。试题编码系统如表7.2所示。

表7.2 试题编码系统

层面	内容属性							测量属性			
	考查载体（问题）情境	考查要求（四翼）	核心价值	学科素养	关键能力	必备知识		题型	权重	难度	区分度
						知识内容	认知操作				
A低阶层面	AC1简单情境	AR基础（基础扎实）	W1政治立场和思想观念 W2世界观和方法论 W3道德品质和综合素质	X1知识与观念 X2科学思维 X3探究与创新 X4责任与担当	Y1理解能力 Y2实验探究能力 Y3解决问题能力 Y4创新能力	理论知识: G1分子与细胞 G2遗传与进化 H1稳态与调节 H2生物与环境 H3生物技术与工程 K1现实生活应用 K2职业规划前瞻 K3学业发展基础	理论知识: AL1基础知识识记 AL2基础知识理解 AL3基础知识应用 实验内容: AL4了解目的 AL5理解原理 AL6掌握方法 AL7明确结果	P1选择题 Q1非选择题			
B高阶层面	BD1生活、学习和实践情境 BD2科学实验和探究情境 BD3生命科学史情境	BS综合性（融会贯通） BT应用性（学以致用） BU创新性（创新意识、创新思维）					理论知识: BM1综合分析 BM2综合应用 BM3综合评价 BM4综合创新 实验内容: BM5提出问题 BM6设计方案 BM7实施方案 BM8讨论结果 BM9得出结论				

（吴继衡、黄少旭）

第二节　应用编码系统对生物学高考题目的分析

一、试题内容属性编码系统

试题编码系统主要包含两部分：一是内容属性编码，根据"一核""四层""四翼"确定各个试题的内容属性。二是测量属性编码，根据测量学的要求确定各个试题测量学属性。其中内容属性包括层面、情境、知识内容、认知操作、考查要求、核心价值、学科素养和关键能力8种属性，测量属性包括题型、权重、难度和区分度4种属性。对生物学高考题目的分析主要是对题目内容属性进行分析。

试题层面包括知识层面和素养层面，在对层面属性进行编码时采用单个英文字母作为识别符号，A表示低阶层面，B表示高阶层面。

情境包括简单的情境活动和复杂的情境活动，情境属性编码规则：所属层面的识别号+一级情境的识别号（字母C/D/E）+二级情境的识别号（数字序号）；"Z*"表示多种情境综合。AC1表示简单情境，BD1、BD2、BD3、ZD分别表示"生活、学习和实践情境""科学实验和探究情境""生命科学史情境""综合情境"。

知识内容即是生物学学科必备知识，包括必修内容（分子与细胞、遗传与进化）、选择性必修内容（稳态与调节、生物与环境、生物技术与工程）和选修内容（现实生活应用、职业规划前瞻、学业发展基础）。知识内容属性编码规则：一级知识内容的识别号（字母G/H/K）+二级知识内容的识别号（数字序号）；"Z*"表示多种知识综合。例如，G1表示分子与细胞，H1表示稳态与调节，K1表示现实生活应用。

生物学学科认知操作属性包括"理论知识的认知操作"和"实验内容的认知操作"。认知操作属性编码规则：所属情境的识别号+一级认知操作的识别号（字母L/M/N）；"Z*"表示多种认知操作综合。例如，AL1表示基础知识识记，BM1表示综合分析，ZBM4M7表示综合创新实施方案。

考查要求包含基础性、综合性、应用性和创新性4个维度。考查要求属性编码规则：所属层面的识别号+各个目标的识别号（R/S/T/U）；"ZV"表示多种目标综合。例如，AR表示基础性，BS表示综合性，BT表示应用性，BU表示创新性，ZV表示多个考查要求。

生物学学科核心价值包括生命观、人生观、价值观3个方面。核心价值属性编码：用英文字母加数字序号（W+1/2/3）作为识别符号；"ZW"表示多种价值综合。W1、W2、W3、ZW分别表示政治立场和思想观念、世界观和方法论、道德品质和综合素质、多种价值综合。

生物学高考考查的学科素养主要包括知识与观念、科学思维、探究与创新、责任与担当4个方面。学科素养属性编码规则：用英文字母加数字序号（X+1/2/3……）作为识别符号；"ZX"表示多种素养综合。X1、X2、X3、X4、ZX分别表示"知识与观念""探究与创新""科学思维""责任与担当""多种素养综合"。

生物学学科关键能力是指即将进入高等学校的学习者在面对与生物学相关的生活实践或学习探索问题情境时，有效地认识问题、分析问题、解决问题所必须具备的能力。新高考生物学学科关键能力包括理解能力、实验探究能力、解决问题能力、创新能力。关键能力属性编码规则：用单个英文字母Y+1/2/3……作为识别符号；"ZY"表示多种能力综合。Y1、Y2、Y3、Y4、ZY分别表示"理解能力""实验探究能力""解决问题能力""创新能力""多种能力综合"。

（一）试题内容属性编码系统的应用举例

编码系统能给命题带来极大的便利，一方面，可以利用编码系统查看试题的命制是否面面俱到，为高考命题提供蓝图，另一方面，在命题之后可以用编码系统查阅题目，分析题目的优劣，使命题更加系统化和规范化。下面应用试题编码系统对2021年广东省普通高中学业水平选择性考试生物学试题进行分析。

【例7.1】（2021年广东卷）

孔雀鱼雄鱼的鱼身具有艳丽的斑点，斑点数量多的雄鱼有更多机会繁殖后代，但也容易受到天敌的捕食。关于种群中雄鱼的平均斑点数量，下列推测错误的是（　　）

A. 缺少天敌，斑点数量可能会增多

B. 引入天敌，斑点数量可能会减少

C. 天敌存在与否决定斑点数量相关基因的变异方向

D. 自然环境中，斑点数量增减对雄鱼既有利也有弊

【解析】本题在试题层面属于低阶层面，情境来自教材情境的改编，属于简单情境，考查了生物进化的知识内容，认知操作属于基础知识应用水平，考查要求属于综合性水平，培养学生世界观和方法论，发展学生科学思维的学科素养，关键能力涉及理解能力。将试题内容属性填入表7.3中并对其编码，本题可以编码为A-AC1-BS-W2-X2-Y1-G2-AL3。

表7.3　例7.1内容属性编码

题号	层面	考查载体（问题）情境	考查要求（四翼）	考查内容（四层）			必备知识	
				核心价值	学科素养	关键能力	知识内容	认知操作
10	A低阶层面	AC1简单情境	BS综合性	W2世界观和方法论	X2科学思维	Y1理解能力	G2遗传与进化	AL3基础知识应用

【例7.2】（2021年广东卷）

人体缺乏尿酸氧化酶，导致体内嘌呤分解代谢的终产物是尿酸（存在形式为尿酸盐）。尿酸盐经肾小球滤过后，部分被肾小管细胞膜上具有尿酸盐转运

功能的蛋白URAT1和GLUT9重吸收，最终回到血液。尿酸盐重吸收过量会导致高尿酸血症或痛风。目前，E是针对上述蛋白治疗高尿酸血症或痛风的常用临床药物。为研发新的药物，研究人员对天然化合物F的降尿酸作用进行了研究。给正常实验大鼠（有尿酸氧化酶）灌服尿酸氧化酶抑制剂，获得了若干只高尿酸血症大鼠，并将其随机分成数量相等的两组，一组设为模型组，另一组灌服F设为治疗组，一段时间后检测相关指标，结果见下图。

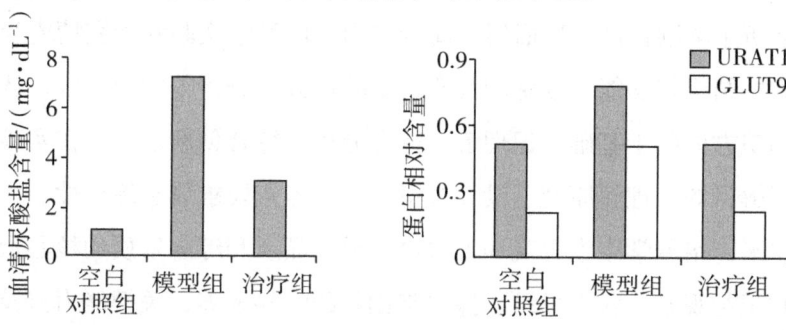

回答下列问题：

（1）与分泌蛋白相似，URAT1和GLUT9在细胞内的合成、加工和转运过程需要_____及线粒体等细胞器（答出2种即可）共同参与，肾小管细胞通过上述蛋白重吸收——尿酸盐。体现了细胞膜具有_____的功能特性，原尿中还有许多物质也需借助载体蛋白通过肾小管的细胞膜，这类跨膜运输的具体方式有_____。

（2）URAT1分布于肾小管细胞刷状缘（下图为示意图），该结构有利于尿酸盐的重吸收，原因是_____。

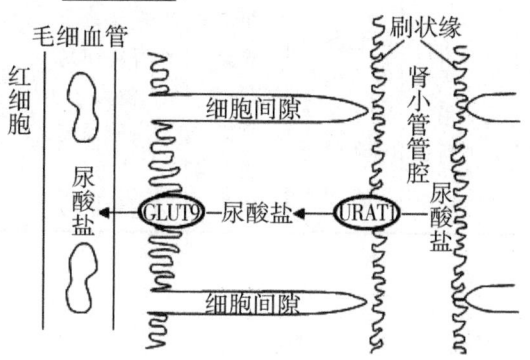

（3）与空白对照组（灌服生理盐水的正常实验大鼠）相比，模型组的自变量是_____，与其他两组比较，设置模型组的目的是_____。

（4）根据尿酸盐转运蛋白检测结果，推测F降低治疗组大鼠血清尿酸盐含量的原因可能是_____，减少尿酸盐重吸收。为进一步评价F的作用效果，本实验需要增设对照组，具体为_____。

【解析】本题在试题层面属于高阶层面，以科学实验和探究情境为载体考查了细胞的结构与功能、细胞的代谢、实验设计与分析等知识内容，认知操作在理论知识方面属于基础知识理解、综合分析、综合创新水平，在实验内容方面属于了解目的、理解原理、设计方案水平，考查要求属于综合性、应用性、创新性水平，培养学生世界观和方法论、道德品质和综合素质的核心价值，发展学生知识与观念、科学思维、探究与创新的学科素养，关键能力涉及理解能力、解决问题能力、实验探究能力、创新能力。将试题内容属性填入表7.4中并对其编码，本题可以编码为：B-BD2-BSBTBU-W2W3-X1X2X3-Y1Y2Y3Y4-G1-AL2L4L5BM1M4M6。

表7.4　例7.2内容属性编码

题号	层面	考查载体（问题）情境	考查要求（四翼）	考查内容（四层）				
				核心价值	学科素养	关键能力	必备知识	
							知识内容	认知操作
19	B高阶层面	BD2科学实验和探究情境	BS综合性 BT应用性 BU创新性	W2世界观和方法论 W3道德品质和综合素质	X1知识与观念 X2科学思维 X3探究与创新	Y1理解能力 Y2解决问题能力 Y3实验探究能力 Y4创新能力	G1分子与细胞	AL2基础知识理解 AL4了解目的 AL5理解原理 BM1综合分析 BM4综合创新 BM6设计方案

（二）试题内容属性编码系统对整套试卷分析

以生物学学科试题编码系统对2021年广东省普通高中学业水平选择性考试生物学试题内容属性进行编码（注：本试题存在选考题，全卷总分为112分，下面分析试题分值按112分计算），得到如表7.5所示结果。

表7.5　2021年广东省普通高中学业水平选择性考试生物学试题内容属性编码表

题号	层面	考查载体（问题）情境	考查要求（四翼）	考查内容（四层）					
				核心价值	学科素养	关键能力	必备知识	
							知识内容	认知操作
1	A低阶层面	BD1生活、学习和实践情境	BT应用性	W1政治立场和思想观念	X4责任与担当	Y1理解能力	H1稳态与调节	AL3基础知识应用
2	A低阶层面	BD1生活、学习和实践情境	BS综合性	W2世界观和方法论	X4责任与担当	Y1理解能力	H2生物与环境	AL2基础知识理解
3	A低阶层面	BD1生活、学习和实践情境	BS综合性	W3道德品质和综合素质	X4责任与担当	Y1理解能力	H2生物与环境	AL2基础知识理解
4	A低阶层面	AC1简单情境	BS综合性	W2世界观和方法论	X1知识与观念	Y1理解能力	G1分子与细胞	AL3基础知识应用
5	A低阶层面	BD3生命科学史情境	BS综合性	W2世界观和方法论	X1知识与观念	Y1理解能力	G2遗传与进化	AL1基础知识识记
6	A低阶层面	AC1简单情境	BS综合性	W2世界观和方法论	X2科学思维	Y1理解能力	H2生物与环境	AL2基础知识理解
7	A低阶层面	AC1简单情境	BS综合性	W2世界观和方法论	X1知识与观念	Y1理解能力	G2遗传与进化	AL3基础知识应用
8	A低阶层面	AC1简单情境	BS综合性	W2世界观和方法论	X2科学思维	Y1理解能力	G2遗传与进化	AL3基础知识应用
9	A低阶层面	BD2科学实验和探究情境	BS综合性	W2世界观和方法论	X3探究与创新	Y2实验探究能力	G1分子与细胞	AL7明确结果
10	A低阶层面	AC1简单情境	BS综合性	W2世界观和方法论	X2科学思维	Y1理解能力	G2遗传与进化	AL3基础知识应用
11	A低阶层面	AC1简单情境	BS综合性	W2世界观和方法论	X2科学思维	Y1理解能力	G2遗传与进化	AL3基础知识应用

（续表）

题号	层面	考查载体		考查要求（四翼）	考查内容（四层）				
		（问题）情境			核心价值	学科素养	关键能力	必备知识	
								知识内容	认知操作
12	A低阶层面	AC1简单情境		BS综合性	W2世界观和方法论	X2科学思维	Y1理解能力	G1分子与细胞	AL3基础知识应用
13	A低阶层面	BD2科学实验和探究情境		BS综合性	W2世界观和方法论	X3探究与创新	Y2实验探究能力	G1分子与细胞	AL7明确结果
14	B高阶层面	BD2科学实验和探究情境		BS综合性	W2世界观和方法论	X3探究与创新	Y2实验探究能力	H1稳态与调节	BM8讨论结果
15	B高阶层面	BD2科学实验和探究情境		BS综合性	W2世界观和方法论	X3探究与创新	Y2实验探究能力	G1分子与细胞	BM9得出结论
16	B高阶层面	BD1生活、学习和实践情境		BS综合性	W3道德品质和综合素质	X2科学思维	Y1理解能力	G2遗传与进化	BM2综合应用
17	B高阶层面	BD1生活、学习和实践情境		BS综合性 BT应用性	W1政治立场和思想观念 W2世界观和方法论 W3道德品质和综合素质	X1知识与观念 X2科学思维 X4责任与担当	Y1理解能力 Y3解决问题能力	H2生物与环境	AL2基础知识理解 AL3基础知识应用 BM2综合应用
18	B高阶层面	BD1生活、学习和实践情境		BS综合性 BT应用性	W2世界观和方法论 W3道德品质和综合素质	X1知识与观念 X2科学思维 X4责任与担当	Y1理解能力	H1稳态与调节	AL2基础知识理解 BM1综合分析 BM2综合应用
19	B高阶层面	BD2科学实验和探究情境		BS综合性 BT应用性 BU创新性	W2世界观和方法论 W3道德品质和综合素质	X1知识与观念 X2科学思维 X3探究与创新	Y1理解能力 Y2实验探究能力 Y3解决问题能力 Y4创新能力	G1分子与细胞	AL2基础知识理解 AL4了解目的 AL5理解原理 BM1综合分析 BM4综合创新 BM6设计方案

（续表）

题号	层面	考查载体	考查要求（四翼）	考查内容（四层）			必备知识	
		（问题）情境		核心价值	学科素养	关键能力	知识内容	认知操作
20	B高阶层面	BD2科学实验和探究情境	BS综合性 BT应用性	W2世界观和方法论	X1知识与观念 X2科学思维 X3探究与创新	Y1理解能力 Y2实验探究能力 Y3解决问题能力	G2遗传与进化	AL2基础知识理解 BM1综合分析 BM2综合应用 BM8讨论结果
21	B高阶层面	BD2科学实验和探究情境	BS综合性 BT应用性	W2世界观和方法论 W3道德品质和综合素质	X1知识与观念 X2科学思维 X4责任与担当	Y1理解能力 Y3解决问题能力	H3生物技术与工程	AL6掌握方法 BM1综合分析 BM2综合应用
22	B高阶层面	BD2科学实验和探究情境	BS综合性 BT应用性	W2世界观和方法论	X1知识与观念 X2科学思维 X3探究与创新	Y1理解能力 Y2实验探究能力	H3生物技术与工程	AL6掌握方法 BM2综合应用 BM8讨论结果

二、试题测量属性编码系统

试题编码系统主要包含两部分：第一是内容属性编码，根据"一核""四层""四翼"确定各个试题的内容属性。第二是测量属性编码，根据测量学的要求确定各个试题测量学属性。其中内容属性包括层面、情境、知识内容、认知操作、考查要求、核心价值、学科素养和关键能力8种属性，测量属性包括题型、权重、难度和区分度4种属性。对生物学高考试卷质量的分析主要是对题目测量属性进行分析。

广东省生物学高考题型包括选择题和非选择题两种，题型属性编码规则为：字母P/Q为客观/主观题的识别符号，数字序号为第二层次识别符号。"ZPQ"表示多种题型综合。P1、Q1、ZPQ分别表示"选择题""非选择题""多种题型综合"。试题权重表示题目分值占整卷分数比例的百分数，在统计权重属性时可直接填题目分数所占比例的百分数。难度是指试题或考卷的难易程度，是考生对试题或考卷是否适应的指标，在统计难度属性时可直接填该题目的难度系数。区分度是指试题对不同知识和能力水平考生的鉴别程度，在统计区分度属性时直接填题目区分度。

试题测量属性编码系统的应用：以生物学学科试题编码系统对2021年广东省普通高中学业水平选择性考试生物学试题测量属性进行编码，得到如表7.6所示的结果。

表7.6 2021年广东省普通高中学业水平选择性考试生物学试题测量属性编码表

题号	测量属性			
	题型	权重	难度	区分度
1	P1 选择题	0.02	0.79	0.47
2	P1 选择题	0.02	0.54	0.20
3	P1 选择题	0.02	0.67	0.40
4	P1 选择题	0.02	0.88	0.35
5	P1 选择题	0.02	0.54	0.63
6	P1 选择题	0.02	0.80	0.34
7	P1 选择题	0.02	0.70	0.67
8	P1 选择题	0.02	0.85	0.29
9	P1 选择题	0.02	0.52	0.52
10	P1 选择题	0.02	0.93	0.17
11	P1 选择题	0.02	0.53	0.59
12	P1 选择题	0.02	0.60	0.68

（续表）

题号	测量属性			
	题型	权重	难度	区分度
13	P1 选择题	0.04	0.65	0.68
14	P1 选择题	0.04	0.29	0.37
15	P1 选择题	0.04	0.34	0.39
16	P1 选择题	0.04	0.33	0.22
17	Q1 非选择题	17（1）	0.03	0.40	0.40
		17（2）	0.04	0.60	0.62
		17（3）	0.03	0.30	0.26
18	Q1 非选择题	18（1）	0.04	0.60	0.56
		18（2）	0.02	0.10	0.52
		18（3）	0.02	0.60	0.65
		18（4）	0.02	0.40	0.44
19	Q1 非选择题	19（1）	0.04	0.70	0.65
		19（2）	0.02	0.10	0.44
		19（3）①	0.01	0.30	0.30
		19（3）②	0.02	0.30	0.57
		19（4）①	0.02	0.50	0.65
		19（4）②	0.02	0.40	0.56
20	Q1 非选择题	20（1）	0.02	0.60	0.59
		20（2）	0.04	0.30	0.65
		20（3）	0.04	0.40	0.56
		20（4）	0.04	0.10	0.26
21	Q1 非选择题	21（1）	0.04	0.40	0.60
		21（2）	0.04	0.60	0.63
		21（3）	0.02	0.50	0.58
		21（4）	0.02	0.50	0.66
22	Q1 非选择题	22（1）	0.02	0.60	0.62
		22（2）	0.02	0.40	0.53
		22（3）	0.04	0.40	0.63
		22（4）	0.04	0.30	0.60

（吴继衡、王瑞珍）

第三节 生物学高考试卷质量指标及评价

将表7.5的2021年广东省普通高中学业水平选择性考试生物学试题内容属性编码和表7.6的2021年广东省普通高中学业水平选择性考试生物学试题测量属性编码结合，即可得到由试题编码系统编码的整体编码表。之后，可结合测量属性和内容属性对考卷进行质量指标分析，包括"生物学高阶层面题目与低阶层面题目分析""生物学核心价值题目分析""生物学学科素养题目分析""生物学学科关键能力题目分析""生物学考查要求题目分析""生物学考核各种知识题目分析""生物学考核各种认知操作题目分析""生物学考核各种情境题目分析"。下面以2021年广东省普通高中学业水平选择性考试生物学试题为例，依据质量指标分析的结果对整份试卷作出评价。

一、质量指标分析

（一）生物学高阶层面题目与低阶层面的题目分析

根据题目主要考查的认知操作，将题目分为低阶层面和高阶层面。低阶层面题目主要集中在1～13题，在整份试卷中分值占比为0.25，难度在0.52～0.93之间，题目难易参半。高阶层面题目主要集中在14～22题，分值占比为0.75，难度小于或等于0.70，属于较难的题目。综合分析，前12道单项选择题难度较低，主要考查基础性的认知操作，后4道选择题以及非选择题难度较大，主要考查综合应用的能力，低阶层面题目和高阶层面题目考查的分布较为合理，试卷难度逐层递进，能很好地考查学生思维能力以及锻炼学生解决问题的能力（表7.7）。

表7.7 生物学高阶层面题目与低阶层面题目的分析表

分析内容	题号	分值	难度	题目数	比例（权重）
A低阶层面题目	1	2	0.79	13	0.25
	2	2	0.54		
	3	2	0.67		
	4	2	0.88		
	5	2	0.54		
	6	2	0.80		
	7	2	0.70		
	8	2	0.85		
	9	2	0.52		
	10	2	0.93		
	11	2	0.53		
	12	2	0.60		
	13	4	0.65		
B高阶层面题目	14	4	0.29	28	0.75
	15	4	0.34		
	16	4	0.33		
	17（1）	3	0.40		
	17（2）	4	0.60		
	17（3）	3	0.30		
	18（1）	4	0.60		
	18（2）	2	0.10		
	18（3）	2	0.60		
	18（4）	2	0.40		
	19（1）	5	0.70		
	19（2）	2	0.10		
	19（3）①	1	0.30		
	19（3）②	2	0.30		

（续表）

分析内容	题号	分值	难度	题目数	比例（权重）
B高阶层面题目	19（4）①	2	0.50	28	0.75
	19（4）②	2	0.40		
	20（1）	2	0.60		
	20（2）	4	0.30		
	20（3）	4	0.40		
	20（4）	4	0.10		
	21（1）	4	0.40		
	21（2）	4	0.60		
	21（3）	2	0.50		
	21（4）	2	0.50		
	22（1）	2	0.60		
	22（2）	2	0.40		
	22（3）	4	0.40		
	22（4）	4	0.30		

（二）生物学核心价值的题目分析表

试题在考查生物学核心价值这一块内容中，W1政治立场和思想观念仅在第1题中有所体现，分值占比为0.02，难度为0.79，较为容易。W2世界观和方法论在第2、4~15、17（2）、18（1）、18（2）、19、20、21（1）~21（3）、22题中均有体现，分值占比为0.82，难度0.10~0.93，跨度较大，其中选择题难度较小，部分非选择题难度仅有0.10，难度极大。W3道德品质和综合素质主要体现在第3、16、17（1）、17（3）、18（3）、18（4）、21（4）题，分值占比0.16，难度在0.30~0.70之间，属于难度中等偏大的题目。综合来看，W1政治立场和思想观念的考查极少，仅有一道题目；W2世界观和方法论占比最高，题目考查的难度分布较为均匀，有难题也有简单题；考查W3道德品质和综合素质的题目也较少，且多数集中在非选择题，说明该试卷考查核心价值层面的题目分布不均匀，尤其缺乏考查W1政治立场和思想观念的题目（表7.8）。

表7.8 生物学核心价值的题目分析表

分析内容	题号	分值	难度	题目数	比例（权重）
W1政治立场和思想观念	1	2	0.79	1	0.02
W2世界观和方法论	2	2	0.54	33	0.82
	4	2	0.88		
	5	2	0.54		
	6	2	0.80		
	7	2	0.70		
	8	2	0.85		
	9	2	0.52		
	10	2	0.93		
	11	2	0.53		
	12	2	0.60		
	13	4	0.65		
	14	4	0.29		
	15	4	0.34		
	17（2）	4	0.60		
	18（1）	4	0.60		
	18（2）	2	0.10		
	19（1）	5	0.70		
	19（2）	2	0.10		
	19（3）①	1	0.30		
	19（3）②	2	0.30		
	19（4）①	2	0.50		
	19（4）②	2	0.40		
	20（1）	2	0.60		

（续表）

分析内容	题号	分值	难度	题目数	比例（权重）
W2世界观和方法论	20（2）	4	0.30	33	0.82
	20（3）	4	0.40		
	20（4）	4	0.10		
	21（1）	4	0.40		
	21（2）	4	0.60		
	21（3）	2	0.50		
	22（1）	2	0.60		
	22（2）	2	0.40		
	22（3）	4	0.40		
	22（4）	4	0.30		
W3道德品质和综合素质	3	2	0.67	7	0.16
	16	4	0.33		
	17（1）	3	0.40		
	17（3）	3	0.30		
	18（3）	2	0.60		
	18（4）	2	0.40		
	21（4）	2	0.50		

（三）生物学学科素养的题目分析

对于学科素养方面，4种学科素养在该试题的选择题和非选择题中均有体现。其中X1知识与观念有9道题，分值占比为0.22，难度在0.40～0.88之间，有难题和简单题；X2科学思维有17道题，分值占比为0.42，难度为0.10～0.93，部分题目难度较大；X3探究与创新有10道题，分值占比为0.26，难度均小于0.70，题目难度偏大；X4责任与担当有5道题，题目数略少，分值占比0.10，难度在0.30～0.79之间，题目略有难度。综合来看，X4责任与担当的学科素养在该试题中体现较少，且题目表现为较有难度，但是4种素养在选择题与非选择题中均有一定的占比,在学科素养方面,题目设置较为均衡(表7.9)。

表7.9 生物学学科素养的题目分析表

分析内容	题号	分值	难度	题目数	比例(权重)
X1知识与观念	4	2	0.88	9	0.22
	5	2	0.54		
	7	2	0.70		
	17(2)	4	0.60		
	19(1)	5	0.70		
	20(1)	2	0.60		
	21(1)	4	0.40		
	22(1)	2	0.60		
	22(2)	2	0.40		
X2科学思维	6	2	0.80	17	0.42
	8	2	0.85		
	10	2	0.93		
	11	2	0.53		
	12	2	0.60		
	16	4	0.33		
	17(1)	3	0.40		
	18(1)	4	0.60		
	18(2)	2	0.10		
	18(3)	2	0.60		
	19(2)	2	0.10		
	20(2)	4	0.30		
	20(3)	4	0.40		
	21(2)	4	0.60		
	21(3)	2	0.50		
	21(4)	2	0.50		
	22(3)	4	0.40		

（续表）

分析内容	题号	分值	难度	题目数	比例（权重）
X3探究与创新	9	2	0.52	10	0.26
	13	4	0.65		
	14	4	0.29		
	15	4	0.34		
	19（3）①	1	0.30		
	19（3）②	2	0.30		
	19（4）①	2	0.50		
	19（4）②	2	0.40		
	20（4）	4	0.10		
	22（4）	4	0.30		
X4责任与担当	1	2	0.79	5	0.10
	2	2	0.54		
	3	2	0.67		
	17（3）	3	0.30		
	18（4）	2	0.40		

（四）生物学学科关键能力的题目分析表

该试卷考查关键能力情况如下：对于Y1理解能力，在整份试题中分值占比0.55，主要集中在选择题第1~8、10、12、16题，非选择题第18题，以及第17、19~22题的前两小问，难度为0.10~0.93，跨度较大，选择题难度较小，非选择题难度较大。Y2实验探究能力体现在第11、17（3）、20（3）、21（2）、21（3）、21（4）题，分值占比为0.15，难度均小于0.70，体现为试题较难。Y3解决问题能力主要体现在9、13、14、15、19（3）、19（4）①、20（4）、22（3）、22（4）题，分值占比为0.28，难度为0.10~0.65，所在试题偏难。Y4创新能力仅有19（4）②有所体现，分值占比为0.02，难度为0.40，属于较难的试题。综合来看，Y1理解能力占比最多，在选择题和非选择题中均有体现，且难度分布较为均匀；Y2实验探究能力和Y3解决问题能力考查的题目难度均偏大，难度分配不太均匀；Y4创新能力的考查极少，仅有一道非选择题的一小问涉及创新能力的考查，占比也极小，对于考查学生的创新思维能力的效果甚微（表7.10）。

表7.10 生物学学科关键能力的题目分析表

分析内容	题号	分值	难度	题目数	比例（权重）
Y1理解能力	1	2	0.79	24	0.55
	2	2	0.54		
	3	2	0.67		
	4	2	0.88		
	5	2	0.54		
	6	2	0.80		
	7	2	0.70		
	8	2	0.85		
	10	2	0.93		
	12	2	0.60		
	16	4	0.33		
	17（1）	3	0.40		
	17（2）	4	0.60		
	18（1）	4	0.60		
	18（2）	2	0.10		
	18（3）	2	0.60		
	18（4）	2	0.40		
	19（1）	5	0.70		
	19（2）	2	0.10		
	20（1）	2	0.60		
	20（2）	4	0.30		
	21（1）	4	0.40		
	22（1）	2	0.60		
	22（2）	2	0.40		

（续表）

分析内容	题号	分值	难度	题目数	比例（权重）
Y2实验探究能力	11	2	0.53	6	0.15
	17（3）	3	0.30		
	20（3）	4	0.40		
	21（2）	4	0.60		
	21（3）	2	0.50		
	21（4）	2	0.50		
Y3解决问题能力	9	2	0.52	10	0.28
	13	4	0.65		
	14	4	0.29		
	15	4	0.34		
	19（3）①	1	0.30		
	19（3）②	2	0.30		
	19（4）①	2	0.50		
	20（4）	4	0.10		
	22（3）	4	0.40		
	22（4）	4	0.30		
Y4创新能力	19（4）②	2	0.40	1	0.02

（五）生物学学科考查要求的题目分析

生物学学科考查要求（四翼）分为低阶和高阶2个层面，低阶层面为AR基础性题目，分布在第18（1）、19（1）、20（1）、21（1）、22（1）、22（2）题，在整份试卷中分值占比为0.17，难度在0.40～0.70之间，属于中等难度。高阶层面包括BS综合性题目、BT应用性题目和BU创新性题目。BS综合性题目分布在第2~16、17（1）、18（2）、18（3）、19（2）、19（3）、20（2）、20（3）、21（2）、21（3）、22（3）题，分值占比为0.60，其中第4、6、7、8、10题难度值大于或等于0.70，属于简单难度，第14、18（2）、19（2）题难度值小于0.30，难度较大。BT应用性题目分布在第1、17（2）、17（3）、18（4）、19（4）、20（4）、21（4）、22（4）题，分值占比为0.21，难度适中。BU创新性题目分布在第19（4）题，分值占比为0.02，难度0.40，属于中等难度。综合来看，非选择题第一题多属于AR基础性题目，且难度中等，选择题及非选择题的第（2）、（3）题多属于BS综合性题目，数量占比超过半数，非选择题的第（4）题多属于BT应用性题目，BU创新性题目只有一道，说明此份试卷考查要求的四类题目分布不均匀，BS综合性题目偏多，而BU创新性题目偏少（表7.11）。

表7.11　生物学学科考查要求的题目分析

层面	分析内容	题号	分值	难度	题目数	比例（权重）
低阶	AR基础性题目	18（1）	4	0.60	6	0.17
		19（1）	5	0.70		
		20（1）	2	0.60		
		21（1）	4	0.40		
		22（1）	2	0.60		
		22（2）	2	0.40		
高阶	BS综合性题目	2	2	0.54	26	0.60
		3	2	0.67		
		4	2	0.88		
		5	2	0.54		
		6	2	0.80		
		7	2	0.70		
		8	2	0.85		
		9	2	0.52		
		10	2	0.93		
		11	2	0.53		

（续表）

层面	分析内容	题号	分值	难度	题目数	比例（权重）
高阶	BS综合性题目	12	2	0.60	26	0.60
		13	4	0.65		
		14	4	0.29		
		15	4	0.34		
		16	4	0.33		
		17（1）	3	0.40		
		18（2）	2	0.10		
		18（3）	2	0.60		
		19（2）	2	0.10		
		19（3）①	1	0.30		
		19（3）②	2	0.30		
		20（2）	4	0.30		
		20（3）	4	0.40		
		21（2）	4	0.60		
		21（3）	2	0.50		
		22（3）	4	0.40		
	BT应用性题目	1	2	0.79	8	0.21
		17（2）	4	0.60		
		17（3）	3	0.30		
		18（4）	2	0.40		
		19（4）①	2	0.50		
		20（4）	4	0.10		
		21（4）	2	0.50		
		22（4）	4	0.30		
	BU创新性题目	19（4）②	2	0.40	1	0.02

（六）生物学学科考核各种知识的题目分析

生物学学科知识内容分为8个板块，板块一是必修部分的"G1分子与细胞"，分布在第4、9、12、13、15、19题，分值占比为0.25，第4题难度值为0.88，难度较小，第19（2）题难度值为0.10，难度较大，其他题目难度值在0.30～0.70之间，难度适中。板块二是必修部分的"G2遗传与进化"，分布在第3、5、7、8、10、11、16、20题，分值占比为0.27，第8、10题难度值大于0.70，难度较小，第20（4）题难度值为0.10，难度较大，其他题目难度值在0.30～0.70之间，难度适中。板块三是选择性必修部分的"H1稳态与平衡"，分布在第1、14、18题，分值占比为0.14，第1题难度值为0.79，难度较小，第14、18（2）题难度值小于0.30，难度较大，其他题目难度值在0.30～0.70之间，难度适中。板块四是选择性必修部分的"H2生物与环境"，分布在第2、6、17题，分值占比为0.13，第6题难度值为0.80，难度较小，其他题目难度值在0.30～0.70之间，难度适中。板块五是选择性必修部分的"H3生物技术与工程"，分布在21和22题（二选一），分值占比为0.12（按二选一计算），难度值在0.30～0.70之间，难度适中。板块六到板块八分别对应选修部分的"K1现实生活应用""K2职业规划前瞻"和"K3学业发展基础"，这部分的内容在本套试卷中分值占比为0。综合来看，必修知识中"G1分子与细胞"和"G2遗传与进化"的分值占比较大且二者接近，选择性必修三个板块的分值占比为："H1稳态与平衡"＞"H2生物与环境"＞"H3生物技术与工程"（H3生物技术与工程按二选一计算），选修部分的知识未体现。可见，前五个板块的知识在这张试卷中的分布是较为合适的，此外，虽然本套试题中未体现选修知识内容，但是命题者可以将其作为命题的参考并纳入试题（表7.12）。

表7.12　生物学学科考核各种知识的题目分析

分析内容	题号	分值	难度	题目数	比例（权重）
G1分子与细胞	4	2	0.88	11	0.25
	9	2	0.52		
	12	2	0.60		
	13	4	0.65		
	15	4	0.34		
	19（1）	5	0.70		
	19（2）	2	0.10		
	19（3）①	1	0.30		
	19（3）②	2	0.30		
	19（4）①	2	0.50		
	19（4）②	2	0.40		
G2遗传与进化	3	2	0.67	11	0.27
	5	2	0.54		
	7	2	0.70		
	8	2	0.85		
	10	2	0.93		
	11	2	0.53		
	16	4	0.33		
	20（1）	2	0.60		
	20（2）	4	0.30		
	20（3）	4	0.40		
	20（4）	4	0.10		

（续表）

分析内容	题号	分值	难度	题目数	比例（权重）
H1稳态与调节	1	2	0.79	6	0.14
	14	4	0.29		
	18（1）	4	0.60		
	18（2）	2	0.10		
	18（3）	2	0.60		
	18（4）	2	0.40		
H2生物与环境	2	2	0.54	5	0.13
	6	2	0.80		
	17（1）	3	0.40		
	17（2）	4	0.60		
	17（3）	3	0.30		
H3生物技术与工程	21（1）	4	0.40	4	0.12
	21（2）	4	0.60		
	21（3）	2	0.50		
	21（4）	2	0.50		
	22（1）	2	0.60	4	0.12
	22（2）	2	0.40		
	22（3）	4	0.40		
	22（4）	4	0.30		
K1现实生活应用	—	—	—	—	—
K2职业规划前瞻	—	—	—	—	—
K3学业发展基础	—	—	—	—	—

（七）生物学学科考核各种认知操作的题目分析

生物学学科认知操作根据层面划分为低阶和高阶，内容包括理论知识和实验内容两部分。低阶层面的理论知识包含AL1基础知识识记、AL2基础知识理解和AL3基础知识应用。AL1基础知识识记分布在第5题，分值占比为0.02，难度值0.54，属于中等难度。AL2基础知识理解分布在第2、3、6、17（2）、18（1）、18（2）、19（1）、20（1）题，分值占比为0.21，其中第6题难度值为0.80，难度较小，第18（2）题难度值为0.10，难度较大，其他题目难度值在0.50~0.70之间，难度适中。AL3基础知识应用分布在第1、4、7、8、10、11、12、17（1）题，分值占比为0.15，其中第1、4、8、10题难度值在0.70以上，难度较小，其他题目难度值在0.40~0.70之间，难度适中。低阶层面的实验内容包括AL4了解目的、AL5理解原理、AL6掌握方法和AL7明确结果。AL4了解目的分布在第19（3）②题，分值占比为0.02，难度值为0.30，难度适中。AL5理解原理分布在19（3）①题，分值占比为0.01，难度适中。AL6掌握方法分布在第21（1）和22题，分值占比为0.11，难度适中。AL7明确结果分布在第9、13题，分值占比为0.05，难度适中。高阶层面的理论知识包括BM1综合分析、BM2综合应用、BM3综合评价和BM4综合创新。BM1综合分析分布在第18（4）、19（2）、19（4）①、20（3）、21（2）、21（3）题，分值占比为0.14，其中第19（2）题难度值为0.10，难度较大，其他题目难度适中。BM2综合应用分布在第16、17（3）、18（3）、20（2）、21（4）题，分值占比为0.13，难度值在0.30~0.70之间，难度适中。BM3综合评价和BM4综合创新在此套试题中未体现。高阶层面的实验内容包括BM5提出问题、BM6设计方案、BM7实施方案、BM8讨论结果和BM9得出结论。BM5提出问题和BM7实施方案在该套试题中未体现。BM6设计方案分布在第19（4）②题，分值占比为0.02，难度适中。BM8讨论结果分布在第14、20（4）和22（4）题，分值占比为0.11，难度值小于或等于0.30，说明难度较大。BM9得出结论分布在第15题，分值占比为0.04，难度适中。综合来看，低阶层面的理论知识和实验内容分别占比0.38和0.19，高阶层面的理论知识和实验内容分别占比0.27和0.17，说明低阶层面和高阶层面的题目分值占比比较接近（表7.13）。

表7.13　生物学学科考核各种认知操作的题目分析

层面	分析内容	题号	分值	难度	题目数		比例（权重）	
低阶	理论知识	AL1基础知识识记	5	2	0.54	1		0.02	0.38
		AL2基础知识理解	2	2	0.54	8	17	0.21	
			3	2	0.67				
			6	2	0.80				
			17（2）	4	0.60				
			18（1）	4	0.60				
			18（2）	2	0.10				
			19（1）	5	0.70				
			20（1）	2	0.60				
		AL3基础知识应用	1	2	0.79	8		0.15	
			4	2	0.88				
			7	2	0.70				
			8	2	0.85				
			10	2	0.93				
			11	2	0.53				
			12	2	0.60				
			17（1）	3	0.40				
	实验内容	AL4了解目的	19（3）②	2	0.30	1		0.02	0.19
		AL5理解原理	19（3）①	1	0.30	1		0.01	
		AL6掌握方法	21（1）	4	0.40	4	8	0.11	
			22（1）	2	0.60				
			22（2）	2	0.40				
			22（3）	4	0.40				
		AL7明确结果	9	2	0.52	2		0.05	
			13	4	0.65				

（续表）

层面	分析内容	题号	分值	难度	题目数	比例（权重）		
高阶	理论知识	BM1综合分析	18（4）	2	0.40	6	0.14	0.27
			19（2）	2	0.10			
			19（4）①	2	0.50			
			20（3）	4	0.40			
			21（2）	4	0.60			
			21（3）	2	0.50			
		BM2综合应用	16	4	0.33	11	0.13	
			17（3）	3	0.30			
			18（3）	2	0.60	5		
			20（2）	4	0.30			
			21（4）	2	0.50			
		BM3综合评价	—	—	—	—	—	
		BM4综合创新	—	—	—	—	—	
	实验内容	BM5提出问题	—	—	—	—	—	0.17
		BM6设计方案	19（4）②	2	0.40	1	0.02	
		BM7实施方案	—	—	—	—	—	
		BM8讨论结果	14	4	0.29	5	0.11	
			20（4）	4	0.10	3		
			22（4）	4	0.30			
		BM9得出结论	15	4	0.34	1	0.04	

（八）生物学学科考核各种情境的题目分析

生物学学科试题情境分为低阶和高阶2个层面，低阶为AC1简单情境，高阶包括BD1生活学习和实践情境、BD2科学实验和探究情境和BD3生命科学史情境。AC1简单情境分布在第4、6、7、8、10、11、12题，分值占比为0.13，难度都在0.50以上，属于简单和中等难度。BD1生活学习和实践情境分布在第1、2、3、16、17、18题，分值占比为0.27，其中第1题难度值为0.79，难度较小，第18(2)难度值为0.10,难度较大,其他题目难度适中。BD2科学实验和探究情境分布在第9、13、14、15、19、20、21、22题,分值占比为0.59,其中第14、19(2)、20(4)题难度值在0.30以下,难度较大,其他题目难度适中。BD3生命科学史情境分布在第5题,分值占比为0.02,难度值为0.54,难度适中。综合来看,BD2科学实验和探究情境类题目占比最大,其次是BD1生活学习和实践情境类题目,BD3生命科学史情境类题目最少(表7.14)。

表7.14 生物学学科考核各种情境的题目分析

层面	分析内容	题号	分值	难度	题目数	比例(权重)
低阶	AC1简单情境	4	2	0.88	7	0.13
		6	2	0.80		
		7	2	0.70		
		8	2	0.85		
		10	2	0.93		
		11	2	0.53		
		12	2	0.60		
高阶	BD1生活学习和实践情境	1	2	0.79	11	0.27
		2	2	0.54		
		3	2	0.67		
		16	4	0.33		
		17(1)	3	0.40		
		17(2)	4	0.60		
		17(3)	3	0.30		
		18(1)	4	0.60		
		18(2)	2	0.10		
		18(3)	2	0.60		
		18(4)	2	0.40		

（续表）

层面	分析内容	题号	分值	难度	题目数	比例（权重）
高阶	BD2科学实验和探究情境	9	2	0.52	22	0.59
		13	4	0.65		
		14	4	0.29		
		15	4	0.34		
		19（1）	5	0.70		
		19（2）	2	0.10		
		19（3）①	1	0.30		
		19（3）②	2	0.30		
		19（4）①	2	0.50		
		19（4）②	2	0.40		
		20（1）	2	0.60		
		20（2）	4	0.30		
		20（3）	4	0.40		
		20（4）	4	0.10		
		21（1）	4	0.40		
		21（2）	4	0.60		
		21（3）	2	0.50		
		21（4）	2	0.50		
		22（1）	2	0.60		
		22（2）	2	0.40		
		22（3）	4	0.40		
		22（4）	4	0.30		
	BD3生命科学史情境	5	2	0.54	1	0.02

二、试卷评价

运用"生物学学科二层双向细目表命题框架"和"生物学学科高考试题编码系统"对2021年广东高考生物学试卷试题进行编码与分析，将"内容属性"与"测量属性"作为评价量尺，试卷整体上体现了以下的特点：

（一）核心价值为引领，体现学科育人

核心价值是学生的政治素质、道德品质和综合素质和思想方法的综合体现，是学生面对现实的问题情境时表现出来的情感态度和价值观。核心价值体系包括政治立场和思想观念、世界观和方法论，以及道德品质和综合素质。例如，第1题以我国政府大力实施全民免费疫苗接种作为情境，体现以人民为中心的发展思想，培养学生正确的政治立场和思想观念。第2题以"葛（葛藤）之覃兮，施于中谷（山谷），维叶萋萋。黄鸟于飞，集于灌木，其鸣喈喈"这一诗句作为情境，渗透文化自信，培养学生的爱国情怀。第17题以我国政府积极响应碳中和为情境，彰显大国的责任担当，为学生树立正确的价值观念，体现学科育人作用。

（二）真实情境为载体，引发学生思考

结合生物学学科特点，试题以简单情境、生活学习和实践情境、科学实验和探究情境，以及生命科学史情境这些真实情境作为考查内容的载体，有效地引发考生思考作答，有利于学生培养学生热爱生活、崇尚科学的意识。例如，第1、3、16题分别以新冠疫苗接种、我国生态文明建设和平衡易位染色体遗传这些熟悉的生物学现象或事实作为生活学习和实践情境，培养学生珍爱生命、保护自然、热爱生活等意识。第9题和第14题分别以酵母菌细胞呼吸方式的实验和验证乙烯对香蕉催熟过程的实验作为科学实验和探究情境，有助于考查学生的科学探究能力和培养其严谨的科学态度。第5题以DNA双螺旋结构的发现作为生命科学史情境，使学生能够在科学研究精神和科学研究方法方面得到启迪。

（三）学科素养为导向，培养关键能力

生物学学科素养是指学生在面对生活实践或学习探索问题时，能够在正确的思想价值观念指导下，合理运用科学的思维方式方法，有效地整合生物学学科相关知识，运用生物学学科相关能力，高质量地认识问题、分析问题和解决问题的综合品质。生物学学科关键能力是指学生在面对与生物学学科相关的生活实践或学习探索问题情境时，能够有效地认识问题、分析问题和解决问题所必须具备的能力。关键能力是发展学科素养所需具备的能力基础，同时，以学科素养为导向，可以有效培养学生的关键能力。例如，第8题考查基因频率的计算，涉及数学公式的应用，需要考生具备一定的理解能力，体现科学思维的培养。第13题要求学生在观察蔗糖溶液对气孔开闭的影响实验中，结合示意图及操作流程判断实验结果，这个过程有助于培养学生的实验探究能力，体现探究与创新的学科素养。

（四）学科知识为基础，彰显教考衔接

必备知识是学生在面对与生物学相关的生活实践或学习探索问题情境时，有效地认识问题、分析问题、解决问题所必须具备的知识。本套试题参照高考评价体系从规定的必修内容（分子与细胞、遗传与进化）和选择性必修内容（稳态与调节、生物与环境、生物技术与工程）中对知识内容进行选取，并结合学业要求进行命制，彰显教考衔接。例如，第15题涉及的必备知识出自人教版高中生物学必修1的"光合作用与能量转化"，属于教学中的重点和难点，因此，本题将其与实验探究结合进行考查，能有效地使考生理解光合作用中物质与能量的变化，同时培养其科学思维和科学探究能力。第18题涉及的必备知识是出自人教版高中生物学选择性必修1的"神经调节"和"体液调节"，考查反射弧和膜电位的基础知识，并结合体液调节考查考生的分析能力，体现学科知识的融会贯通。

（吴继衡、李雪峰）

第八章
生物学高考改革对教学的启示

第一节 基于核心素养的考试改革对生物学教学的指导意义

2014年4月,教育部印发的《关于全面深化课程改革 落实立德树人根本任务的意见》指出,发展学生核心素养是新一轮课程改革的重要任务。2016年9月,教育部公布的《中国学生发展核心素养》指出,要以核心素养的视角来设计和实施学科课程标准、学业评价标准、高考考试标准。综观近几年新高考考试改革,它们都十分重视考查核心素养这一理念,这也为今后高考改革和教学提供了指导。

一、准确把握生物学学科核心素养的内涵和特征

开展学科核心素养命题,首先要准确把握学科核心素养的具体内涵。高中生物学课程标准准确界定了生物学学科核心素养的内涵和主要表现,具体见表8.1;创新地给出了高中生物学学业质量标准,并描述了不同素养水平的表现特征。不同层级的学业质量标准是核心素养在不同内容和具体评价任务的描述。在各种形式的命题中,教师需要结合课程内容范围与任务,具体描述所要考查的学科核心素养及其水平,明确在具体情境下学科核心素养的要求。例如,课程标准中对"科学思维"水平三的表述是"能够从不同的生命现象中,基于事实和证据,运用归纳的方法概括出生物学规律,并在某一给定情境中,

运用生物学规律和原理，对可能的结果或发展趋势作出预测或解释，并能够选择文字、图示或模型等方式进行表达并阐明其内涵"。在试题命制时，教师可以这样进一步描述"选择模型"：基于哪些事实与证据，如何构建模型？教材中有哪些事实是通过模型建构而来的？通过对这些问题进行界定，在情境创设、试题设问时将有清晰的指向。

表8.1 高中生物学学科核心素养的素养要素

素养要素	具体内容	知识组块
生命观念	生命观念是指对观察到的生命现象及相互关系或特性进行解释后的抽象，是人们经过实证后的观点，是能够理解或解释生物学相关事件和现象的意识、观念和思想方法	主要包括：结构与功能观、进化与适应观、稳态与平衡观、物质与能量观等，并用生命观念认识生命世界、解释生命现象
科学思维	科学思维是指尊重事实和证据，崇尚严谨和务实的求知态度，运用科学的思维方法认识事物、解决实际问题的思维习惯和能力	主要包括：演绎推理、模型建构、批判性思维、归纳与概括等方法，并运用理性思维探讨说明现象与规律，审视论证有关生物学出现的各种现象与问题
科学探究	科学探究是指能够发现现实世界中的生物学问题，针对特定的生物学现象，进行观察、提问、实验设计、方案实施以及对结果的交流与讨论的能力	主要包括：实验观察，提出问题、分析问题、解决问题，合作交流
社会责任	社会责任是指基于生物学的认识，参与个人与社会事务的讨论，作出理性解释和判断，解决生产生活问题的担当和能力。根据出现的生命现象与问题，参与讨论、理性解释，辨别科学与伪科学，主动宣传生命意识、环保意识和健康意识，结合社区资源开展科学实践	主要包括：对社会性科学议题能理性解释和判断；理性辨别科学与伪科学；主动宣传生命意识、环保意识和健康意识；解释生产生活中的生物学问题的担当与能力

二、基于核心素养立意的高中生物学命题

命制试题时应注意以下3点：首先，要从生物学学科核心素养立意出发，引导学生正确认识生命观念，合理地应用科学思维和采用科学探究性的方式分析生产生活中的各种生物学问题，根据个人所学的知识，解决各种生物学问题。基于核心素养立意的试题命制机制，测评生命观念、科学思维、科学探究和社会责任的考查。其次，设问应指向明确。教师应该整体设计原创问题，试题设问关键要考查主干基础知识及基本技能，即关注双基的考查。生物学课程标准明确规定了生物学学科命题依据，即重点考查学生核心素养的能力目标及学科技能、过程和教学方法、情感与人生价值观等基本行为能力标准。所以，试题命制时，设问要紧紧围绕考查学生的科学思维与方法、科学态度与研究精神，以达到综合评价学生是否具备相应的核心素养的目的。最后，要构建试题命制的切入点。生物学考试命题的关键是将真实的情境和学科基本知识相结合，呈现出实际问题。在纸笔测试中，试题呈现的形式有图表、文字等方式。为了检测学生生物学学科核心素养的发展水平，问题的切入点要充分突出学科核心素养。

三、促进学科核心素养与真实情境有机结合

核心素养不是简单地由教师"教"出来的，而是在问题情境中由教师培育、学生主动参与，逐步培养形成的。必备知识的获得、关键能力的提高、必要品格的形成，这些都离不开真实情境。只有将真实的情境与核心素养相关联，才能提升学科能力，在知识习得与能力提升的过程中形成品格。也只有在处理真实情境中的问题时，才能将内在的素养转化为外在的行为表现。

试题的情境材料大多来自学生熟知的教材内容，即"源于教材而又高于教材"的新情境。测评核心素养，关键要创设合理的、真实的任务情境。所谓真

实情境，是指来自现实世界、贴近学生经验的生活场景。不同于以往的题目，真实情境下的题目具有完整的条件和问题结构。在真实情境下，试题更加真实和自然，通常没有固定的答案和解题套路。情境可来自科学实践，可以是科学研究的过程和成果，也可以源于真实的现实生活。只有结合了真实情境的试题，才能真实反映学生的核心素养水平，从而有效考核学生的核心素养。

如何恰当地呈现真实情境？首先，教师要研读课程标准，审视学科核心素养有关的真实情境，挖掘真实情境与学科核心素养的内在关联。然后，要从问题解决过程的角度审视情境的呈现方式，建立真实情境与核心素养的具体联系，确定情境的关键特征。

【例8.1】（2021年深圳市高二第二学期调研考）

下图为某河流生态系统模式图。据图回答下列问题。

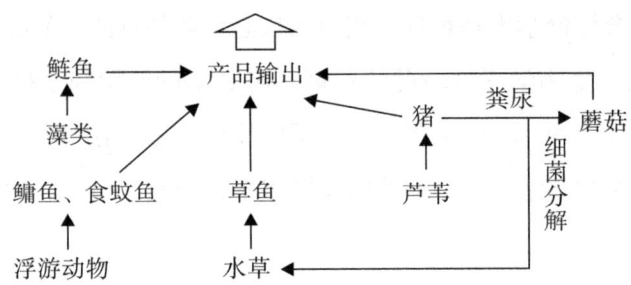

（1）生态系统的结构包括_____。

（2）假如河流受到重金属离子污染，鳙鱼的重金属离子含量比草鱼高_____。（填"高"或"低"）。鲢鱼未能获得藻类的全部同化能量，除部分藻类能量未被利用外，还有的原因是_____。

（3）食蚊鱼为引入品种，既能捕食蚊子，又能用于观赏，体现了生物多样性的_____价值。通过种植水草、蘑菇，提高了产品输出量。从能量流动的角度分析，其意义是_____。

【参考答案】（1）营养结构和组成成分

（2）高　呼吸作用消耗（上一营养级呼吸作用以热量的形式散失了能

量）；流向分解者

（3）直接和间接　帮助人们科学规划、设计人工生态系统，使能量得到最有效的利用、合理地调整能量流动的关系，使能量持续高效地流向对人类最有益的部分

【例8.2】（2022年深圳市高三第一次调研考）

池塘中混养不同食性鱼类时，可以用较低的成本收获较高的收益。下图表示一个池塘生态系统的能量流动，据图回答下列问题。

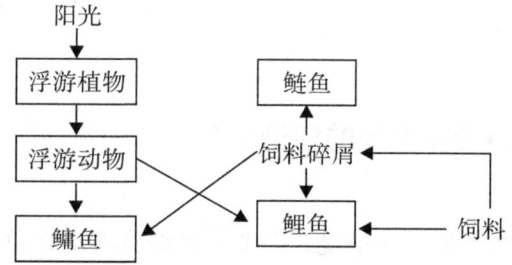

（1）三种鱼能合理混合放养，主要是因为它们在池塘水域中的_____和_____不同。为了使它们尽量避开对食物的竞争，流入鲢鱼、鳙鱼、鲤鱼的主要能量来源应分别调节为_____。

（2）向池塘水体施加适量氮肥后，可以不同程度地提高各种鱼的产量，原因是_____，但施肥时要注意适量，避免水体出现_____。

（3）池塘生态系统中的鱼群经常出现缺氧而死去的情况，试从正反馈的角度来分析其对该生态系统的危害：_____。

【参考答案】（1）食物来源　栖息环境　浮游植物、浮游动物、饲料

（2）浮游植物利用氮肥中的氮合成光合色素、光合酶等，增强了光合作用强度　富营养化污染

（3）使生态系统偏离稳态，最终可能会导致生态系统崩溃

例8.1情境呈现方式为通过模式图描述能量流动的关系，情境和设问都没有被过多地加工处理。例8.2情境是常见的情境呈现方式，情境已加工处理。

例8.1、例8.2通过呈现情境，考查学生根据问题和真实情境，运用生物学概念体系和科学思维方式，分析模糊的现实情境，从提炼关键特征角度来看，是将原有情境转变成能够揭示生物学事实的关键本质和模型建构的过程。这种情境模式是学科核心素养的重要构成。因此，从核心素养的表现角度来看，例8.2的情境呈现方式更加合理、更加重视科学思维和探究能力的考查，而例8.1的呈现方式仅仅是生物学事实的记忆和背诵，对核心素养的考核意义不大。此外，情境设置也要适度，设置情境时，要尽量把一些对解题没有影响的情境删除，不能为了情境而设置情境。

四、设计基于核心素养表现的评价任务

创设与生活相联系的真实情境，需要设计好真实的评价任务。设问既会影响评价任务的指向，也会影响任务的蕴含性。设置问题时，要注重层次性和难易程度，不能让试题的第一问就难倒学生，这不利于考查学生的核心素养和选拔。传统的试题设问通常指向具体的概念或能力的考查（如例8.1的设问）。而指向学科核心素养的测评，注重改变当前熟悉的设问方式，充分考虑设问的指向（如例8.2的设问）。一个真实情境的设置，可连续设计几个不同层次的评价任务，充分考查学生不同的思维层次，有利于促进学生的解题信心和对素养的考查。

命制开放性试题是一个值得探讨的方向。在真实的科学实践中，科学家通常先建构新假说，然后通过实验和观察来验证。命制开放性生物学试题，让学生有根据新情境自由展示的空间。教师根据学生各种回答，测评其思维状况水平。

【例8.3】（2021年广东卷）

果蝇众多的突变品系为研究基因与性状的关系提供了重要的材料。摩尔根等人选育出M-5品系并创立了基于该品系的突变检测技术，可通过观察F_1和F_2的

性状及比例，检测出未知基因突变的类型（如显/隐性、是否致死等），确定该突变基因与可见性状的关系及其所在的染色体。回答下列问题：

（1）果蝇的棒眼（B）对圆眼（b）为显性、红眼（R）对杏红眼（r）为显性，控制这2对相对性状的基因均位于X染色体上，其遗传总是和性别相关联，这种现象称为_____。

（2）图表示基于M-5品系的突变检测技术路线，在F_1中挑出1只雌蝇，与1只M-5雄蝇交配，若得到的F_2没有野生型雄蝇、雌蝇数目是雄蝇的两倍，F_2中雌蝇的两种表现型分别是棒眼杏红眼和_____，此结果说明诱变产生了伴X染色体_____基因突变。该突变的基因保存在表现型为_____果蝇的细胞内。

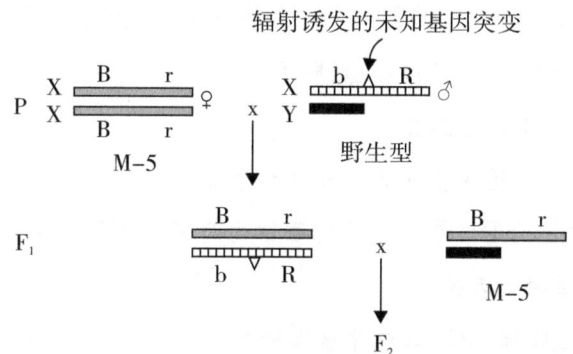

注：不考虑图中染色体间的交叉互换和已知性状相关基因的突变

图1

（3）上述突变基因可能对应图2中的突变_____（从突变①、②、③中选一项），分析其原因可能是_____，使胚胎死亡。

密码子序号	1…4…19	20…540	密码子表（部分）：
正常核苷酸序列	AUG…AAC…ACU	UUA…UAG	AUG：甲硫氨酸，起始密码子
突变①↓			
突变后核苷酸序列	AUG…AAC…ACC	UUA…UAG	AAC：天冬酰胺
正常核苷酸序列	AUG…AAC…ACU	UUA…UAG	ACU、ACC：苏氨酸
突变②↓			
突变后核苷酸序列	AUG…AAA…ACU	UUA…UAG	UUA：亮氨酸
正常核苷酸序列	AUG…AAC…ACU	UUA…UAG	AAA：赖氨酸
突变③↓			UAG、UGA：终止密码子
突变后核苷酸序列	AUG…AAC…ACU	UGA…UAG	…表示省略的、没有变化的碱基

图2

（4）图1所示的突变检测技术，具有的①优点是除能检测上述基因突变外，还能检测出果蝇_____基因突变；②缺点是不能检测出果蝇_____基因突变。（①、②选答1项，且仅答1点即可）

【参考答案】（1）伴性遗传

（2）棒眼红眼　隐性完全致死　棒眼红眼雌

（3）①或②或③　①或②导致蛋白质结构改变，性状改变；③是突变为终止密码子，蛋白质停止表达

（4）伴X染色体隐性　伴X染色体显性致死

本题以伴性遗传和基因突变相关的实验作为情境，引导学生关注科学、技术和社会的相互关系。本题第（3）小题是一个开放性设问。对于第（3）小题，学生可以从基因突变导致蛋白质性状改变入手，也可以从基因突变出现终止密码子入手，得出蛋白质翻译停止，从而使性状改变。学生基于生物学的事实和生命观念等论述自己的观点是正确的，这个过程充分考查学生的批判性思维。

五、制定基于学科核心素养表现水平的评分标准

情境化任务提供了各种素养水平表现、思维方式和问题解决过程的空间，但给试题评卷带来了一定的难度。在试题命制时，命题者应制定相应的评分标准。评分标准应根据试题内容，利用理论分析和专家经验，开展认知研究，提高评分标准的科学性和合理性。

传统主观题评分注重答案要点，出现"关键词"即给分，以防止双评时出现评分误差，提高了测评的信度。但对学生答题逻辑和综合学科素养的考查置之不理，这种评分标准是十分消极的、不可取的。在基于核心素养的学业水平考试中，主观题的评分规则要以综合等级评分取代"关键词"评分方式，以判断和测评学生的答题逻辑与素养水平。综合等级评分以SOLO分类理论为基础，将学生的学习结果由低到高分为前结构、单点结构、多点结构、关联结构和拓展抽象结构等层次。这种综合等级评分法，有利于引导教学，引导学生整合生物学知识，培育学生的学科核心素养。在以下例题中，例8.4为传统评分方式，例8.5为综合等级评分方式。显然，例8.5能较好地考查学生答题逻辑，也更能测评学生的核心素养及关键能力。

【例8.4】（2022年深圳市高三第二次调研考）

很多作物气孔的开闭会体现一些特征：a.在炎热夏天中午，大多数作物的气孔会出现闭合现象；b.很多作物的气孔保持昼开夜闭的节律；c.有些作物在特定环境中，气孔会出现以数分钟或数十分钟为周期的节律开合现象，被称为"气孔振荡"。请根据材料分析回答下列问题：

（1）炎热夏天的中午，光合作用的 ① 过程受影响，导致光合作用强度下降，这时可以采取 ② 的措施缓解。

（2）气孔昼开夜闭的节律与胞间CO_2浓度有关（从气孔进入到叶肉细胞之间的CO_2浓度），推测胞间CO_2浓度 ③ （填"升高"或"降低"）是白天气孔打开的原因，阐述导致特征b出现的生理原因有 ④ 。

（3）研究发现，气孔振荡周期中的闭合与炎热夏天中午气孔闭合机理一致，推测气孔振荡是植物在___⑤___环境中经过长期进化而产生的适应性机制，其具体的意义是___⑥___。

本题的评分标准及典型错误如下：

①：暗反应（CO_2固定、卡尔文循环）。典型错误：光反应。

②：灌溉（遮阴、降温处理）、遮阳、浇水、洒水等可行的具体的措施。典型错误：提高二氧化碳浓度、打开气孔等偏题答法。装空调、放干冰等可行性差的措施。

③：降低。

④：白天光合作用大于呼吸作用，胞间CO_2浓度降低，气孔打开；夜晚只进行呼吸作用，胞间CO_2浓度升高，气孔关闭。典型错误：夜晚没有光照，无法进行光合作用，把气孔关闭可以减少作物呼吸进而减少有机物消耗；白天进行光合作用吸收CO_2，气孔打开，晚上光合作用停止，气孔关闭；胞间CO_2浓度增加，促进白天气孔打开，夜间CO_2浓度下降，气孔关闭；白天气孔导度增加，有利于植物进行光合作用。

⑤：干旱（缺水）、炎热干旱（1分）。采分点是干旱或缺水，答到即给分。典型错误：炎热、高温。

⑥："闭"能减弱蒸腾作用，提高作物抗旱性；"开"能保证CO_2的供应，维持较强的光合作用（4分）。减少水分散失，同时保证光合作用的CO_2供应（4分）。答到减弱蒸腾作用（或减少水分散失）给前2分；答到保证CO_2的供应（或有利于叶片吸收CO_2）给后2分。未提到蒸腾或水分散失的，不给前2分，未提到CO_2的不给后2分。典型错误：答"增强光合作用"，未具体点出CO_2的吸收；答"有利于植物的生存和繁衍""有利于适应干旱环境，促进正常生长"，未具体点出水分的蒸腾；答"有利于维持植物内环境的稳态"。

【例8.5】（美国教材《科学发现者》标准化测试）

生活在温带森林的许多脊椎动物会在冬天冬眠。你认为这一适应性特征如何帮助它们在该生物群系中生存？

依据SOLO分类评价法，参考答案和评价标准可以参考表8.2。

表8.2 综合等级评分的特征

SOLO分类	典型回答	特征	综合等级评分
前结构	在冬天脊椎动物会冬眠；或冬眠能度过寒冷环境	不理解问题，回答时重复题意，没有逻辑推理	1级（0分）
单点结构	冬眠时动物不食不动，以减少能量消耗	回答问题时，结论来源于单一事件（动物行为）	2级（1分）
多点结构	冬眠时动物不食不动；体温可降低到接近环境温度，呼吸和心跳也变得非常慢，使体内能量消耗降低到最小值	回答问题时，能联系多个孤立事件（动物行为、生理），但未形成相关问题的知识网络	3级（2分）
关联结构	温带森林季节性变化明显，植物种类在冬季明显比其他季节少；冬眠时动物不食不动；体温可降低到接近环境温度，呼吸和心跳也变得非常慢，使体内能量消耗降低到最小值，此时能量的消耗来自其皮下脂肪，不需要从外界环境中摄取食物	回答问题时，能够联想多个事件（动物行为、生理、能量来源、外界环境），并能将多个事件联系起来形成整体知识	4级（3分）
拓展抽象结构	温带森林季节性变化明显，植物种类在冬季明显比其他季节少；冬眠时动物不食不动；体温可降低到接近环境温度，呼吸和心跳也变得非常慢，使体内能量消耗降低到最小值，此时能量的消耗来自其皮下脂肪，不需要从外界环境中摄取食物。因此冬眠时，动物依靠自身体内物质消耗以维持能量所需，这是对冬季食物缺少等不良环境的一种适应，从而使得它们能在该生物群系中生存	回答问题时，将多个事件联系起来形成整体知识的基础上，能进行抽象概括（形成"物质与能量观""生物与环境相适应"等生命观念），使得问题本身的意义得到拓展	5级（4分）

考试评价是一项系统性工程。基于核心素养的考试改革对生物学教学及考试评价提出了新的挑战。生物学考试评价将进一步关注学科核心素养的培育，体现生物学本质特征。试题命制既要评价目的，也要评价理念，这是新一轮课程改革过程中的命题新方向、新形势、新风格，要充分发挥评价对教学的积极导向作用，让生物学学科核心素养的培养真正在课堂落地。

（肖安庆）

第二节　情境性命题对生物学教学与学习的指导意义

情境是学习的本质属性，任何有意义的学习都是在知识产生与实际运用的情境中进行的。在没有背景的情境中获得的知识，通常是惰性的和不具备实践作用的，即不会被理解和迁移运用的，这就导致学生无法形成解决实际问题的能力。

高考将问题放置在"生活实践情境"和"学习探索情境"中，考查学生运用所学知识解释生活中的现象、解决生产实践中的问题的能力。学生在解决这类情境中的问题时，必须运用已有知识开展智力活动，同时在解决问题的过程中运用创新的思维方式。情境是知识迁移能力测评的关键，下面以两道高考题为案例来分析情境性命题对生物学教学与学习的指导意义。

【例8.6】（2021年广东卷）

中国科学家运用合成生物学方法构建了一株嗜盐单胞菌H，以糖蜜（甘蔗榨糖后的废弃液，含较多蔗糖）为原料，在实验室发酵生产PHA等新型高附加值可降解材料，期望提高甘蔗的整体利用价值。工艺流程如下图所示。

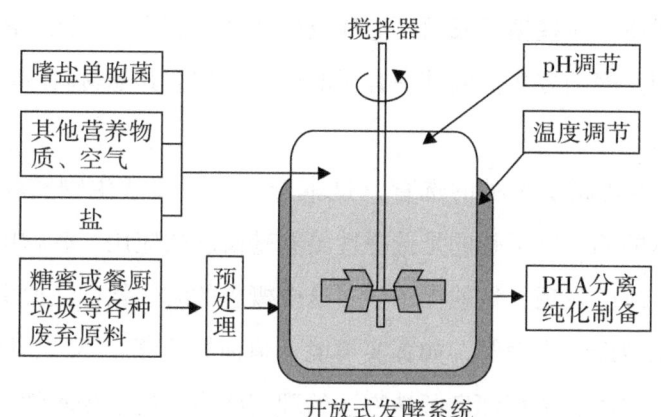

（1）为提高菌株对蔗糖的耐受能力和利用效率，可在液体培养基中将蔗糖作为_____，并不断提高其浓度，经多次传代培养（指培养一段时间后，将部分培养物转入新配的培养基中继续培养）以获得目标菌株。培养过程中定期取样并用_____的方法进行菌落计数，评估菌株增殖状况。此外，选育优良菌株的方法还有_____等。（答出2种方法即可）

（2）基于菌株H嗜盐、酸碱耐受能力强等特性，研究人员设计了一种不需要灭菌的发酵系统，其培养基盐浓度设为60 g/L，pH为10，菌株H可正常持续发酵60 d以上。该系统不需要灭菌的原因是_____。（答出2点即可）

（3）研究人员在工厂进行扩大培养，在适宜的营养物浓度、温度、pH条件下发酵，结果发现发酵液中菌株H细胞增殖和PHA产量均未达到预期，并产生了少量乙醇等物质，说明发酵条件中_____可能是高密度培养的限制因素。

（4）菌株H还能通过分解餐厨垃圾（主要含蛋白质、淀粉、油脂等）来生产PHA，说明其能分泌_____。

本题与生产实践情境密切相关，糖蜜是糖厂将压榨出的甘蔗汁液，经加热、沉淀、过滤、结晶等工序制糖后所剩下的浓稠液体，是制糖工业的副产品，其组成可因制糖原料、加工条件的不同而异，其中主要含有大量可发酵糖（主要是蔗糖）。类似的食品工业的副产品还有酒糟，酒糟是米、麦、高粱酿酒后剩余的残渣。这些糖厂或酒厂的残渣处理是真实生产实践中需要处理的问题，一般是用发酵的方式提取其中有用的成分，作为其他材料或药物的制作原料，化废为宝。

第（1）小题属于菌种的选育，这本身就是很多微生物实验室的实际工作，这一小题的第一空考查的是选择性培养基概念的应用，教材中的情境是耐高温DNA聚合酶的发现，这就提示学习这个概念的时候教师还要引入更多生产实践的情境来帮助学生理解，如真实情境下菌种的选育。第二、第三空考查的是微生物计数方法和选育优良菌株方法的理解能力，这就提示学习微生物的计数时学生要动手做实验，在真实的实验状态下计数，这样看到题中关键词"菌落"时就会反应过来是采用稀释涂布平板法。在学习发酵工程第一步选育菌种时，可以带学生参观有发酵工程的工厂或公司，或者请这方面的专家来校举办讲座，详细讲解选育菌种的知识，拓展学生关于发酵工程的知识面。第（2）小题设计为不需要灭菌的发酵系统，属于降低生产成本的研究。第（3）小题属于扩大产量的限制因素的研究。第（4）小题考查菌种的其他作用，整个设问都是围绕真实的生产实践所遇到的问题的情境来设计的。这就提示在教学时教师可以找几篇发酵工程的论文来进行分析讲解，让学生体会真实情境下的发酵工程。

【例8.7】（2021年广东卷）

人体缺乏尿酸氧化酶，导致体内嘌呤分解代谢的终产物是尿酸（存在形式为尿酸盐）。尿酸盐经肾小球滤过后，部分被肾小管细胞膜上具有尿酸盐转运功能的蛋白URAT1和GLUT9重吸收，最终回到血液。尿酸盐重吸收过量会导致高尿酸血症或痛风。目前，E是针对上述蛋白治疗高尿酸血症或痛风的常用临床药物。为研发新的药物，研究人员对天然化合物F的降尿酸作用进行了研究。给正常实验大鼠（有尿酸氧化酶）灌服尿酸氧化酶抑制剂，获得了若干只高尿酸血症大鼠，并将其随机分成数量相等的两组，一组设为模型组，另一组灌服F设为治疗组，一段时间后检测相关指标，结果见下图。

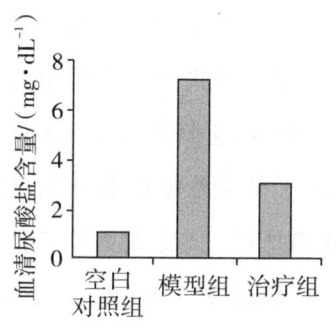
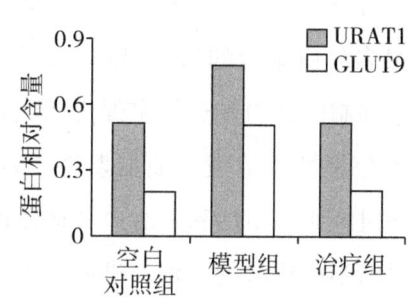

回答下列问题：

（1）与分泌蛋白相似，URAT1和GLUT9在细胞内的合成、加工和转运过程需要_____及线粒体等细胞器（答出2种即可）共同参与，肾小管细胞通过上述蛋白重吸收——尿酸盐。体现了细胞膜具有_____的功能特性，原尿中还有许多物质也需借助载体蛋白通过肾小管的细胞膜，这类跨膜运输的具体方式有_____。

（2）URAT1分布于肾小管细胞刷状缘（下图为示意图），该结构有利于尿酸盐的重吸收，原因是_____。

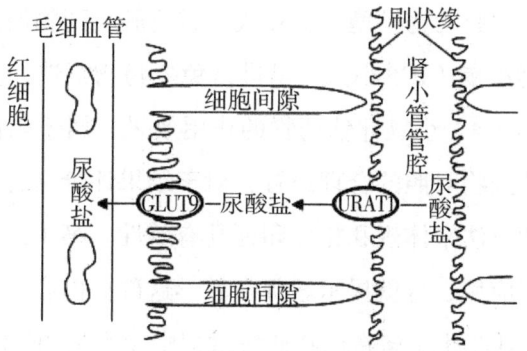

（3）与空白对照组（灌服生理盐水的正常实验大鼠）相比，模型组的自变量是_____，与其他两组比较，设置模型组的目的是_____。

（4）根据尿酸盐转运蛋白检测结果，推测F降低治疗组大鼠血清尿酸盐含量的原因可能是_____，减少尿酸盐重吸收。为进一步评价F的作用效果，本实验需要增设对照组，具体为_____。

本题与科研探索情境密切相关。痛风是一种常见的疾病，研发治疗痛风的药物是很多科研单位的研究目标，研发新型促尿酸外排的药物是研究方向之一。通过抑制URAT1转运体来促进尿酸外排，可以显著降低痛风结节的面积，多用于治疗慢性关节炎。曲尼斯特（Tranilast）是治疗哮喘和超敏反应的药物，其通过抑制GLUT9和URAT1转运体促进尿酸外排，与别嘌醇结合使用，可以降低血清当中尿酸的含量，进而显著降低痛风耀斑发生率并提高机体对胰岛素的敏感性。

第（1）小题的三空都属于细胞代谢基础知识在题干情境下的应用，第（2）小题属于获取题目信息联系教材知识进行生物学思维分析。这两小题都比较简单，属于基础性的题。第（3）小题建立实验动物模型组是药物研发的基础工作，实验动物是指经人工培育，对其携带微生物和寄生虫实行控制，遗传背景明确或者来源清楚，用于科学研究实验的动物。实验动物模型在新药的研发过程中可以降低风险，提高效率。新药的研发阶段通常分为药物发现研究阶段、临床前研究阶段和临床研究阶段，其中药物发现研究阶段和临床前研究阶段的研究主要在实验动物模型身上完成。进行肿瘤药物研究，则常用肿瘤动物模型，如封闭群小鼠（ICR小鼠）是进行免疫药物筛选，复制病理模型较常用的实验动物。第（4）小题评估药物的作用效果，属于阳性对照，动物实验中空白对照和阳性药物对照的合理设置，对于结果评价具有重要意义，可以采用多个模型、多种方法来体现和相互印证其有效性。第（3）、（4）小题属于真实情境下的知识应用，这就提示教师在教学这部分内容时，可以找药厂的专家来校举办讲座，让学生了解在药物研发过程中专家是如何解决这些问题的。

从上面两个案例的分析可以看出，情境性命题对生物学教学与学习的指导意义就是要进行情境化的教学，因为知识往往在情境中生成和显现，任何知识要具有生命力，都必须作为一个过程存在于一定的生活场景或问题情境中。从教学的角度讲，所谓知识的情境化，就是指教师在教学过程中有意识地引入或创设一定的情境，把知识转化为与知识相关的情境或具体运用的情境。在情境教学中，学生是通过自己的身体来认识世界的，因此教学的出发点不是课本，不是抽象的知识，而是学生与自然、社会、他人和自我的相互作用。

情境的创设要体现以下特质与要求：①基于生活。强调情境创设的生活性，其实质是要解决生活世界与科学世界的问题，创设教学情境要联系学生的现实生活，挖掘和利用学生的经验。②注重形象性。教学情境应该是感性的、看得见的、摸得着的，它能有效地丰富学生的感性认识，促进感性认识向理性认识的升华。③体现学科的特点。教学情境应该能体现学科知识的发现过程和应用条件，并体现学科知识在生活中的意义与价值。学科性是教学情境的本质属性。④内含问题。有价值的教学情境，一定是内含问题的情境，它能有效地引发学生的思考，问题的设计和表述要具有新颖性、奇特性和生动性，能够产生真正吸引学生的力量。⑤融入情感。融入情感的教学情境，才能有效地激发学生的学习动力。教学一旦触及学生的情绪和意志领域，触及学生的精神，就能发挥有效的作用。

高考以生活实践问题情境与学习探索问题情境为载体，回归人类知识生产过程的本源，还原知识应用的实际过程，符合人类知识再生产过程的规律，在考查学生知识和能力的基础上，评价其价值取向、测评其学科素养水平，从而发挥高考评价体系中"价值引领、素养导向、能力为重、知识为基"的作用。这为解决在当今知识爆炸时代，如何通过考试引领教育回归到培养学生改造世界的实践能力这一重大问题提供了可行的方法。

（蒋文、李杰）

参考文献

[1] BLOOM B S. Taxonomy of educational objectives: the classification of educational goals (Vol.1) [M]. New York: Longmans, Green and Co., 1956.

[2] 边新灿. 新中国成立以来高校招生制度的演进及其内在逻辑（下篇）[J]. 考试研究, 2019（3）: 3-12.

[3] 曹保义. 明确价值导向　聚焦关键能力: 2023年高考生物全国卷试题分析与启示 [J]. 人民教育, 2023（Z3）: 57-61.

[4] 陈昂, 单旭峰, 任子朝. 我国高考命题的范式和范式转换研究 [J]. 中国高教研究, 2015（3）: 10-14.

[5] 陈亮. 在高中生物学教学中渗透哲学素养 [J]. 生物学教学, 2022, 47（8）: 88-89.

[6] 崔鸿, 薛松. 生态安全教育融入中学生物学课程与教学的路径研究 [J]. 课程·教材·教法, 2022, 42（2）: 110-116.

[7] 冯建军. 立德树人的时代内涵与实施路径 [J]. 人民教育, 2019（18）: 39-44.

[8] 顾明远. 核心素养: 课程改革的原动力 [J]. 人民教育, 2015（13）: 17-18.

[9] 郭光明, 吴成兵. 高考试题查重的背景、困境与对策 [J]. 教学与管理, 2024（12）: 104-108.

[10] 郭学恒. "双减"背景下高考生物学考试内容改革实践 [J]. 基础教育课程, 2022（18）: 48-54.

[11] 韩家勋. 中国高考从传统走向现代: "标准化考试"改革与发展 [J]. 考试研究, 2009, 5（4）: 30-41.

［12］胡传勇，巫阳朔.恢复高考40年政治学科考试命题述评［J］.中国考试，2017（7）：45-51，70.

［13］胡继飞.建国以来的中国生物高考改革述评［J］.广东教育学院学报，2002（2）：111-114，129.

［14］黄俊兴.高考命题落实立德树人根本任务的理念遵循、实践策略和主体培植［J］.中国考试，2024（5）：20-27.

［15］黄少旭.六省（市）初中生物学学业水平试题分析与启示［J］.中学生物教学，2021（10）：66-70.

［16］姜钢.发挥高考内容改革导向作用助力推进教育评价改革［J］.中国考试，2019（6）：1-4.

［17］教育部考试中心.中国高考评价体系［M］.北京：人民教育出版社，2019.

［18］教育部考试中心.中国高考评价体系说明［M］.北京：人民教育出版社，2019.

［19］李立峰.高考制度的破立并举与改革发展：评《科学与公平视野下的高考改革》［J］.中国考试，2019（6）：62-66.

［20］李木洲.效率、科学与公平：高考制度现代化的内部动因［J］.中国教育学刊，2021（9）：44-49.

［21］林济民.生物高考十一年来的简单回顾和展望［J］.生物学杂志，1992（3）：27-29.

［22］刘恩山.中学生物学教学论［M］.3版.北京：高等教育出版社，2020.

［23］刘海峰.高考改革应该坚守的价值与原则［J］.人民教育，2017（Z2）：94-96.

［24］刘亮，靳培培.新中国成立以来高校招考命题工作机制变革及反思［J］.教育学报，2020，16（5）：43-52.

［25］刘亮.高考命题的历史与理论研究［D］.厦门：厦门大学，2018.

［26］柳夕浪.从"素质"到"核心素养"：关于"培养什么样的人"的进一

步追问[J].教育科学研究,2014(3):5-11.

[27] 马超.创设复杂情境,考查关键能力和核心素养:以2023年全国乙卷第5题为例[J].中学生物教学,2023(22):75-76.

[28] 沈之菲.提升学生创新素养的高阶思维教学[J].上海教育科研,2011(9):35-38.

[29] 施久铭.核心素养:为了培养"全面发展的人"[J].人民教育,2014(10):13-15.

[30] 谭永平.从发展核心素养的视角探讨高中生物必修内容的变革[J].课程·教材·教法,2016,36(7):62-68.

[31] 谭永平.再论"用教材教":发展高中生科学思维的视角[J].生物学教学,2020,45(9):6-8.

[32] 谭永平.中学生物学课程中科学思维测评框架的建构[J].生物学教学,2021,46(10):7-9.

[33] 汪瑞林.以高考引导强化体美劳教育:意义、维度与命题思路[J].中国考试,2023(3):9-16.

[34] 王后雄.高考命题公正的现实困境与两难选择[J].教育研究,2008(8):24-31.

[35] 王后雄.基于"素养为本"的高中化学学业水平考试命题研究[J].中国考试,2018(1):27-38.

[36] 吴根洲.高考效度研究[M].武汉:华中师范大学出版社,2016.

[37] 项伯衡.高考生物学试题编制技术(四):偏倚与失误[J].生物学通报,1994,29(5):38-39.

[38] 项伯衡.高考生物学试题的编制技术(三):1994年高考《生物科说明》简析[J].生物学通报,1994,29(4):14,41.

[39] 肖安庆.论高考评价体系下生物试题的创新性[J].天津师范大学学报(基础教育版),2020,21(3):92-96.

［40］肖安庆，吴志强，张大海. 基于生命观念的理解与测评研究［J］. 中学生物学，2018，34（7）：68-70.

［41］肖安庆，颜培辉. 高中生物核心素养的内涵与培养策略［J］. 中小学教师培训，2017（6）：60-62.

［42］杨帆，郭学恒. 基于高考评价体系的生物科考试内容改革实施路径［J］. 中国考试，2019（12）：53-58.

［43］杨帆，李秀芹. 高考生物：考什么、怎么考？［J］. 教学考试，2017（24）：79-80.

［44］杨帆，吴成军. 四十年来生物高考的历程、特点与展望［J］. 课程·教材·教法，2017，37（1）：82-88.

［45］于涵. 新时代的高考定位与内容改革实施路径［J］. 中国考试，2019（1）：1-9.

［46］俞如旺，曹淑. 生物学开放性试题的若干编制策略［J］. 生物学教学，2015，40（3）：54-56.

［47］袁振国. 立德树人的理论内涵与落实机制建设［J］. 人民教育，2021（Z3）：41-44.

［48］赵占良. 人教版高中生物课标教材中的科学方法体系［J］. 中学生物教学，2007（3）：4-7.

［49］赵占良. 对生物学学科核心素养的理解（二）：科学思维及其教学［J］. 中学生物教学，2019（19）：4-7.

［50］赵占良，谭永平. 人教版《普通高中教科书生物学》简介［J］. 生物学通报，2022，57（4）：15-17.

［51］赵占良. 生物学概念教学论［M］. 南宁：广西教育出版社，2021.

［52］中华人民共和国教育部. 普通高中生物学课程标准（2017年版2020年修订）［S］. 北京：人民教育出版社，2020：1，11-31.